LETTRES
SUR
LES VRAIS PRINCIPES
DE LA
RELIGION.
TOME PREMIER.

LETTRES
SUR
LES VRAIS PRINCIPES
DE LA
RELIGION,

Où l'on examine un Livre intitulé

LA RELIGION ESSENTIELLE
À L'HOMME.

ON Y A JOINT UNE DEFENSE
DES
PENSÉES DE PASCAL

Contre la Critique de M<small>R</small>. <small>DE</small> V<small>OLTAIRE</small>,

ET TROIS LETTRES

Relatives à la Philosophie de ce Poëte.

TOME PREMIER.

À AMSTERDAM,
Chez JEAN CATUFFE.
M. DCC. XLI.

TABLE
DES MATIERES.

TOME PREMIER.

I. LETTRE.

*I*Dée générale du Livre de la Religion essentielle. *Caractère & but de ce Livre.* Diverses voies dont on s'est servi pour attaquer la Révélation. Celle-ci est nouvelle, & plus adroite que toutes les précédentes. On y favorise le Déisme, en feignant de le combattre. Pag. 1 --- 4. Justes éloges de l'Auteur. Ce qui peut s'alléguer pour adoucir le portrait odieux que s'en font certaines gens. Combien il diffère du commun des Déistes. On ne doit pas le ranger à tous égards parmi les Adversaires du Christianisme. La manière dont il écrit, rend d'autant plus nécessaire un bon Préservatif contre le venin de son Ouvrage. p. 5. -- 9.

II. LETTRE.

On s'engage dans l'examen du Livre dépeint ci-dessus ; sans pour cela prétendre soi-même en faire un ; ni s'astreindre à une méthode

TABLE

thode plus exacte que la sienne; ni s'abstenir de louer de bonnes choses qui s'y trouvent, & de les appuyer dans l'occasion. p. 9 -- 11.

III. LETTRE.

Avis que l'Ecrivain des Lettres *donne à ses Lecteurs; on en profite. Réflexions générales sur l'usage qu'il fait de l'Ecriture, & sur l'idée qu'il s'en forme. Cette idée est fausse, & injurieuse à l'Ecriture, qui doit faire règle par elle-même, avec une autorité indépendante de toute autre. C'est une Loi émanée du même Dieu qui a donné la Loi Naturelle. Celle-là ne déroge point à celle-ci, ni ne la contredit en rien; elle la suppose, mais elle y ajoute, & en est le supplément; par conséquent elle a ses caractères de Divinité qui lui sont propres, & un sens fixe, comme toutes les Loix écrites.* p. 11 --- 15. *Besoin d'une Révélation, son usage & son but. On la rend inutile, en faisant des* Principes naturels, *des* Notions communes, *la mesure & l'unique règle de son vrai sens. Dès-lors elle n'auroit aucun avantage sur es Ecrits humains.* p. 16 -- 18. *Vrai usage de la Raison dans l'explication de l'Ecriture. Tout Souverain a droit d'ajouter à ses propres Loix, & de les puier en différentes manières. La Révélation*

DES MATIERES.

tion écrite est un Code qui nous retrace les Loix de la Nature, & nous en impose de nouvelles. A ce double égard, il faut qu'elle ait un sens puisé chez elle-même, indépendamment de nos idées. On découvre ce sens par les règles de la Critique. p. 18 -- 21. L'Auteur des Lettres ne décrie avec tant de soin ce qu'il nomme la Lettre de l'Ecriture, que parce que son Système n'y peut trouver d'appui. p. 21 --- 23. L'usage qu'il fait de l'Ecriture, & le respect qu'il lui témoigne, justement suspects d'artifice. Il lui ôte réellement toute autorité. Passages de son Livre qui fondent cette accusation. Il est l'Echo de Bayle. Fière décision du dernier à ce sujet. p. 21 -- 25.

IV. LETTRE.

De l'Interprète de l'Ecriture. On remonte à l'établissement du Langage, qui suppose parmi les hommes des Notions communes. La Raison lui aiant prescrit des Loix, en devient par cela même l'Interprète. Ce ne sont point ses pures idées, qui lui servent de Clé pour cela; mais les Loix du Langage humain. Grande différence entre le vrai sens d'un discours, & la vérité de ce sens. Les principes qu'on emploie pour discerner la prémière de ces choses, ne sont point ceux par où l'on

TABLE

l'on juge de la seconde. p. 26-30. Il en est à cet égard des Ecrits divins, comme des humains. Deux cas où les pures idées de la Raison aident à fixer le vrai sens de l'Ecriture. 1°. L'ambiguïté d'un passage susceptible de différens sens ; 2°. la contradiction apparente entre deux Textes. Observation particulière sur le second cas. p. 30 -- 33. On examine un troisième cas : c'est celui où le sens naturel du Texte sacré seroit en une opposition réelle avec les pures idées de la Raison. Ce cas n'existe point. Ceux qui l'admettent, en donnant alors les Vérités immuables pour la Clé du vrai sens de l'Ecriture, se moquent en effet de celle-ci. On rend cela sensible par un Exemple. p. 33 -- 35. Règles pour discerner dans les Livres sacrés, ce qui se doit entendre à la lettre, d'avec ce qu'il faut prendre au sens de figure. Si notre Raison influe dans ce discernement, c'est par une juste application des Loix du Langage aux sujets dont il s'agit : on éclaircit ceci par quatre Exemples. I. Exemple : l'Anthropomorphisme. Une des Loix du Langage humain, c'est de représenter les choses spirituelles sous des images. La Raison se fonde là-dessus, en y joignant les témoignages formels que l'Ecriture elle-même rend en mille endroits aux attributs de l'Etre infiniment parfait, pour expliquer au figuré les

Textes

DES MATIERES.

Textes qui attribuent à Dieu des membres & des passions humaines. p. 36 -- 38. II. Exemple : le dogme de la Préfence réelle. L'oppofition d'un tel dogme avec les notions communes, fuffit bien pour le faire rejetter; mais ne fuffiroit pas pour attacher un autre fens aux paroles facramentales. Nous les prenons au fens de figure, non feulement parce qu'elles en font fufceptibles, felon cette autre règle du Langage, qui donne aux chofes le nom de ce qu'elles repréfentent ; mais parce que toutes les circonftances du difcours de J. Chrift concourent à leur donner celui-là. p. 38 -- 41. Tant s'en faut que nos idées foient la règle de l'Interprétation, que par le moyen du Langage on peut exprimer ce qui eft contraire à nos idées ; nous en fuggérer de nouvelles, qu'aucun terme n'exprime ; enfin nous apprendre des Vérités, que nos idées naturelles ne nous découvrent point. Application de ce principe aux Myftères de l'Ecriture. Si une doctrine contradictoire peut être le vrai, l'unique fens d'un difcours ; à plus forte raifon une doctrine qui n'eft fimplement qu'inévidente à notre efprit. p. 41 -- 44. Quand on dit que les Propofitions contradictoires n'ont aucun fens, on parle d'une manière équivoque. Diftinction à faire là-deffus. P. 44, 45. Conclufion : L'évidence du sens d'un discours, très séparable de celle des idées qu'il exprime. ibid. Moyen de découvrir quel est le vrai sens de l'Ecriture, qu'il y ait figure ou non. III. Exemple: la manière dont l'Ecriture parle des Personnes Divines. Règles pour discerner ce qui doit s'y prendre à la lettre, d'avec ce qui y est figuré, ou emblématique. Usage des symboles, établi dans toutes les Langues, & chez tous les Peuples. Distinction entre les idées les plus générales d'un Mystère, susceptibles d'être rendues en termes propres, & le fond même ou la nature spéciale de l'objet mystérieux, qu'on ne sauroit nous représenter que sous des images, par voie d'analogie. p. 47 -- 50. Différence de cette sorte de figures, à celles des deux Exemples précédens. Là il est aisé de dévoiler la vérité cachée sous l'image, ici cela ne se peut. p. 50, 51. IV. Exemple: les Descriptions que l'Ecriture nous fait de l'autre Vie. Il faut appliquer à l'intelligence des Textes qui traitent de ces Mystères de l'Avenir, les mêmes règles qu'à ceux qui concernent les Mystères de la Nature Divine. p. 51 -- 53. La droite Raison, en se bornant aux simples fonctions d'Interprète de l'Ecriture, nous conduit nécessairement à la Foi. L'Auteur des Lettres, en préférant ici

le

DES MATIERES.

le *Raisonnement à l'Autorité*, *n'a point suivi la meilleure route dans la recherche de la vraie Religion.* p. 53 -- 56

V. LETTRE.

Examen de la Lettre aux Editeurs. S'il est vrai que les Hommes soient plus conséquens dans les choses de la vie, qu'ils ne le sont dans celles de la Religion; & qu'ils aient peu de certitude sur ce qui concerne celle-ci. p. 58. *En quel sens elle doit être relative à notre capacité naturelle.* p. 59, 60. *Dans la Religion, le Vrai ne s'établit point de lui-même: il ne suffit donc pas d'écarter le Faux. Deux grands écueils qu'on doit également éviter; l'Impiété qui retranche; la Superstition qui ajoute.* p. 60 -- 62. *Vraie raison qu'a eu l'Auteur de cesser dès sa II. Lettre d'attaquer les Esprits-forts. Il travaille plus pour eux, que contre.* p. 63. *Sophisme qu'il fait au sujet des dissentimens qui règnent entre les Chrétiens. Son raisonnement se tourne contre lui-même.* p. 64, 65. *Son portrait des Incrédules leur est moins avantageux qu'il ne pense. Ridicule entêtement de ces gens-là, qui démont cette liberté d'esprit qu'ils s'attribuent. Nous ne sommes point leur Partie, puisque nous plaidons la cause du Genre-humain. En refu-*

sant

TABLE

sant d'écouter nos raisons, ils se rendent eux-mêmes indignes d'être écoutés. p. 66 -- 68. *Jugement de l'Auteur sur la preuve tirée des Miracles de l'Evangile.* p. 69. *Que ces Miracles ne sont point des bruits de Ville, des ouï-dire, de simples rapports. Ridicule choquant de ces qualifications.* p. 70. *Ce sont des Faits revêtus de toute la certitude que comporte le Témoignage. Antiquité & autorité des Livres qui les contiennent.* p. 72, 73. *Les vrais Miracles ont leurs caractères distinctifs. Faits surnaturels susceptibles de preuves tout comme les Faits ordinaires. Les Miracles de J. Christ & de ses Apôtres ne sauroient s'attribuer ni à la fraude, ni aux forces de la Nature.* p. 74 - 77. *Défiances outrées des Déistes. Ils sont gens à n'en pas croire leurs propres yeux.* p. 78. *En nous ôtant le discernement des Miracles & en général la certitude des Faits, pour y substituer les pures Idées, l'Auteur dépouille l'Homme de sa capacité naturelle, & au-lieu d'une Religion à portée de tous, il nous en donne une qui n'est propre qu'aux Philosophes.* p. 78, 79. *Esprits-forts dédaignent la Multitude. Par une partialité injuste, ils gardent pour la Crédulité tout leur mépris, pour l'Incrédulité toute leur estime. L'Auteur de la* Religion essentielle *étoit plus obligé qu'un autre à ne les point imiter là-dedans. Ce n'est*

DES MATIERES.

n'est point, quoi qu'il en dise, pour les bonnes gens que son Livre est fait. Insigne lâcheté que l'on montre en abandonnant, par complaisance pour les Déistes, certaines preuves qui ne sont pas de leur goût. p. 80--82. Le Christianisme fondé sur des Miracles. Les preuves de Fait ne sont point de nature étrangère par rapport à lui. Conséquences qui résulteroient d'une pareille qualification, au desavantage de son Fondateur. p. 83, 84. Sainteté de sa Doctrine, incompatible avec l'imposture. Les Apôtres n'ont pu être à la fois des fourbes, & les promoteurs du plus excellent Système de Religion qui ait jamais été. D'où l'on conclud 1°. qu'ils ont fait de vrais Miracles; 2°. que l'Auteur a grand tort d'écarter de la Religion tout surnaturel, comme un accessoire inutile. p. 85, 86. Le témoignage divin n'exige pas moins notre acquiescement que l'évidence elle-même. Comparaison de l'Auteur, qui ne sert de rien à son but. On lui en oppose une plus juste. p. 87. Ses principes rendent la Révélation superflue. Si les preuves de Fait sont de mauvaises preuves, Dieu ne s'est point révélé. p. 89, 90. Deux endroits des Lettres, qui paroissent insinuer que les Miracles de l'Evangile étoient des fraudes pieuses. Cela suppose que Socrate mériteroit la préférence sur J. C. p. 90, 91. Equivoque de l'Auteur sur le titre de divin donné à l'Evangile. En quel sens on doit reconnoitre

TABLE

noitre *fa Divinité. De l'influence qu'une telle perfuafion a fur les mœurs. Parallèle fait à cet égard, entre le Difciple de la Religion Naturelle, & celui de la Révélation.* p. 92--95.

VI. LETTRE.

L'Ecrivain des Lettres *repouffe heureufement une Objection des Libertins contre la Providence, prife de l'idée de l'Etre fuffifant à foi.* p. 96. L'Etre infini ne peut être offenfé : *Principe équivoque, qui ne peut s'admettre fans reftriction.* p. 97. *L'Avenir d'une autre vie n'eft point rélatif à l'état moral de l'Homme dans celle-ci, par une liaifon prife de la néceffité des chofes, mais par une détermination également jufte & libre de la Volonté de Dieu. Dieu, en qualité de Légiflateur du Genre-humain, munit fes Loix* de promeffes *& de* menaces *proprement dites, & diftribuera dans l'Oeconomie à venir des* récompenfes *& des* peines *proprement dites auffi. Le Syftème des* Lettres *directement contraire à cela.* p. 97--100. *Illufion fondamentale de ce Syftème ; il confond le Jufte avec l'Utile, en faifant de la Vertu, la Caufe efficiente du Bonheur. Dieu n'y a d'autre principe de fa conduite, que la Bonté; & ne s'y propofe d'autre fin, que l'avantage*

DES MATIERES.

tage des Créatures. Cela suppofé, il n'a point dû les abandonner à leur libre-arbitre, ni faire dépendre leur bonheur de leur choix, ni les obliger d'y coopérer par des actes libres: chofes pourtant que l'Auteur admet. Un Dieu que la Bonté feule feroit agir, répareroit en nous par Toute-puiffance, le Defordre fource de nos maux, ou plutôt l'auroit prévenu. Dire avec l'Auteur, que l'Equité de Dieu & fa Sageffe l'en empêche, c'est démentir fon Syftème, ou le compofer de pièces mal afforties. L'idée d'un Agent intelligent, conduit à celle d'un Ordre, ou d'un Jufte diftinct de l'Utile. Dès qu'on nous reconnoit libres, & foumis à l'Ordre, on doit reconnoitre en Dieu une Liberté & une Loi d'Ordre qui règle fa conduite à notre égard. p. 98 -- 101. *La gloire de Dieu, & le bonheur de l'Homme, double objet de la Religion.* p. 102. Combien il importe d'y diftinguer l'idée de la Juftice & du Devoir, d'avec celle de notre Intérêt propre. Le goût de la plupart des hommes, flatté par un Syftème qui porte à la Vertu, fans ôter au Vice toute reffource. Notre Ecrivain a fu rencontrer cet adroit tempérament. p. 103, 104. Son Syftème, d'une fimplicité qui exclud jufqu'aux Points fondamentaux de la Religion Naturelle. p. 105. Moins perfuafif & moins efficace que celui de la Révélation. p. 105 -- 107. *Revue de la* II. *Lettre. Les Hommes*

TABLE

mes sont plus conséquens qu'on ne pense, ils agissent selon leur persuasion. La Religion ne fait proprement point d'exception à cette règle. S'ils paroissent inconséquens, c'est qu'ils croyent au gré de leurs Passions, ou bien, c'est que la persuasion présente l'emporte chez eux sur l'habituelle. Par-là s'explique le paradoxe des mauvaises mœurs des Chrétiens. p. 107--109. Proportion des doctrines révélées, avec les besoins de l'Homme. p. 109--111. Dans la Religion, l'instruction étrangère doit se joindre à celle du sentiment & de l'expérience. p. 112. On recherche à l'occasion de la IV. Lettre, s'il est généralement vrai dans le Moral comme dans le Physique, que la Douleur soit la suite du Desordre; on fait voir que non. La vue de l'Ordre, ou l'idée du Juste, avertit suffisamment du Desordre qui y est opposé. Le plaisir qui accompagne la pratique de la Vertu, n'en est ni l'unique ni la principale récompense. La seule vue des rétributions futures forme un contre-poids suffisant aux attraits du Vice. p. 113--116. Apologie des Vicieux toute trouvée dans les Maximes de l'Auteur. p. 116, 117. Ce que c'est que la Justice. Ce qui la distingue en Dieu de la Bonté. p. 118. Examen de cette définition: La Justice en Dieu est une volonté constante de ramener ses Créatures au Bonheur &c. Conséquences qui en résultent.

DES MATIERES.

tent. p. 119. *Dans le Systême des* Lettres, *tous les autres Attributs divins anéantis par la Bonté. Différence entre les châtimens temporels, & les peines proprement ainsi nommées.* p. 120. *Peines infligées, actes de Providence immédiate, déplaisent aux Déistes, & répugnent aux principes de l'Auteur.* p. 121, 122. *Pour ne ramener pas l'Homme malgré lui à l'état dont il est volontairement déchu, Dieu ne cesse pas d'être bon.* p. 122, 123. *Sa Liberté souveraine dans la dispensation des graces. Sa Bonté, infinie comme sa Puissance, est comme elle toujours supérieure à ses effets.* p. 124, 125.

VII. LETTRE.

Idée du Dr. Scot sur l'étroite liaison qui se trouve entre la pratique de la Vertu & le bonheur à venir, exposée dans les propres paroles de ce Théologien. p. 127 -- 129. *Différences de sa Doctrine à celle des* Lettres. *Celle-ci renverse tout ce que l'Evangile enseigne sur la nature de l'Alliance de Grace, au-lieu que celle-là le présuppose.* p. 131, 132. *Selon le Dr. Anglois, une Ame esclave des habitudes du Vice, n'est point susceptible des félicités du Paradis, comme l'est une Ame régénérée. Cela n'empêche pas le bonheur céleste d'être une récompense de la Vertu, & en même tems*

un

TABLE.

un don gratuit très distinct d'elle, & avec lequel la Vertu la plus pure n'a aucune proportion. Les habitudes de Sainteté disposent l'Ame à jouïr de ce bonheur; elles ne le méritent, ni ne le produisent. p. 132--135. *On défend cette doctrine contre diverses Objections. I. Objection:* Le seul aspect du Paradis transformeroit l'Ame la plus corrompue, la vue devant avoir sans comparaison plus d'efficace que la foi. *Réponse, tirée de la nature de nos goûts & de nos habitudes, qui ne changent que par degrés, & qui peuvent devenir insurmontables en mal comme en bien.* p. 136--138. *La Foi, entant que principe de sanctification, est moins un jugement actuel de l'esprit, qu'une habitude du cœur, formée peu à peu par le concours de la volonté.* p. 138. *II. Objection:* Pour nous inspirer l'amour du vrai bien, qui est la source de toute Vertu, il suffit de nous détromper des faux biens: par conséquent la vue du Paradis, en dissipant cette illusion, convertiroit l'Ame vicieuse. *Réponse: Quoique l'erreur qui prend de faux biens pour le véritable, donne naissance aux penchans vicieux, il ne suffiroit pas de la dissiper tout à coup, pour déraciner ces penchans. La preuve s'en voit dès ici-bas même, où rien n'empêche qu'on n'ait la connoissance & à certain degré la jouïssance du vrai bien. III. Objection, prise*

DES MATIERES.

prise de ce que l'amour du souverain Bien est invincible. *Reponse générale à cette Objection. Autre Réponse plus précise. Distinction entre trois ordres de plaisirs. La privation de ceux du prémier ordre, & l'invincible dégoût pour ceux du troisième, rendroit aux Vicieux le Paradis un séjour insupportable.* p. 142--145. IV. *Objection:* Nos habitudes tirent leur origine du Corps, qui séduit l'Ame par le canal des Sens. L'Ame d'un Impénitent, après la mort, ne trouveroit donc plus d'obstacle à sa transformation, si on la plaçoit en Paradis. p. 146. *Réflexion propre à fortifier cette pensée.* ibid. *Réponse:* L'Ame ne dépouille point ses habitudes en dépouillant le Corps. *Si l'état de séparation ne donne plus lieu à l'exercice des mauvaises habitudes, il ne fournit point aussi les moyens de les combattre.* p. 147--150. *Merveilleuse harmonie de la Sagesse de Dieu avec sa Justice, dans le sort des Impénitens.* ibid. *Quel jugement on doit porter des Ames tièdes, ou indécises entre le Vice & la Vertu.* p. 151, 152. V. *Objection,* prise de l'imperfection de la Sainteté des Fidèles ici-bas. *Réponse: C'est le principe dominant au fond de l'Ame, qui règle son état.* p. 52--54. *Vie présente, unique Purgatoire des Ames. L'imperfection des Fidèles cesse avec leur épreuve.* p. 154. *Conclusion:*
La

TABLE.

La doctrine de Scot, également Philosophique & Chrétienne; celle de l'Auteur des Lettres, une vraie chimère. p. 155.

VIII. LETTRE.

Dans notre Siècle, le crédit des mots commence à baisser. p. 156. *Il n'est pas moins dangereux de traiter les choses de mots, que de prendre des mots pour des choses.* p. 157. *En quel sens on peut opposer la Religion Naturelle à la Révélée, & donner la préférence à celle-ci. Comparaison heureuse de cette dernière avec l'Education* p. 157 -- 159. *Substitution de l'Autorité au Raisonnement, indispensable dans la Vie Civile, plus encore dans la Religion.* p. 159 -- 161. *Comparaison de l'Auteur, qui quadre mal au sujet.* p. 162. *Celle d'un Géomètre qui donne des méthodes aux Ouvriers, beaucoup plus juste.* ibid. *Usage de la Raison par rapport au discernement de l'autorité des Livres sacrés.* p. 163-164. *Il est faux que les Patriarches n'aient eu que la Religion Naturelle.* p. 165. *Equivoques de l'Auteur, lorsqu'il distingue dans la Religion le Moyen d'avec la Fin. On les éclaircit. Ce qu'il faut entendre par la Fin de la Religion, soit Naturelle, soit Révélée. Cette Fin est immuable; les Moyens dans l'une & dans l'autre, d'un usage passager.* p. 166-

DES MATIERES.

168 -- 169. Beau jour où cette diſtinction eſt miſe par S. Paul. p. 169. Examen de la Divinité des Livres Sacrés par ſes caractères externes. Inconvéniens de cette méthode ſont chimériques. p. 170. Contrariété des Interprètes de la Bible, vain épouvantail. p. 172. Falſification inſigne que fait l'Auteur des Lettres, des paroles de J. Chriſt. p. 173. L'emblème pris de l'Education, conclud contre notre Ecrivain, en faveur de la ſoumiſſion de foi à ce qu'on ne peut comprendre. Les Hommes ici-bas ſont des Enfans, qui doivent en croire leur Père ſur ſa parole. p. 175 -- 177. Croire vrai ce que Dieu dit, quoiqu'on ne le comprenne pas évidemment, c'eſt une maxime du ſens-commun. Impiété des maximes contraires. p. 177 -- 179. En quel cas J. Chriſt en appelloit à l'intelligence de ſes auditeurs. p. 180. J. Chriſt eſt tout enſemble Légiſlateur & Guide: ſes avertiſſemens ſont des menaces, & ſes préceptes des Loix. p. 181, 182. Beaux traits de l'Auteur, ſur les compenſations du Siècle à venir. Son Commentaire de la Parabole du mauvais Riche n'a d'autre défaut, que d'exclurre une partie du vrai. p. 183 -- 184. Trois Syſtèmes ſur le Gouvernement du Monde moral. Le premier attribue à Dieu un Deſpotiſme, auquel la nature même des choſes eſt ſoumiſe. ibid. Le ſecond fait de la nature des choſes une

Tome I. ** Fata-

TABLE

Fatalité qui assujettit également le Créateur & les Créatures. p. 185. *Troisième Système, celui qui joint en Dieu une vraie Liberté, avec l'amour de l'Ordre. Il tient un juste milieu entre les deux autres.* p. 186. *L'Auteur paroît suivre le second de ces Systèmes. Chez lui, la Bonté est le seul principe de la conduite de Dieu; la nature des choses fait le reste.* p. 187--189.

IX. LETTRE.

Sur les Mystères. S'il est possible de les éclaircir? Question captieuse & équivoque. Qu'ils sont évidemment révélés, sans être évidens. p. 189--192. *Contradictions où l'Auteur des Lettres tombe à cet égard.* p. 193. *Différence essentielle qu'il y a, entre celui qui soutient qu'un Mystère est enseigné dans l'Ecriture, & celui qui prétend expliquer ce Mystère. Ces déclarations de notre Ecrivain,* Je n'anéantis point les Mystères, je les respecte comme tels, *n'ont aucun sens dans sa bouche.* p. 193--198. *Du vrai but de la Religion.* ibid. *Pour atteindre ce but, l'Homme a besoin de secours étrangers, de lumières surnaturelles. Ce que l'Auteur oppose à cela, met sa Religion essentielle en contradiction avec celle de S. Paul.* p. 198--202. *La bonne-foi est une disposition nécessaire pour acquérir la foi, mais n'en sauroit tenir lieu.*

So-

DES MATIERES.

Sophismes de l'Auteur sur ce sujet. Il prend le préalable pour l'essentiel, & le fondement pour l'édifice. p. 202 -- 304. *Il y a des points de croyance, fondamentaux pour tous les Chrétiens. Rien de plus aisé que de croire les Mystères, comme des Faits révélés; rien de plus malaisé que de les comprendre. Ils sont, selon ces divers égards, à la portée des Simples, & au-dessus de celle des Savans.* p. 205 -- 207. *Grossière équivoque de l'Auteur. On l'accuse de borner la Religion; il se défend par un jeu de mots.* p. 208. *Fausse définition de la Foi. L'objet de la Foi, ce sont les Vérités que Dieu nous atteste: son fondement, c'est la Véracité du souverain Etre. Mesure de la Foi, c'est la Révélation, & non la Raison.* p. 209, 210. *La Foi dont parle le XI. Ch. des Hébreux vs. 6, a, non les attributs de Dieu, mais ses promesses pour objet, & suppose une Révélation: cela paroît par tout le Chapitre.* p. 210-212. *Aveu de l'Auteur, que la Foi est obscure à certains égards. L'exemple d'Abraham, & la soumission aveugle qu'il lui attribue, suppose la Foi de ce Patriarche obscure dans son objet. Il y eut dans sa persuasion, certitude sans évidence: ce qui est vrai de la Foi des promesses, s'applique également à celle des Mystères. Par cet exemple l'Auteur renverse lui-même ce qu'il avoit établi dans sa* VIII. Lettre. *La comparaison du Père de famille*

TABLE

famille, non moins malheureuse entre ses mains. p. 212--214.

X. LETTRE.

De la Satisfaction de J. Christ. Objections contre ce dogme, prises de l'idée de l'Etre suffisant à soi. L'idée est vraie, mais les conséquences qu'on en tire sont très fausses. p. 215, 216. *Ordre, Loi universelle des Intelligences. Dieu l'aime plus encore qu'il n'aime ses Créatures. Il fait de leur soumission à l'Ordre la condition indispensable de leur bonheur.* p. 217. *Devoirs que prescrit l'Ordre sont autant d'obligations de la Créature envers le premier Etre; c'est une première dette qu'elle n'acquitte point, même en la payant.* p. 218. *En quel sens il est vrai de dire que le bonheur s'achète.* p. 219, 220. *Nouvelle dette de la Créature, lorsqu'elle a violé l'Ordre; c'est l'obligation à la peine. Ce moyen de maintenir l'Ordre, ou de réparer sa violation, n'est pas l'unique. Cette réparation, si un Médiateur le fournit, devient le prix de la félicité des coupables: en satisfaisant pour eux, il les rédime de la peine, il leur achète la béatitude. Ce prix payé pour eux ne les dispense pas d'en payer un, ni ne les affranchit de leur première dette, c'est à dire de la soumission à l'Ordre.* p. 220--223. *La seule*

seule repentance ne sauroit être une suffisante réparation de l'Ordre. Dans le Mérite du Médiateur, entrent les Vertus pratiquées, comme les peines souffertes; double hommage qu'il rend à l'Ordre. p. 224. Eclaircissement de la question, S'il étoit nécessaire que J. Christ satisfît pour les pécheurs? Double sens où l'on peut prendre le mot de Satisfaction; l'un plus vague, l'autre plus déterminé. La Satisfaction, nécessaire dans le prémier sens, non dans le second. p. 224--226. Dieu agit en tout cela d'une manière desintéressée. p. 227. Différence essentielle entre le Juste & l'Utile. p. 228--230. La Bonté Divine est le prémier motif de la Création des Agens libres, mais l'Ordre est la règle de leur sort. p. 231. Si cette Bonté agissoit indépendamment de l'amour de l'Ordre, les difficultés des Manichéens seroient insolubles. On les pousse contre l'Auteur, pour en conclurre contre lui, qu'il y a une Loi éternelle de Justice qui règle l'exercice de la Bonté divine. p. 232--236. Sophismes des Lettres dévelopés par ce moyen. But des peines infligées. p. 237. Que la substitution peut avoir lieu à titre de réparation d'offense, par rapport à Dieu. p. 238. L'utilité des actions vertueuses n'est point le fondement de notre obligation à les pratiquer. Evidence de ce principe dans les devoirs envers le prochain. p. 239, 240. Plus en-

TABLE

encore dans ceux dont Dieu est l'objet. p. 241. *Acheter le bonheur, illusion de ce mot dissipée.* p. 242. *Obéissance de l'Homme, prix que Dieu reçoit; autre équivoque levée.* p. 243. *Ambiguïtés de l'Auteur démêlées.* p. 244. *Récapitulation de ce que dessus.* p. 245.

XI. LETTRE.

Examen de la III. Partie de la Religion essentielle. On commence par la Réponse à la I. Objection, où la doctrine de l'Imputation est attaquée. Raisonnement de l'Ecrivain, pour prouver que le dogme d'une Justice imputée ruïne la nécessité de la Sanctification. p. 246--250. *Ses coups ne portent que contre une fausse idée de ce dogme. Exposition de la véritable.* p. 250, 251. *La Justice de J. C. comprend le mérite des souffrances & celui des Vertus. C'est la première de ces deux choses qui nous est imputée.* p. 251--254. *Idée du Mérite de J. Christ.* ibid. *Son efficace en quoi elle consiste. Il ne supplée point dans les pécheurs à la soumission à l'Ordre, c'est-à-dire à la Repentance, à la Vertu sincère.* p. 255, 256. *Pourquoi l'Evangile n'exige pas de nous une Sainteté parfaite.* p. 257. *Nécessité de la Sanctification ne met aucune borne au Mérite de J. C., ni ne lui donne aucun supplément. Ce n'est point un correctif, c'est une*

partie

DES MATIERES.

partie essentielle du dogme même. p. 258, 259. *On réfute un faux raisonnement de l'Auteur, fondé sur ce principe, que la distance du Vice à la Vertu n'est pas infinie.* p. 259--261. *Autre Objection, prise de la règle des proportions.* p. 262. *Réponse. Cinq réflexions par où l'on montre, conformément au vrai Système de l'Evangile, la nécessité des progrès du Chrétien dans la Vertu.* p. 263 &c. *Comparaison d'un Char volant qui vient prendre des Voyageurs pour leur épargner la moitié de leur route, examinée.* p. 265. *La vraie Conversion est le terme où le Chrétien doit arriver ici-bas; la Perfection, celui où il doit tendre.* p. 265--268. *Les degrés de la félicité céleste achèvent de résoudre la difficulté.* p. 268--270.

XII. LETTRE.

On continue d'examiner ce que l'Auteur oppose au dogme de la Satisfaction. Son adresse à profiter d'un respect pour les mots, qu'il a condamné lui-même. S'il proscrit ailleurs les expressions consacrées, ici il les retient en leur donnant un nouveau sens. Ses raisons pour en user de la sorte. p. 270--273. *La repentance du pécheur ne suffit pas pour le rapprocher de Dieu. Vraie idée de la Médiation de J. Christ.* p. 274--277. *En fait*

TABLE

de dogme, ne dire qu'une partie du vrai, c'est errer, sur-tout quand on nie le vrai ultérieur. p. 277--279. *Rien de plus équivoque & de plus forcé que le langage de l'Auteur, lorsqu'il retient le mot de* Satisfaction. ibid. *Manière injurieuse dont il caractérise la Religion des Juifs.* p. 281. *Ses objections contre le Mystère de la Ste. Trinité. Toutes tirées de ces deux principes, l'Unité de Dieu, & son Indépendance.* p. 282, 283. *On admet ces principes, mais on nie leur opposition avec la doctrine en question. L'usage du mot de Personne justifié.* p. 285. *Conseil que l'Auteur donne aux Théologiens, peu honorable à l'Ecriture, & trouvé par lui-même trop mauvais pour le suivre.* p. 285, 286. *Les Distinctions que l'Ecriture met en Dieu étant de nature à nous inconnue, n'impliquent aucune contradiction.* p. 286--288. *Ces Distinctions sont réelles, & non de simples précisions de notre Esprit. Elles sont indépendantes du mot de* Personne. p. 288, 289. *Confondre l'incompréhensible avec le contradictoire, illusion perpétuelle de l'Auteur.* p. 290. *Nul dogme révélé n'est contraire aux prémiers Principes: mais notre Esprit peut errer, en croyant voir entre deux choses une opposition qui n'y est pas.* p. 291, 292. *Système de l'Auteur sur la Personne de J. Christ.* ibid. *Traits de Christianisme qu'il y fait paroître.*

DES MATIERES.

roître. Belle comparaison qu'il fait de l'Ame de J. Christ avec un Crystal. p. 293. Chicanes & indécences relevées. p. 294. Caractères qui distinguent les souffrances du Sauveur d'avec celles des Martyrs. Ces souffrances ne sont justes que parce qu'elles intéressent l'Ordre. Ce qui en rend l'exemple efficace, malgré la différence qu'il y a de J. C. au reste des hommes. p. 296--298. J. C. Rédempteur en Chef. ibid. Milieu d'un Esprit sage, pour ne porter atteinte ni à la Raison ni à la Foi. p. 299. Méthode illusoire pour éluder les Témoignages de l'Ecriture sur la Divinité de J. Christ. Tous ses Textes conciliés par la distinction des deux Natures. p. 300. Ordre d'adorer J. Christ, en quel sens suppose un culte nouveau. p. 301. Culte du Sauveur, preuve invincible de sa Divinité. p. 302--304. Examen du fameux passage, Jean VIII. 53. On peut retorquer contre la solution qu'y trouve l'Auteur, ce qu'il allègue contre la preuve que nous en tirons. p. 304, 305. Manière subtile dont Mr. Papin élude cette preuve. p. 306--310. Réfutation de ses sophismes là-dessus. p. 310-312. Rien de moins judicieux, que son Parallèle entre cette réponse du Sauveur aux Juifs, & celle qu'il fait aux Capernaïtes, Jean Chap. VI. Disparités essentielles entre ces deux entretiens. p. 313--315. On établit

TABLE

blit contre l'Ecrivain des Lettres, la Perſonalité divine du S. Eſprit. p. 316--318. Expreſſions figurées de l'Ecriture au ſujet du S. Eſprit; comment on doit les entendre & les diſtinguer des propres. ibid. Tout Emblème a un fond de Vérité qui lui ſert de baſe. p. 319. Diſtinction entre deux ſortes d'Emblèmes. Règles pour démêler dans l'une & dans l'autre le figuré du littéral. p. 319--322.

TOME SECOND.

XIII. LETTRE.

DE la Morale de l'Auteur. Elle eſt auſſi peu Chrétienne que ſa Théologie. Les Ennemis des Dogmes de l'Evangile ne le ſont pas moins de ſa Morale, quoiqu'ils affectent de la louer. Artifice qu'il y a dans ces éloges. p. 1, 2. Du faux qui ſe gliſſe dans la Religion pratique. Précautions & préparations que l'Auteur emploie à cet égard, le rendent ſuſpect d'en vouloir à autre choſe qu'à la fauſſe Dévotion. p. 3--5. Son adreſſe, de traiter ſimplement d'acceſſoire, ce qu'il proſcrit réellement comme faux. Il ſuit l'exemple des Intolérans. p. 6. Beau imaginaire en fait de Spiritualité. Portrait des faux Dévots. Il ne con-

DES MATIERES.

conclud rien contre la vraie Dévotion. p. 7-9.
Caractère d'une sorte d'Hypocrisie. p. 10.

XIV. LETTRE.

La doctrine des Lettres anéantit la Piété, ou les Devoirs envers Dieu. Illusion que l'Auteur tâche de faire à ce sujet. p. 12--14. Le dessein d'avancer la gloire de Dieu n'est point chimérique. p. 14, 15. En quel sens l'Homme peut agir pour Dieu. Réflexion sur les motifs de commande. p. 16, 17. De la nature de l'Humilité. L'Orgueil fondé sur une fausse opinion de nous-mêmes : ce qui n'empêche pas qu'il ne se nourrisse du vrai comme du faux, & ne se serve de celui-là pour introduire celui-ci. L'Humilité, sentiment qui combat l'Orgueil, se sert du vrai pour détruire le faux. p. 18--20. En quoi cette Vertu diffère dans le pécheur, de ce qu'on la conçoit dans la créature innocente. Dans celui-là c'est un contrepoids & un remède à l'Orgueil. Elle a toujours la Vérité pour base, se fondant sur le démérite du péché, & consistant dans une application particulière à regarder nos défauts. p. 20--22. En quel sens nous devons préférer les autres à nous. Ibid. Cette idée de l'Humilité justifie ce que l'on en a dit de plus paradoxe. p. 23, 24. Moyen par où l'on peut changer ses sentimens & ses goûts. p. 24.

TABLE

24--26. *Comment l'imagination peut influer sur le cœur. Son usage par rapport à la Piété.* ibid. *Comment nos goûts deviennent l'objet de la Loi.* p. 27. *Si nos goûts ne dépendent pas de nous, nos actions en dépendent. Ses goûts changent insensiblement avec les habitudes.* p. 21. *Amour de Dieu peut se commander. Différence entre l'amour de complaisance ou de sentiment, & celui d'obéissance, c'est-à-dire de préférence & de choix. C'est ce dernier qui est la matière du commandement.* p. 29--32. *Tout ceci suppose les secours de la Grace,& ne porte aucune atteinte à sa nécessité.* p. 31, 32.

XV. LETTRE.

On agite la question de l'amour désintéressé. Distinction entre deux sortes d'amour. 1°. *Celui de* Concupiscence, *dont nous-mêmes sommes la fin. Il résulte de l'amour-propre, & n'est autre chose que le desir du Bonheur.* p. 33, 34. 2°. *Celui de* Bienveillance, *qui se termine à un objet hors de nous, & qui comprend, avec ce qu'on nomme Bonté, l'amour du Juste & de l'Honnête.* ibid. *Ce principe d'amour désintéressé est en nous l'image de la Bonté divine.* p. 35. *On le prouve par ses effets.* p. 36. *La souveraine Perfection de Dieu le rend l'objet d'un tel amour.*

DES MATIERES.

mour. p. 37, 38. *Si l'on peut aimer Dieu plus que soi-même.* p. 39--41. *Conciliation de l'amour desintéressé avec l'amour propre. Ce sont deux principes qui peuvent agir de concert, sans jamais se combattre mutuellement. On peut sacrifier des Biens particuliers, jamais le souverain Bien. Cette distinction suffit pour séparer sur ce sujet la réalité d'avec la chimère.* p. 41--43.

XVI. LETTRE.

La gloire de Dieu, dernière fin de nos actions, & le grand but de la Religion. Cette Vérité capitale formellement combattue par l'Ecrivain des Lettres. p. 44--47. *Cela nous donne la clé de ses insinuations précédentes contre le Beau imaginaire de la fausse Spiritualité.* ibid. *Sa doctrine heurte de front l'Ecriture.* p. 48.--50. *Elle est évidemment contraire à la Raison.* ibid. *De l'idée qu'il faut attacher au mot de gloire. Il y en a une qui est essentielle à Dieu.* p. 50. *Il y en a une autre qui lui est due par les Créatures, & qu'elles peuvent lui refuser, & qui est susceptible d'accroissement.* p. 51. *Trois choses en quoi les hommes font consister la gloire.* p. 52. *Desir de la gloire, le plus souvent vicieux & injuste.* p. 53. *Suppose toujours en nous de l'imperfection.* p. 54. *Ne convient point à l'Etre*

TABLE

suprême. Quoiqu'il n'ait aucun besoin de cette gloire, elle ne lui en est pas moins due. p. 55. -- 57. Qu'il y ait de l'orgueil à vouloir glorifier Dieu, pensée ridicule. p. 58. Bel endroit de Mr. de Fénélon indiqué. ibid.

XVII. LETTRE.

On reprend la question de l'Amour désintéressé. Vrai sens de la Maxime, que rien ne coûte pour ce que l'on aime. L'Auteur l'élude par un jeu d'esprit. p. 59, 60. Illusion qu'il y auroit, à prendre le plaisir inséparable des bonnes actions, pour un dédommagement ou une récompense qui y mette de l'intérêt. p. 61. L'inclination bienfaisante porte à souffrir, comme à donner, sans intérêt. Justes restrictions de ce principe. p. 61, 62. L'acquiescement en pure perte à des souffrances, n'a point lieu par rapport à Dieu. p. 63. Sacrifier ses passions en vue de plaire à Dieu, ce n'est point décrire le tour du cercle. p. 64. L'amour-propre, en nous aidant à pratiquer nos devoirs, les suppose déja des devoirs, & par conséquent pratiquables en vertu d'un principe distinct de lui. p. 65. Juste discernement de l'Auteur, entre l'amour-propre raisonnable, & l'aveugle amour de nous-mêmes. p. 66. Ce

qu'il

DES MATIERES.

qu'il dit là-dessus, l'écarte de ses principes, & le ramène aux nôtres. p. 67, 68. Accord entre l'amour de nous-mêmes & l'amour de Dieu. Ce dernier sert de règle & de correctif à l'autre. p. 68, 69. Nécessité de creuser les sources de la Morale. On y traite à tort les précisions de vaines subtilités. p. 69 -- 71.

XVIII. LETTRE.

De l'Amour du Prochain, & en particulier de celui des Ennemis. Notre Ecrivain anéantit l'un & l'autre en le réduisant à la simple équité naturelle. p. 72. Selon lui, les Préceptes exprès de l'Evangile là-dessus ne sont que des prédictions de ce qui doit arriver un jour. p. 73. Ce Commentaire blesse la bonne-foi. Mauvaise politique de l'Auteur en l'imaginant. p. 74. Il est injurieux à l'Ecriture, & manifestement ridicule. p. 75. Juste exposé de la Doctrine de J. Christ sur l'amour du prochain. On peut aimer, sans trouver aimable. Aimer le prochain, c'est lui vouloir du bien. p. 76 -- 78. Importante observation. Le précepte d'aimer comprend dans son étendue, l'usage de tout ce qui peut vaincre le dégoût & l'antipathie. p. 78, 79. Motifs à l'amour des Ennemis. p. 80. But de ce Précepte. p. 81.

Sa

TABLE

Sa possibilité. p. 82. *En quoi il se rapporte à la grande règle de l'équité.* p. 83. *Il ne renferme point ce qu'on nomme tendresse.* p. 84. *En quels cas on fait du bien sans aimer.* ibid. *Vengeance, distincte du droit d'une défense légitime. Nuit plus à notre bonheur, que le support & le pardon. Distinction à observer entre les grandes & les petites injures.* p. 85 -- 87. *Clémence d'ostentation, au-dessous de l'équité.* p. 88. *Se mettre à la place d'autrui, excellente règle, mais d'une application difficile. Eclaircissemens sur son usage.* p. 88 -- 90. *Comparaison entre la Charité & la simple Equité.* ibid.

XIX. LETTRE.

Contrariétés étonnantes de notre Ecrivain. Ses réflexions sur l'amour-propre appuyent la doctrine du Desintéressement. Aveux remarquables qui lui échapent contre lui-même. p. 92 -- 94. *Sa distinction entre l'exercice de la Vertu prise en elle-même, & les sacrifices où elle peut conduire, est mal fondée.* ibid. *Idée de l'Amour desintéressé, se transporte facilement du prochain à Dieu.* p. 95. *Caractère d'une Ame vraiment vertueuse.* p. 97. *La Commisération suppose l'amour de bienveillance.* p. 98. *Des motifs de nos bon-*

DES MATIERES.

bonnes œuvres. Elles doivent & peuvent toujours se faire par de bons motifs. Exemple de cela, l'Aumône secrette. p. 99 -- 102. *Eclaircissement de cette Maxime*, Tel est le fond, tels sont les actes. *Il est faux que nous n'en puissions produire de contraires au fond qui est en nous.* p. 103. *On le démontre par l'exemple précédent.* p. 104-106. *On agite la question de savoir, lequel marque plus de Vertu, ou de combattre ses penchans, ou de n'en avoir point à combattre ? Trois importantes observations là-dessus.* p. 106 -- 109. *En quel sens on peut légitimement employer le mot de Mérite.* ibid. *La diversité de sentimens entre les Chrétiens, ne porte nul préjudice à la Révélation. Faux triomphe de ses Ennemis là-dessus.* p. 111. *Les divisions des Chrétiens mal représentées. Elles n'empêchent nullement leur union réelle dans la même Foi.* p. 112. -- 115. *Préjugés de naissance, trop communs dans toutes les Sociétés Chrétiennes. Cela ne porte aucun atteinte, ni aux droits ni au pouvoir de la Vérité. On relève à ce sujet les insinuations Pyrrhoniennes de l'Auteur des Lettres.* p. 115 -- 117. *Sa Maxime*, qu'on ne doit point faire des mots la règle du vrai, *ruïne l'autorité de l'Ecriture.* p. 117, 118. *Réfutation de divers sophismes qui tendent à même fin.* p. 119 --

TABLE

119--121. *La prétendue Religion essentielle est un vrai Pyrrhonisme, qui pour anéantir les Controverses, anéantit les Dogmes.* p. 121, 122.

XX. LETTRE.

Revue du Système des Lettres sur la Providence & sur la Grace. L'Auteur tient pour son universalité dans le sens le plus étendu. p. 123. *Les objections qu'il se fait à cet égard de la part de l'Ecriture, l'embarrassent peu.* p. 124. *Sa réponse générale aux difficultés prises de l'Expérience.* p. 126. *Cette question liée avec celle de la Providence. Manière dont il traite celle-ci.* p. 127. *Un Dieu, une Providence, un Monde à venir, trois Vérités dont l'enchaînure est indissoluble.* p. 128. *La Providence & la Grace abîmes impénétrables. Conseil que l'Auteur donne pour ne s'y point perdre. Il l'a mal suivi.* p. 129, 130. *La Révélation éclaircit le Dogme de la Providence, & nous en fournit la grande clé dans ce qu'elle nous apprend de la vie à venir.* p. 131, 132. *Objection contre ce dogme, prise des maux de la vie humaine. La Philosophie y oppose des solutions plus ingénieuses que solides.* p. 133, 134. *La manière dont Dieu en use envers le Genre-humain dans la dispensation*

de

DES MATIERES.

de la Grace, forme encore une plus grande difficulté, que l'Auteur fortifie par une revue du Genre-humain diſtribué dans ſes différentes claſſes. Etat triſte du Chriſtianiſme. p. 135 — 137. Solution trouvée à cette difficulté, dans une idée toute nouvelle ſur l'Oeconomie à venir. p. 138 — 140. Cette idée, pur Songe philoſophique. La Révélation la dément dans tous ſes points. p. 141, 142. Silence de l'Ecriture ſur ce qui ne concerne point notre Salut. Elle laiſſe les autres queſtions indéciſes. Celle, par exemple, qui regarde le ſort des Peuples qui n'ont point eu la Révélation. p. 143, 144. Elle eſt très claire ſur l'alternative de la double Eternité qui nous attend. p. 145. La lumière de la Révélation comparée à celle de nos yeux : l'une & l'autre ſe proportionne à notre beſoin, non à notre curioſité. p. 146. L'idée des Lettres ſur le Siècle futur, entiérement oppoſée à ce que l'Evangile nous en dit. Celui-ci ne donne point à la Grace une étendue ſans bornes. p. 148 — 150. Accord de la diſpenſation de la Grace Evangélique, avec les idées claires que la Raiſon donne de Dieu. L'idée abſtraite de la Bonté, ſéparée de tout autre attribut, eſt une chimère. La Bonté divine eſt 1°. libre dans ſes dons. p. 151. 2°. Toujours conforme dans ſon exercice aux Loix de l'Ordre. p. 152.

TABLE

152. *Ces deux principes généraux servent de clé à deux grandes objections.* I. *Objection, prise des bornes où la Révélation se renferme par rapport aux tems & aux lieux.* p. 154 -- 156. *Conciliation de la volonté de sauver tous les hommes, que l'Ecriture attribue à Dieu, avec ce que l'événement nous montre.* p. 156 -- 158. *Différentes manières dont Dieu veut ce qu'il opère lui-même, & ce qu'il ordonne aux Agens libres d'opérer.* p. 158 -- 160. II. *Objection, prise de l'éternité des peines de l'Enfer. Réponse à cette objection.* p. 160. *Quatre réflexions qui en diminuent le poids.* p. 161. *Dieu libre dispensateur de la félicité de ses Créatures.* p. 163. *Tout Système imaginable sur la Providence doit nécessairement en revenir aux deux grands Principes posés ci-dessus. Celui des Lettres ne peut se passer de leur secours. Outre qu'il est contraire à l'Evangile, les mêmes difficultés que l'Auteur oppose à celui de l'Evangile, se retorquent contre le sien.* p. 164 -- 166.

XXI. LETTRE.

Dans le nouveau Système sur la Providence, la Révélation n'est bonne à rien, & n'y sauroit trouver de place. p. 166, 167.

Si

DES MATIERES.

Si les principes des Lettres *sont vrais, l'Evangile nuit au Genre-humain, parce qu'il obscurcit la Religion essentielle, & s'oppose au but de cette Religion* p. 168 -- 172. *Le portrait qu'elles font de l'état du Christianisme, est outré.* ibid. *Sur-tout par rapport aux Communions Protestantes.* p. 173, 174. *On relève un trait malignement lancé contre elles. Tout Particulier peut s'assurer du vrai sens de l'Ecriture sur certains points, sans partager l'infaillibilité avec elle.* p. 175 -- 177. *Caractère de ceux que l'Auteur qualifie de* Démocrites de la Chrétienté. *Leur incrédulité, loin d'être invincible, n'a point d'excuse.* p. 177 -- 180. *Le Système de la prétendue Religion essentielle, suppose la fausseté de celle de J. Christ.* p. 180 -- 182. *Eloge de la Religion Naturelle, ses usages.* ibid. *Elle est insuffisante dans l'état présent du Genre-humain.* p. 183, 184. *Religion Révélée, seule proportionnée aux besoins de l'homme.* ibid. *Disputes sur le sens de l'Ecriture ne lui font aucun tort. Vérités fondamentales de la Religion Naturelle peu connues avant l'Evangile. Deux conséquences qu'on tire de-là en faveur de celui-ci.* p. 187 -- 189. *On éclaircit cette pensée par une image.* ibid. *Portrait des Déistes d'aujourd'hui.* p. 190. *Conclusion:*

TABLE DES MATIERES.

sion: quelle est la Religion véritablement essentielle à l'Homme. p. 191, 192.

Fin de la Table des Matières.

COR-

CORRECTIONS.

TOME I.

Page 4. ligne 15. *le surnaturel* : lisez, *le vrai surnaturel.*

p. 30. l. 10. *la Raison elle-même nous ordonne:* lisez, *c'est elle-même qui nous ordonne.*

p. 58. l. 12. après *persuasion*, ajoutez *habituelle.*

Ibid. l. 21. *parmi ceux qui s'appellent Croyans:* lisez, *parmi un grand nombre de ceux* &c.

p. 71. l. 14, 15, 16. *leur bonne-foi avoit été surprise par l'artifice de gens intéressés à leur en imposer.* Mettez ces paroles en Italique.

p. 78. l. 10. *l'artifice de gens intéressés à leur en imposer.* Mettez encore ceci en Italique.

p. 109. l. 14. *ou la contradiction* : lisez, *ou de la contradiction.*

p. 137. l. 16. *étant déja demi-purifiée* : lisez, *étant à demi purifiée.*

p. 153. l. 7. *de Sens* : lisez, *des Sens.*

p. 174. l. 12. *juger* : lisez *juges.*

p. 210. l. 5. d'en-bas. *d'autre* : lisez *d'autres.*

p. 232. l. 18. *comme il dépend du Libre-Arbitre* : lisez, *comme sa pratique dépend* &c.

p. 259. l. 18, 19. *venir* : lisez, *venin.*

p. 260. l. 7. *qu'il a moins de chemin* : lisez, *& qu'il a moins de chemin.*

p. 280. l. 11. *les emploie. Mais rentrons* &c. lisez, *les emploie, & l'on doit lui tenir compte de la violence qu'il s'est faite. Mais rentrons* &c.

TOME

TOME II.

Page 63. l. 15 & 16. *le cas eſt imaginaire :* liſez, *le cas de ſouffrir en pure perte eſt imaginaire.*

p. 76. l. 18. *l'émabilité :* liſez, *l'amabilité.*

p 81. l. 6 d'en bas. *varient :* liſez, *variant.*

p. 103. l. 8 d'en-bas : *des actes qui lui ſoient contraires* &c. juſqu'à *Mais nous demeurons* &c. Corrigez ainſi la ponctuation : *des actes qui lui ſoient contraires. On nous ordonneroit en-vain de pratiquer avec joie des choſes où nous ſentons de la répugnance ; mais nous demeurons* &c.

p. 119. l. 2. *ont été :* liſez, *furent.*

p. 140. l. 21. *il reſpire :* liſez, *il reſpire en liberté.*

p. 144. l. 10. *cette variété :* liſez, *& cette variété.*

p. 171. l. 7 d'en-bas : *que ſi la Doctrine de l'Evangile eſt véritable, celle des Lettres ne l'eſt pas :* liſez, *que ſi la Doctrine des Lettres eſt véritable, celle de l'Evangile ne l'eſt pas.*

p. 173. l. 15. *s'éclaircir :* liſez, *s'éclairer.*

p. 178. l. 17. *du pauvre peuple, des eſprits foibles :* liſez, *du pauvre peuple, des ſimples, des eſprits foibles.*

Ibid. l. 18. *avec raiſon :* liſez, *avec quelque apparence de raiſon.*

p. 191. La Citation du bas de la page ſe doit rapporter à *Moqueurs* dans le Texte.

p. 214. l. 14. *On n'oppoſe :* liſez, *on n'oppoſa.*

p. 237. l. 16. *III. Chapitre :* liſez, *LIII. Chapitre.*

p. 241. l. 15. *qu'on ne lui dit :* liſez, *qu'on ne lui a dit.*

p. 255. l. 11. *guide :* liſez *guida.*

LET-

LETTRES
SUR
LES VRAIS PRINCIPES
DE LA
RELIGION.

I. LETTRE.

Vous m'embarrassez, Monsieur, en me demandant ce que je pense de l'Auteur des *Lettres sur la Religion essentielle à l'Homme*, & ce que vous devez croire de tout le bien & de tout le mal qu'on vous a dit de ce Livre. En vérité, je ne sai pas trop que vous répondre ; car il semble donner également lieu à l'un & à l'autre, & je pancherois assez à réunir des juge-

Tome I. A mens

mens si contraires, en y mettant au besoin de certaines restrictions. S'il faut pourtant s'en fiër au portrait qu'en fait un de nos Amis, la Religion Chrétienne ne s'est point encore vu attaquée par un Ouvrage aussi dangereux que celui-là. Vous serez bien aise de voir ce qu'il m'en écrivoit l'autre jour.

„ On eût cru, me dit-il dans sa Let-
„ tre, que nos Déistes modernes avoient
„ épuisé contre la Religion tous leurs
„ artifices, & pris pour se masquer tou-
„ tes les formes qu'on pouvoit prendre.
„ L'un, sous le titre spécieux d'une
„ Méthode nouvelle pour l'explication
„ des Prophéties, en ruïnoit l'autorité.
„ L'autre tournoit en de pures Allégo-
„ ries les Miracles de J. Christ, pour a-
„ voir lieu d'ébranler la vérité de ces
„ Miracles. Un troisième, non moins
„ ennemi du Christianisme que ses Con-
„ frères, le faisoit aussi ancien que le
„ Monde, à dessein de prouver que les
„ Doctrines révélées dans l'Ancien &
„ le Nouveau Testament sont de pures
„ chimères, si l'on en retranche les Rè-
„ gles éternelles de la Morale. Mais
„ tous ces Messieurs n'y entendoient
„ rien, & leurs détours grossiers ont
„ trouvé peu de Lecteurs assez simples
„ pour

,, pour en être la dupe. On a d'abord
,, reconnu ces Protées pour ce qu'ils é-
,, toient, c'eſt à dire, pour des Incré-
,, dules qui en veulent à la Révélation.
,, Celui-ci va bien plus finement à ſon
,, but. Il parle de nos Livres Sacrés a-
,, vec un grand air de reſpect; &, ſans
,, paroître vouloir rendre leur autorité
,, ſuſpecte, il ſe borne à nous en appren-
,, dre le véritable uſage. Son deſſein ap-
,, parent eſt de réconcilier nos Eſprits-
,, forts avec la Révélation, & de les y
,, ramener, en ôtant de leur chemin
,, certains dogmes qui leur ſont autant
,, de pierres d'achopement. C'eſt de
,, ſimplifier le Chriſtianiſme, en le dé-
,, gageant de quantité d'articles, dont
,, les Théologiens juſques ici ont fait
,, ſonner trop haut l'importance; c'eſt
,, de le réduire à un petit nombre de
,, Vérités évidentes & capitales, pour
,, le mettre à portée de toute ſorte d'eſ-
,, prits, & pour réunir les ſimples &
,, les habiles dans le centre commun
,, de ce qu'il appelle *la Religion eſſentiel-*
,, *le à l'Homme*; ce qui terminera tout
,, d'un coup une infinité de controver-
,, ſes qui déchirent l'Egliſe Chrétienne.
,, Le projet eſt beau. Mais regardez y
,, de près: ce n'eſt-là qu'un prétexte, qui

,, cou-

„ couvre le deſſein d'établir le Déiſme
„ ſur les ruïnes de la Religion révélée.
„ Car enfin, tant de reſpect qu'il vous
„ plaira pour les noms d'Evangile, de
„ Prophètes, & d'Apôtres; tant d'allé-
„ gations honorables que vous voudrez
„ de leurs Ecrits; ſi la Religion eſſen-
„ tielle & ſalutaire ſe réduit à ce que
„ cet Auteur prétend, nos Livres Sa-
„ crés deviennent faux & ridicules d'un
„ bout à l'autre, loin qu'on doive les
„ regarder comme des Livres Divins.
„ Obſervez qu'en établiſſant le principe,
„ il ſe repoſe adroitement ſur ſes Lec-
„ teurs du ſoin de tirer la conſéquence;
„ & c'eſt en quoi ce ſecond *Tyndal* me
„ paroît bien plus habile que le prémier.
„ Il n'en veut donc point aux Déiſtes;
„ au contraire, ſous ombre de les met-
„ tre en état de ſe rapprocher du
„ Chriſtianiſme, il fait ſi bien qu'il l'a-
„ néantit. Cette eſpèce de Religion qu'il
„ y ſubſtitue, lui ſert à deux fins; l'une,
„ d'accoutumer inſenſiblement les hom-
„ mes à ſe paſſer de Révélation; l'autre,
„ d'emprunter d'elle quelques-unes de ſes
„ vérités, pour en parer le ſyſtême du Dé-
„ iſme, en l'épurant de ce qu'il avoit eu
„ juſqu'ici de plus odieux & de plus dan-
„ gereux pour la Société." Voilà le jugement

gement de notre Ami, dont vous connoissez le zèle. Je vous avouerai, Monsieur, qu'il m'a laissé dans l'esprit des soupçons, que la lecture que je viens de faire de cet Ouvrage confirme en plus d'un endroit. Cependant, allons bride en main. On ne peut être trop sobre à juger des intentions secrettes d'un Ecrivain ; & j'aurois de la répugnance à en attribuer de pareilles à celui-ci. Bien des choses me parlent en sa faveur. Il a je ne sai quel air d'honnête-homme, qui plait. Il se montre par-tout sincère ennemi du vice, & zélé pour la cause des bonnes mœurs. Il reconnoit une Providence, une autre Vie, des Peines & des Récompenses après la mort ; autant de choses à quoi nos Esprits-forts ne croyent guères : car on sait assez que ces prétendus Apôtres de la Religion naturelle ont une pente commune qui les entraine vers l'Athéisme. Notre Auteur assurément ne doit point être mis dans la classe de ces ennemis du Genre-humain. Outre une assez forte teinture de Christianisme que paroît avoir son second Volume, il inculque dans tout l'Ouvrage des principes d'une Morale épurée, & même sévère. Et ce ne sont point des traits épars au

hazard, ou semés de loin à loin dans son Livre, par affectation. Rendons-lui justice, on y voit un dessein sérieux de porter à la Vertu, & de rendre les hommes meilleurs qu'ils ne sont. Il est vrai que les moyens qu'il choisit pour cela, me paroissent très défectueux. Affoiblir l'autorité de nos Ecritures ; en rendre notre Raison, non seulement l'Interprete, mais le Juge souverain ; énerver ou rejetter leurs principaux dogmes ; n'admettre que l'évidence pour règle & pour mesure de la Foi, ce n'est point nous conduire au Salut par le chemin que Dieu nous trace : au contraire, c'est porter de terribles atteintes à la véritable Religion, sous prétexte de travailler à sa défense. Mais encore un coup, croyez-moi, ne nous hâtons pas d'imputer à l'Auteur des vues sinistres, & ne le rangeons parmi les Ennemis du Christianisme, que lorsqu'il n'y aura plus moyen de s'en dispenser. Connoissons-nous tous les travers dont l'esprit humain est susceptible ? Outre les Fidèles & les Incrédules, ne peut-il pas y avoir des Demi-croyans, qui tenant au Christianisme par certains liens, réduisent en principe cette imparfaite espèce de Foi ? Un homme aura l'esprit assez droit, & l'ame assez belle, pour
être

être touché de certains caractères de Divinité qui brillent dans nos Ecritures; il sentira quelques-unes des beautés de la Religion de J. Chrift, il sera charmé de l'excellence de sa Morale: il en conclurra, que J. Chrift est effectivement l'Envoyé du Ciel. Mais d'autre part, un je ne sai quel goût d'indépendance, une certaine fierté de raisonnement, une malheureuse confiance dans les forces de son propre esprit, lui rendra suspectes les doctrines mystérieuses que cet Evangile renferme, & le portera à bannir de la Religion tout ce qui est obscur ou surnaturel. Si par dessus tout cela, l'homme dont je vous parle est doué d'un esprit fin & subtil, il pourra bien se forger quelque Système qui ressemblera fort à celui de l'Auteur des Lettres. Gardons-nous donc de le juger. Ne cherchons pas à pénétrer, au travers de ses Ecrits, jusques au fond de son cœur, connu de Dieu seul: mais lisons-les avec précaution, & tâchons à nous garantir du venin réel qui s'y trouve renfermé. Qu'il soit Déiste ou non, cela le regarde, & nous importe très peu. Mais il importe aux Chrétiens en général, d'avoir un préservatif contre la contagion de ses mauvais principes & de ses faux raisonnemens.

Le préservatif me paroît d'autant plus nécessaire, que ce Livre, & par le fond même, & par la manière dont il est écrit, flatte tout à fait le goût du Siècle. Depuis un tems, on ne prêche que la Tolérance, l'innocence des Erreurs, la préférence que doit avoir la Morale sur le Dogme, la nécessité de débarrasser la Religion de tout ce fatras dont la surchargent les Théologiens ; contre lesquels, pour faire en passant cette remarque, on s'est mis horriblement de mauvaise humeur. On veut des Systèmes simples, des Méthodes abrégées pour la Science du Salut, comme pour toutes les autres. A force de se rafiner l'esprit par de nouvelles lumières, on s'est affranchi du joug de l'Autorité humaine ; & s'il faut tout dire, de cette disposition-là, quoique très sage quand on la renferme dans ses justes bornes, l'Autorité divine en souffre un peu, même parmi les Chrétiens. Après quoi, faut-il s'étonner du favorable accueil que reçoit un Livre si conforme au goût régnant ? Joignez-y, que pour la manière de l'écrire, l'Auteur s'est mis à la grande mode d'aujourd'hui: nul air scientifique, nulle méthode régulière, nul ordre apparent,

parent, quoiqu'il y en ait dans ses idées un très réel : par-tout un voile de négligence, qui couvre en effet beaucoup d'art : un air aisé, cavalier, bien éloigné de la pédanterie des Docteurs de profession ; mais soutenu d'une imagination fine & délicate, jointe à une grande subtilité de raisonnement. C'en est-là plus qu'il n'en faut pour séduire la foule des Lecteurs. Je vous le prédis, Monsieur, & vous n'aurez pas de peine à m'en croire, sachant comme le monde est fait : beaucoup de gens qui se piquent de Religion, embrasseront celle de l'Auteur des Lettres. Rassurons-nous pourtant sur les progrès qu'il pourra faire. La Vérité est forte, elle triomphera toujours. Le brillant de l'imagination, la subtilité de l'esprit, les préventions & les modes, ne lui opposent que de foibles armes. Je suis &c.

II. LETTRE.

QUoi ! Monsieur, ma Réponse ne vous contente pas ? & quand vous me demandiez l'autre jour mon sentiment sur l'Auteur des Lettres, ce n'étoit n'étoit qu'un tour adroit pour m'engager, sans que je m'en apperçusse, à en entreprendre la réfutation? Vous venez de les lire, vous en pensez à peu près ce que j'en pense; mais vous voulez que ce soit moi qui justifie par un Examen détaillé notre commun jugement. Il vous faut absolument, dites-vous, contre un si dangereux Ecrit, le préservatif que j'ai jugé nécessaire, & vous l'attendez de ma main. Je ne m'étois nullement défié du piége que vous me tendiez; m'y voilà pris. J'aurois beau vous dire, qu'une tâche comme celle-là demande plus de loisir ou plus de talent que je n'en ai; & que comme le Livre a fait du bruit, assez d'autres sans moi se chargeront du soin d'y répondre. Je vous connois, Monsieur, vous n'écouterez point ces raisons, & je ne dois songer qu'à vous satisfaire du mieux qu'il me sera possible. Eh bien, je vais à votre intention recommencer cette lecture, pour vous rendre compte des réflexions qu'elle pourra me fournir. Je vous les envoierai à mesure que je les aurai mises sur le papier, & toutes telles qu'elles se présenteront à mon esprit. Ne vous promettez rien davantage. Je ne songe point à faire un Livre, mais seulement des Remarques sur celui de la

Re-

DE LA RELIGION. *Lettre III.*

Religion essentielle. Remarques, qui ne seront pas même toutes critiques : c'est de quoi je me félicite d'avance. Je prévois qu'il me fournira l'occasion de blâmer & de louer tour à tour, selon les endroits. Si je le réfute souvent, il m'arrivera quelquefois d'appuyer par de nouvelles réflexions les bonnes choses qu'il contient, & qui y sont très bien dites. Du reste, je ne me prescris aucun ordre de matières : mon Auteur, qui ne s'en pique point lui-même, m'en dispense assez. La seule chose que je vous recommande, c'est de lire mes Lettres, son Livre à la main. Je suis &c.

III. LETTRE.

VOus voyez, Monsieur, combien je me hâte de tenir parole. En reprenant la lecture qui va faire le sujet de nos entretiens, je suis tombé d'abord sur cet endroit remarquable de l'Epitre *aux Lecteurs modérés & non prévenus :* ,, Vous
,, allez droit au but. Vous jugez d'un
,, Ouvrage par le fond. Vous démêlez
,, parfaitement jusqu'où portent les Con-
,, séquences des Principes sur quoi l'on
,, ta-

,, table. Et c'est à cette Pierre de tou-
,, che que vous jugez du Bien ou du
,, Mal, de l'impression bonne ou mau-
,, vaise, qu'il peut produire sur les ef-
,, prits ". Voilà un excellent avis, pour
quiconque veut entreprendre l'examen
du Livre. Aussi suis-je bien résolu de m'y
conformer. Laissant donc à quartier tout
l'accessoire, je vais juger de l'Ouvrage par
le fond. Je tâcherai de démêler les légitimes Conséquences des Principes qu'on
y établit, & de les suivre dans toute leur
étendue. L'Auteur, qui me le conseille
lui-même, n'aura garde de s'en fâcher.

Commençons par des réflexions générales, sur l'usage qu'il prétend faire de
l'Ecriture. Il s'en explique assez clairement dans la Lettre introductive qui est
à la tête du II. Tome. ,, On n'y fait
,, jamais valoir, *dit-il*, son autorité [cel-
,, le de l'Ecriture Sainte] contre les Prin-
,, cipes naturels, les Notions commu-
,, nes; mais seulement pour appuyer sur
,, des Vérités évidentes par elles-mê-
,, mes. Que si l'on propose ses conjec-
,, tures sur la signification de tels ou tels
,, Textes, ce n'est qu'autant que le mê-
,, me sens est entièrement conforme à
,, l'esprit & au but général de l'Evangi-
,, le ". Qu'en dites-vous, Monsieur?
Te-

Tenir un pareil langage, n'eſt-ce pas ôter à l'Ecriture toute autorité véritable, tout ce qui la peut faire regarder en elle-même comme Règle de foi & de mœurs? Pour peu que vous en doutiez, en voici la preuve. La grande Règle de l'Auteur, & le fondement de ſa Religion eſſentielle, ce ſont les Principes naturels, les Notions communes. Il ne fait valoir le témoignage de l'Ecriture, qu'autant que ces Notions communes, ces Vérités évidentes par elles-mêmes, s'y trouvent confirmées & retracées. Il ne reconnoit non plus aucun autre principe pour l'explication des Textes particuliers qu'il allègue, que ces mêmes Notions communes: car c'eſt ce qu'il entend par *l'eſprit & le but général de l'Evangile*, qui eſt la Pierre de touche pour l'interprétation de tels ou tels Textes, puiſque ſon autorité n'eſt de miſe chez lui, que quand il s'agit d'appuyer ſur des Vérités évidentes par elles-mêmes. Donc, ſelon lui, l'Ecriture Sainte n'eſt point une Règle par elle-même, une Règle dont l'autorité, indépendante de toute autre, doive aſſujettir notre eſprit: ce n'eſt tout au plus qu'une Copie de la vraie Règle primitive, ſavoir, notre Raiſon. Les déciſions de celle-là tirent toute leur force de la

con-

conformité qu'elles ont avec les décisions de celle-ci, & c'est celle-ci qui donne le sceau de son autorité à celle-là.

Vous conviendrez, Monsieur, que rien n'est plus faux, ni plus indigne d'un Chrétien, qui doit regarder l'Ecriture Sainte comme la Parole de Dieu, que de s'en former une pareille idée. Un vrai Chrétien regarde l'Ecriture comme une Loi émanée du même Législateur qui nous avoit déja donné la Loi naturelle. Il sait que c'est le même Dieu qui nous parle, & par les idées intérieures de notre Raison, & par le témoignage extérieur de l'Ecriture. Ce sont-là deux différentes publications de sa volonté, toutes deux munies de son sceau; mais dont l'une supplée à l'autre, non seulement en la retraçant, en l'éclaircissant & la confirmant, mais en y ajoutant ce qui y manquoit, & que le changement, arrivé dans la condition de l'Homme depuis sa chute, oblige d'y suppléer. Cette seconde Loi doit avoir un sens fixe; il doit y avoir des règles pour l'interpréter, en vertu desquelles l'étude de nos devoirs nous devienne plus facile qu'elle ne l'étoit quand nous n'avions que la simple Loi naturelle: car cette voie de Révélation externe n'a été employée que pour
re-

remédier à ce que l'autre avoit de défectueux, par rapport à l'état présent du Genre-humain. Cette seconde Loi a donc son autorité à part. Elle suppose bien l'autre, qui est venue la première ; elle la suppose, parce qu'elle la renouvelle, parce que loin de la détruire, au contraire elle y ajoute, & qu'elle bâtit sur le fondement de cette première : mais elle n'en tire point toute son autorité ; elle la tire immédiatement de Dieu, qui a donné l'une & l'autre. Comme elle renferme en elle-même des caractères non équivoques de son origine céleste, qui lui donnent sur nous une pleine autorité ; elle renferme aussi, à la considérer comme Loi mise par écrit, des caractères d'intelligibilité, qui nous guident sûrement dans l'interprétation de son vrai sens : sans quoi elle ne serviroit de rien, & le Législateur qui la publie en supplément de l'autre, manqueroit évidemment son but. Car pourquoi, après nous avoir donné la Raison qui nous enseigne nos devoirs, & dont la lumière nous découvre ce qui s'appelle Loix naturelles, pourquoi nous donner encore la Révélation écrite ? C'est, pour ne m'arrêter ici qu'à ce seul motif, parce que depuis la chute de l'Homme, la stupidité des uns,

les

les préjugés & les paſſions des autres, empêchent qu'on ne ſe ſerve comme il faudroit de ſa Raiſon pour réuſſir dans cette étude des devoirs naturels, & pour en acquérir une connoiſſance claire, complette, ſure, uniforme. Les Simples raiſonnent trop peu, & ne pénètrent pas aſſez avant pour cela. Les Philoſophes, qui raiſonnent beaucoup, s'égarent dans leurs raiſonnemens, ils ſe perdent en ſubtilités, ils varient, ils ſe contrediſent dans leurs déciſions, ils flottent dans de perpétuelles incertitudes, ſentant leurs prémières conjectures combattues par des conjectures nouvelles, & ne voyant qu'imparfaitement la Vérité. Lors même qu'ils ont le bonheur de l'entrevoir, ils mêlent perpétuellement le faux au vrai, &c. Tant d'inconvéniens auxquels la Raiſon ne remédie point, puiſqu'ils naiſſent du déréglement de ce même Eſprit qui l'avoit reçue & qui en abuſe, rendent néceſſaire une Révélation extérieure, ou une Loi écrite. Mais il eſt clair en même tems, que cette Loi écrite doit être Règle par elle-même, ſans emprunter ſon autorité d'aucune autre ; & intelligible par elle-même, enſorte qu'on puiſſe ſe convaincre qu'elle décide ceci, ou qu'elle enſeigne cela, ſans avoir

be-

besoin d'examiner par raisonnement, si telle & telle doctrine se déduit avec évidence des Principes naturels & des Notions communes. Car si l'Ecriture ne nous épargne point cet examen; s'il faut nécessairement s'y embarquer avant que de pouvoir nous assurer qu'une doctrine est vraie, ou que cette doctrine renferme le vrai sens de l'Ecriture; dès-lors cette Révélation ne supplée à rien, ne remédie à rien; elle manque son but, qui étoit de servir de guide à l'Homme égaré, de remédier aux incertitudes du raisonnement par l'autorité du témoignage, d'ajouter à la prémière Loi, à la prémière Lumière naturelle, ce qui leur manquoit par rapport à nos besoins; & de nous conduire par une voie courte, sure, proportionnée à la capacité de tous, jusques où, par de longs & de pénibles circuits, les plus habiles Philosophes n'ont jamais pu s'assurer de parvenir.

Dès-lors l'Evangile n'a plus aucun avantage sur les Dialogues de Platon, ni sur les Maximes d'Epictète; & l'on ne lui doit pas attribuer plus de Divinité qu'aux Ecrits de ces Philosophes. Comme eux, il est propre à nous instruire, à réveiller notre attention sur des objets auxquels nous avions négligé de penser: il peut nous

nous donner des ouvertures & des vues, & puis c'est tout. Ses préceptes sont les leçons d'un Maitre, non les Loix d'un Souverain; & ce sera toujours alors à notre propre examen, de ratifier ce qu'ils nous prescrivent.

Il est vrai que l'accord de la Doctrine révélée avec la Religion naturelle, que la proportion & l'enchainure admirable qu'on apperçoit entre les Vérités de celle-ci & les Dogmes de celle-là, pour former un seul & même édifice dont la Religion naturelle est le fondement; il est, dis-je, très vrai, que cela nous indiquant un même Auteur de l'une & de l'autre, forme pour la Révélation un nouveau caractère de Divinité. Il est vrai, qu'à mesure qu'on l'étudie, on est charmé de voir dans ses préceptes une pleine confirmation de ce que la plus pure Raison nous dicte. Il est encore vrai, que dans certains endroits de l'Ecriture qui sont obscurs, équivoques, sujets à diverses interprétations, celle qui seroit évidemment contraire aux Notions communes, doit toujours être rejettée, comme ne pouvant être le sens de l'Ecriture; parce que son Auteur, qui est aussi celui de la Lumière naturelle, ne peut jamais se démentir ni se contredire. Mais il est faux, que

que les décisions de l'Ecriture n'aient d'autorité sur nous, que celle que leur peut donner l'évidence de nos idées*; & qu'il faille de néceſſité leur attribuer un ſens qui ne diſe rien davantage que ce que la ſimple Raiſon nous dit, & y ramener tout à un tel ſens, en dépit des règles de Critique établies pour l'intelligence de toute ſorte d'Auteurs, & malgré toutes les loix du Langage humain.

A quoi bon donner des Loix par écrit, ſi ces Loix n'ont pas un ſens, que ceux à qui elles s'adreſſent puiſſent aiſément comprendre; & ſi ces Loix, intelligibles d'elles-mêmes, n'impoſent pas à ceux qui les reçoivent & qui les entendent, l'obligation de faire telles & telles choſes qui leur y ſont enjointes, & cela en vertu de l'autorité du Prince, & indépendamment de ce que les Sujets s'imaginent eux-mêmes être raiſonnable ou non? Une ſeconde Loi émanée de lui pour renouveller & confirmer la prémière, en y ajoutant des Ordonnances nouvel-

---

* *Remarque d'une extrême importance. Les déclarations de J. Chriſt tirent leur plus grande force de l'acquieſcement qu'elles trouvent dans l'homme.* Suite de la Relig. eſſent. Lettre VII. p. 61.

velles, ne tire point son autorité de cette première ; ce n'est point par cette première qu'on la doit restreindre, ou en limiter le sens : c'est par elle-même qu'elle s'explique, & par elle-même qu'elle oblige, puisqu'elle émane d'une même autorité, & que le Souverain qui avoit déja établi l'autre, est toujours en droit d'ajouter à ses propres Loix, & de communiquer ses ordres par diverses voies. Sans mentir, à voir nos Incrédules tout ramener, tout réduire aux Loix naturelles, on diroit que ces Loix elles-mêmes nous assurent positivement que Dieu n'y ajoutera jamais rien, & qu'elles renferment une clause toute semblable à celle qu'un Apôtre attache à la Loi de Grace : *Si quelqu'un vous évangélise outre ce qui vous a été évangélisé, qu'il soit anathème.*

Concluons de tout ceci, que ce que notre Auteur nomme la *Lettre* de l'Ecriture, Lettre chez lui de très petit poids, à moins qu'on ne l'appuye sur des Vérités évidentes, est, quoi qu'il en dise, un principe fixe, une règle que l'on consulte avec succès dans tous les points importans de la Religion, & par le secours de laquelle on parvient à les décider ; cette Lettre n'étant autre chose, après tout, que le sens naturel ou la pensée de l'Auteur,

teur, que l'on découvre en se servant des mêmes moyens qui s'employent avec succès dans l'interprétation des Loix humaines & dans celle des Ecrits de tout genre. Dès qu'on appliquera de bonne foi ces règles d'une Critique équitable & sensée aux Textes sacrés, on saura sur quoi se fonder: on ne courra nul risque de faire dire à l'Ecriture le pour & le contre, ni de la voir également favoriser des Partis ou des Systèmes opposés. Ce sens naturel, pris dans les règles d'interprétation qui sont communes à toute sorte d'Ecrits, & qui ne sont point faites pour appuyer un Système plutôt que l'autre, ce sens est le vrai suffrage de l'Ecriture, dont on s'autorise avec raison; non pour le faire valoir contre les Principes naturels, auxquels il ne se trouvera jamais contraire; mais pour établir sur son autorité, indépendamment de celle de nos idées, certaines doctrines & certains préceptes qui portent au-delà de ce que la Lumière naturelle nous montre.

Bien des gens auront donc lieu de penser, que si l'Auteur des Lettres se fioit plus, qu'il ne fait à l'Ecriture, que s'il croyoit que ce Livre, en qualité de Révélation extérieure émanée du Ciel, ou de témoignage divin, eût une autorité in-

indépendante des Lumières de notre Raison, & qui cependant conspirât avec ces Lumières à confirmer dans tous ses points la prétendue *Religion essentielle*, il ne manqueroit pas sans doute de produire en chef son témoignage, d'en appuyer tout ce qu'il avance, après l'avoir prouvé par la Raison, & de presser le sens propre & littéral de l'Ecriture, le sens naturel de ses Textes rassemblés & comparés. Il admettroit ce sens, indépendamment de l'appui des prémiers Principes : faute de quoi, ce Livre ne peut être allégué comme une autorité divine, capable de fortifier le témoignage de notre Raison, capable de nous rassurer du moins contre l'appréhension d'avoir mal consulté les prémières Idées, ou d'en avoir tiré des conséquences illégitimes. Mais puisqu'il s'obstine à tout expliquer dans l'Ecriture Sainte par l'unique Clé de ses prémiers Principes & de ses Notions communes, & qu'il veut absolument ramener à ce sens les Textes dont la Lettre ou dont l'impression naturelle paroît le plus s'en écarter ; c'est une marque, dira-t-on, qu'il comprend assez que l'Ecriture, entendue dans son sens naturel, expliquée selon la méthode dont on se sert pour interpréter tous les autres Livres, n'est nulle-

nullement *harmonizante* avec fon Syftême de Religion. C'eft donc, ajoutera-t-on, une pure grace qu'il fait aux Ecrivains Sacrés, de vouloir les réconcilier en dépit d'eux avec fes prétendues Notions communes; & ce refpect apparent qu'il témoigne pour les noms de Prophètes & d'Apôtres, couvre un mépris réel pour leur légitime autorité. S'il s'appuye quelquefois de leur fuffrage, il en ufe ainfi par pure politique, moins pour donner du poids à fes raifonnemens, que pour les mieux infinuer dans des efprits qu'effaroucheroit une profeffion déclarée d'Incrédulité.

Que de tels foupçons foient fondés, je n'ai garde de l'affurer, retenu que je fuis par des raifons prifes de ce que l'Auteur dit ailleurs, & que nous verrons dans la fuite. Mais qu'ils aient au moins beaucoup de couleur, vous ne pourrez en difconvenir, quand j'aurai rapproché fous vos yeux les traits fuivans.* „ L'Ecriture
„ Ste. n'eft que médiate pour nous... Elle
„ ne nous parvient que par le canal
„ des hommes qui l'ont écrité.... Comme
„ ils n'ont pu nous la tranfmettre
                              „ fans

* Suite de la Relig. effent. p. 72. dans la Rép. à la VII. Objection.

„ sans se servir de mots, d'expressions, pour
„ nous communiquer les choses, & que
„ le sens des expressions n'est pas fixe,...
„ l'Ecriture en elle-même ne peut être une
„ Règle fixe, indépendante des prémiers
„ Principes, qui sont eux-mêmes la Rè-
„ gle fixe, la Règle immuable qui doit
„ nous faire juger du sens de l'Ecriture.
„ * Hé! que m'importe que l'autorité
„ du Livre en lui-même soit contestée,
„ (Il s'agit là des Livres Prophétiques)
„ puisque l'autorité des choses à quoi je
„ donne mon acquiescement, ne sauroit
„ l'être ; que ce sont des Vérites évi-
„ dentes ? &c. " Dans sa Réponse à la
VII. Objection, qui traite du véritable
usage de l'Ecriture, p. 78: „ On ne
„ doutera pas, *dit-il*, que les Vérités
„ immuables ne soient des Vérités divi-
„ nes. Or... tout Dogme ou Point de
„ doctrine évidemment contraire à des
„ Vérités divines, ne sauroit être l'ou-
„ vrage de Dieu; de qui le sera-t-il, que
„ des hommes ? " Mais selon lui, le
sens littéral de la Révélation est quelquefois évidemment contraire aux Vérités
immuables. † „ La grande règle à obser-
„ ver, *dit-il*, seroit à mon avis, de pren-
„ dre

* *Ibid.* X. Lettre, pag. 84.
† *Ibid.* p. 81.

„ dre l'Ecriture à la lettre, jufqu'au point
„ feulement où le fens littéral feroit évi-
„ demment contraire aux Principes natu-
„ rels, aux Vérités immuables." Et notez que c'eſt à l'occaſion du dogme de la
Divinité de J. Chriſt, qu'il donne cette
importante maxime. Auſſi lui voit-on
faire de perpétuels efforts pour décrédi-
ter la Lettre de l'Ecriture, & pour prouver que les Vérités immuables ſont la
grande Clé de ſon interprétation. Or un
homme qui ne veut point qu'on faſſe le
moindre fonds ſur ce que l'Ecriture paroît dire, à ſuivre ſon ſens littéral le plus
clair & le plus précis, & qui nous renvoie aux idées de la Raiſon, pour ſavoir
ce que l'Ecriture a dû dire; un tel homme s'embarraſſe-t-il beaucoup de ce qu'elle a dit en effet? Peut-on croire qu'il lui
reconnoiſſe quelque autorité?

Vous vous ſouvenez, Monſieur, d'a-
voir lu autrefois dans le *Commentaire Philoſophique* de *Bayle*, une doctrine toute
pareille. Quoiqu'il n'eût guères beſoin de
ce principe pour le principal deſſein de
ſon Livre, du moins pour celui que le
Titre indique, il le commence par établir de toute ſa force cette Propoſition:
*Que la Lumière naturelle, ou les Principes
généraux de nos connoiſſances, ſont la Règle*

Tome I. B *ma-*

matrice & originale de toute interprétation de l'Ecriture. Il y soutient fièrement, que tout dogme qui n'est point homologué, pour ainsi dire, vérifié & enregistré au Parlement suprême de la Raison & de la Lumière naturelle, ne peut qu'être d'une autorité chancelante & fragile comme le verre. Voyez combien Mr. Bayle a d'Echos! Il y a dans tout cela bien du mal-entendu dont on abuse, bien du vrai & du faux à démêler. Cette discussion me mèneroit trop loin: ce sera le sujet d'une autre Lettre, où je traiterai du sens de l'Ecriture, des Principes propres à le fixer, & du véritable usage de la Raison à cet égard. Pour aujourd'hui, il est tems de reprendre haleine, & de vous assurer que je suis, Monsieur, &c.

IV. LETTRE.

MONSIEUR,

LA Raison n'est Juge du vrai sens de l'Ecriture, que de la même manière qu'elle l'est du sens de tout Discours ou de tout Ecrit humain; c'est à dire, qu'autant qu'elle nous aide à démêler la
vé-

véritable pensée d'autrui, & ce qu'il a eu intention de nous faire entendre, soit que cette pensée s'accorde avec nos idées, soit qu'elle ne s'y accorde pas. Il est sûr que le Langage présuppose entre ceux qui s'en servent, certaines notions communes, certaines idées qui étant dans l'esprit de celui qui parle, se réveillent dans l'ame de celui qui l'écoute; certains principes enfin, qui sont précisément les mêmes dans l'un & dans l'autre, pour unir, pour séparer, pour restreindre ces idées: sans quoi on voit bien qu'aucune Langue n'auroit pu s'établir. Que deux hommes n'aient absolument, ni les mêmes pensées, ni les mêmes règles pour la conduite de leurs pensées; ils ne pourront s'entendre ni s'entrecommuniquer rien: par conséquent, ils n'auront entre eux aucun Langage. Aussi l'usage de la Parole comme signe de nos pensées, n'est-il propre aux Hommes que parce qu'ils ont la Raison; & c'est parce que les Bêtes sont dénuées de Raison, que cet autre don leur est aussi refusé. C'est la Raison qui établit des signes, les lie entre eux, les modifie diversement. C'est elle qui forme la structure du discours, & qui nous a donné toutes les loix de la Grammaire. C'est elle encore qui fait

le

le discernement des expressions propres, & des figurées. Enfin il appartient à la Raison, lorsqu'il s'agit d'un long discours, d'en fixer le sens, parce qu'elle en pèse tous les termes & qu'elle en compare toutes les parties. Quand vous me dites en me montrant quelqu'un, *Voilà un Renard*, *voilà un Lion*, ma Raison m'avertit d'abord, que vous parlez par figure, pour attribuer à celui que vous me montrez, la ruse du prémier de ces animaux, ou le courage de l'autre. C'est la Raison, qui aiant primitivement établi ces loix du Langage figuré, en fait seule une juste application. Nous savons que l'esprit humain aime à comparer les objets différens par leurs rapports mutuels, & à se représenter un objet sous l'image d'un autre objet. Comme je sens en moi cette pente naturelle, je la suppose raisonnablement en vous ; & dès-lors je vous entends, je sai que vous me parlez par figure. Mais si un Loup venant à passer, vous me dites, *Ce Loup est un Sorcier de mon voisinage*, & que vous m'affirmiez cela du ton le plus sérieux, dans les termes dont on a coutume de se servir pour assurer le plus fortement une chose & pour éloigner toute idée de badinage ; alors je comprends que vous
vou-

voulez dire effectivement que c'eſt un Homme métamorphoſé en Loup. Ma Raiſon me dit bien, qu'un tel jugement eſt faux & ridicule; mais elle ne m'en dit pas moins, qu'il eſt le vôtre, & ne m'en oblige pas moins d'attacher ce ſens à vos paroles. Ma Raiſon me dirige tout de même pour l'intelligence des Ecrits d'un Philoſophe. En les parcourant, j'y aurai cru voir des penſées fauſſes, dont l'abſurdité me choque: mais avant que de me réſoudre à les lui attribuer, il eſt juſte que je me rende ſes Ecrits plus familiers. Je les relis donc avec ſoin. J'obſerve ſes principes, la ſuite de ſes idées, l'enchainure de ſon Syſtème. J'étudie ſon ſtile, & l'uſage particulier qu'il fait des expreſſions. Ma Raiſon préſide ſans doute à cet examen; mais qu'en réſultera-t-il? Il en pourra réſulter, que ce Philoſophe enſeigne des opinions abſurdes. Alors l'uſage de ma Raiſon, dans l'interprétation de ces Livres, aboutit à y reconnoître ces mêmes opinions qu'elle juge directement contraires aux Vérités immuables, bien loin que cet uſage conſiſte à ſe ſervir de ces Vérités comme d'une Clé pour expliquer les Ecrits du Philoſophe, en leur donnant à quelque prix que ce ſoit un ſens raiſonnable. J'avoué que l'équité veut qu'on attache, autant qu'il se peut, au discours d'un homme, le sens qui paroît le plus raisonnable; bien entendu pourtant, que son discours soit susceptible d'un tel sens. Car si après y avoir appliqué toutes les règles d'Interprétation que la Raison a établies, nous y trouvons un sens opposé aux pures idées de la Raison; en ce cas, la Raison elle-même nous ordonne d'y trouver ce sens qui est contraire à ses plus pures idées.

En un mot, la Raison, vraie Législatrice du Langage, explique par-tout ce Langage, en consultant les loix fixes auxquelles elle l'a soumis. Mais comme les hommes, sans violer ces mêmes loix, peuvent se servir du Langage pour exprimer des pensées contraires aux idées de la Raison, il s'ensuit que ces loix elles-mêmes, & non les pures Idées & les Vérités immuables, sont la Clé dont elle se doit servir pour l'interprétation d'un Discours de quelque nature qu'il soit; & que les moyens qu'elle emploie pour déterminer le vrai sens de celui qui parle, sont tout différens de ceux qu'elle met en œuvre pour juger de la vérité de ce qu'il dit.

Si c'est Dieu qui parle en se servant du

du langage humain, notre Raison, légitime interprète de sa Révélation, n'a point d'autre méthode à suivre pour en découvrir le vrai sens. Il est bien certain que le sens qu'elle y aura découvert par cette voie, 1°. ne peut renfermer aucune Erreur : 2°. ne peut être opposé aux pures idées de la Raison. Mais encore une fois, ce ne sont point ces pures idées qui nous le découvrent, ni qui servent de Règle pour le fixer. Il s'agit toujours de lire un Livre & de l'entendre, non de raisonner sur la vérité des doctrines qu'il renferme. Si ce Livre est divin, la seconde de ces choses suit nécessairement de la prémière : mais quoi qu'il en soit, elles demeurent toujours distinctes, & en les mêlant on confond tout. Il n'y a que deux cas où les pures idées nous puissent servir de Clé. Le prémier, c'est l'ambiguïté d'un Passage obscur, qui se trouve susceptible de différens sens. Alors on doit se déterminer pour celui qui paroît le plus conforme à nos idées naturelles. Mais cela suppose que ce dernier sens est possible, & que, sans violer les loix du Langage, on peut l'attacher au Texte en question ; car dès-lors ce sens possible emporte la balance sur les autres sens possibles aussi, & la

Rai-

Raison décide en sa faveur. Le second cas, c'est quand deux Textes, ou deux ordres de Passages, paroissent se combattre mutuellement. Alors ceux de ces Passages dont le sens s'accorde avec les Lumières naturelles, doivent servir de principe fixe, auquel il faut ramener l'explication de ceux qui paroissent opposés aux premiers. On ne peut du moins se dispenser de s'attacher à ce premier ordre de Passages, comme à ceux qui contiennent clairement la vraie doctrine de l'Ecriture; & de regarder ceux du second ordre comme des endroits obscurs, sur lesquels il faut suspendre son jugement, jusqu'à ce qu'une nouvelle Lumière, que nous n'avons pas encore, nous en découvre le vrai sens.

Observez en second lieu, que comme le vrai sens d'un Ecrit dépend de la comparaison que l'on fait de ses différentes parties, puisque les expressions & les propositions diverses s'y modifient les unes les autres; & que comme cette confrontation est un des grands moyens que la Raison met en œuvre pour l'interpréter; quand j'ai dit que dans l'apparente contradiction des Textes de l'Ecriture, il faut que ceux qui s'accordent avec nos Lumières naturelles, servent de principe pe fixe pour l'explication des autres, cela doit s'entendre seulement, autant que le sens de ces autres Textes paroît clairement opposé à ces Lumières. Car si du sens de ces derniers Textes, limités par les prémiers, il en résulte quelque chose, non d'opposé, mais de supérieur à ce que les Lumières naturelles nous découvrent; alors ce sens mystérieux qui concilie tout, emporte nécessairement le suffrage de la Raison même, qui est la prémière à nous ordonner de croire sur le témoignage divin, des Vérités qu'elle-même ne sauroit comprendre.

Mais une telle Règle n'est sure dans aucun des deux cas, quand on vient à l'appliquer aux Ecrits humains; parce que tout homme étant sujet à l'erreur, il se peut faire qu'entre divers sens dont un Ecrit sera susceptible, celui que l'Auteur a voulu réellement exprimer, n'est pas le plus raisonnable; & parce qu'il arrive souvent à un Ecrivain, de détruire en un endroit, ce qu'il avoit établi dans l'autre.

Mais, me direz-vous, si dans l'Ecriture le sens auquel nous conduisent toutes les règles de l'Interprétation se trouve d'un côté, & que les pures idées de la Raifon foient de l'autre, où en ferons-nous? Je réponds, que le cas n'exifte point, & que les feuls partifans de l'Auteur des Lettres ont intérêt à fuppofer qu'il exifte. On ne peut admettre un tel cas, fans fe réduire à la néceffité, ou de rejetter l'Ecriture, ou de renoncer à la Raifon. Ces Mrs. le fentent de refte, & comme ils n'ont garde de renoncer à leur Raifon, c'eft l'Ecriture qu'ils rejettent en effet; & leur prétendue Clé de Raifon, pour ramener de vive force l'Ecriture Sainte au fens de ce qu'il leur plait d'appeller *Vérités immuables* & *Notions communes*, n'eft qu'un foible artifice qui déguife mal le peu de refpect qu'ils lui portent.

Prenons un exemple, & fuppofons que dans le dernier Siècle quelque zélé Cartéfien eût entrepris de perfuader aux fectateurs d'*Ariftote*, que cet ancien Philofophe a penfé tout comme *Defcartes*; que les Principes de ce dernier font la vraie Clé dont il faut fe fervir pour avoir l'intelligence des Ecrits de l'autre; & que fans égard à leur fens littéral, à celui que tous les Critiques s'accordent à leur attribuer, les idées du Philofophe Grec doivent s'expliquer conformément à celles du Philofophe François, par-tout où

elles

elles semblent leur être le plus directement opposées. Qu'eût-on pensé, je vous prie, d'un pareil Cartésien? Eût-on dit qu'il respectoit beaucoup Aristote? N'eût-on pas jugé au contraire, que s'en moquant dans l'ame, son dessein étoit d'amener subtilement au Cartésianisme les Esclaves de l'autorité d'Aristote, & de leur faire abjurer réellement le Péripatétisme, sous le beau semblant de se contenter de l'éclaircir? Voilà précisément comme notre Auteur traite l'Ecriture, en faveur de sa prétendue Religion essentielle. On lui objecte, que cette Religion n'est point celle de l'Ecriture; que la Religion de l'Ecriture nous propose divers objets qui manquent dans celle-ci; que même elle combat celle-ci sur plusieurs points capitaux. Il répond, que la doctrine de son Livre est aussi celle de l'Ecriture, parce que l'Ecriture doit être ramenée aux Vérités primitives, aux Notions communes, aux pures idées de la Raison. Selon lui, c'est-là le vrai sens de l'Ecriture; du moins ce doit l'être, en vertu de cette merveilleuse Clé qui concilie tout.

Ne faut-il pas avouer pourtant, que les idées claires de notre Raison nous empêchent de prendre à la lettre tous ces endroits de l'Ecriture qui repréſentent Dieu corporel; qui lui attribuent, non ſeulement des membres humains, mais des actions & des paſſions humaines; non ſeulement des yeux, des oreilles, des pieds & des mains, mais du repentir, de la colère, de la jalouſie &c? N'eſt-ce pas encore entant qu'oppoſé à la Raiſon, que nous autres Proteſtans, nous rejettons le Dogme de la Tranſſubſtantiation Romaine? Ne ſont-ce point les Notions communes, qui proſcrivent le ſens littéral de ces paroles, *Ceci eſt mon Corps*, & qui ſervent de Clé au ſens figuré que nous leur donnons? Faudra-t-il encore prendre au pied de la lettre la manière humaine dont l'Ecriture nous parle des Perſonnes Divines, & de leurs fonctions différentes dans l'œuvre de notre Salut? Entendra-t-on à la lettre les deſcriptions que l'Evangile nous fait du Jugement, du Paradis & de l'Enfer? Examinons ces différens cas l'un après l'autre.

Je dis d'abord, que dans les deux prémiers, le ſens de la Lettre étant oppoſé à la plus pure Raiſon, la Raiſon ſuffit pour proſcrire comme abſurdes, les Dogmes que renferme ce ſens littéral, & pour condamner également l'Anthropomormorphite & le Catholique-Romain. Mais la Raison, avec le seul secours de ses plus pures idées, ne suffiroit pas pour interpréter ces endroits de l'Ecriture & pour leur attribuer un sens différent. Aussi l'Ecriture est-elle évidemment susceptible d'une autre interprétation, que fournissent les loix du Langage : interprétation qui dès-lors doit être regardée comme le vrai, comme l'unique sens de l'Ecriture. On sait qu'il est établi par le génie de toutes les Langues du monde, & par l'usage reçu de tout tems chez ceux qui se chargent d'instruire les Peuples, que pour élever les esprits grossiers à la connoissance des objets spirituels, on les revêt d'images sensibles, afin de mieux émouvoir le cœur en affectant l'imagination : que, par exemple, pour représenter Dieu, ses attributs, ses opérations, on emprunte certains noms qui sont propres des qualités humaines ; & quand ensuite on a soin d'affirmer de Dieu, les perfections qui excluent tout ce qu'il y a de défectueux dans les qualités humaines, ce langage pour tout esprit attentif devient si clair, qu'il n'est plus à craindre de s'y méprendre. C'est ce que fait l'Ecriture. Par les assertions les plus nettes & les plus précises, elle

B 7   nous

nous fait concevoir la Divinité comme un Esprit infini; & les meilleurs Philofophes ne trouvent rien dans leur idée de l'Etre infiniment parfait, que ne comprenne celle que nos Auteurs facrés donnent de la Majefté Divine. Il ne nous faut qu'un tel correctif, & la connoiffance de l'ufage univerfel dont j'ai parlé, pour déterminer au fens de figure toutes les expreffions Scripturaires qui femblent affecter à Dieu nos foibleffes & nos paffions.

Il en eft de même, Monfieur, du fens de ces paroles, *Ceci eft mon corps.* Toutes les règles du Langage, toutes les circonftances du difcours, & de l'action que faifoit J. Chrift en les prononçant, tout ce que l'Ecriture nous dit ailleurs du Sacrement de l'Euchariftie, tout cela ne nous permet pas feulement, mais nous oblige de les prendre au fens de figure. Sur quoi je vous renvoie à ceux de nos Auteurs, qui ont traité ce point en Critiques & en Interprètes de l'Ecriture. J'ofe aller plus loin, & je foutiens que quand même à cet égard notre Explication n'auroit pas toute forte d'avantages fur celle de Mrs. de Rome; quand ces deux Explications oppofées feroient en parité de vraifemblance critique, ce qui eft est très éloigné d'être vrai, notre explication l'emporteroit; parce que ce seroit alors le cas de décider par les pures idées de la Raison en faveur du sens qui s'accorde avec elles, contre celui qui les dément & qui les renverse toutes. Que si nous pressons le Catholique-Romain par les lumières de la Raison, c'est parce qu'admettant avec nous la Divinité de l'Ecriture, ces lumières, en proscrivant le sens qu'il adopte, servent à en confirmer un autre, que nous établissons d'ailleurs sur de bonnes preuves.

Nous ne nous bornons pas à dire : Le sens de réalité n'est pas le véritable sens des paroles de J. Christ, car il répugne aux Notions communes; nous disons : Ce sens qui répugne aux Notions communes, n'a pu seulement venir à l'esprit des Apôtres à l'ouïe des paroles de J. Christ, tandis que tout ce qui les environnoit alors, y faisoit entrer si naturellement le sens de figure. Nous soutenons, que quand même l'autre sens s'y seroit offert, & que par impossible on supposeroit qu'ils s'y fussent attachés, la surprise, le doute, les diverses questions que cela auroit immanquablement fait naître de la part des Disciples, les réponses, les confirmations, les éclaircissemens, que cela n'eût point

point manqué d'attirer de celle du Maître, sont des choses dont on ne conçoit pas que ces mêmes Apôtres n'aient laissé nulle trace dans leurs Ecrits, quoique rien ne fût plus propre à fixer pour jamais la foi des Chrétiens sur l'article le plus capable de la révolter. Vous voyez, Monsieur, par cette réflexion, dont tout homme sensé qui se met à la place des Apôtres doit sentir la force, que ce n'est point la Raison, qui puise dans ses idées le sens que nous donnons aux paroles du Sauveur ; mais que ce sont les loix du Langage, qui nous conduisent nécessairement à ce sens. Mais si notre Commentaire sur les paroles sacramentales n'avoit d'autre appui que l'absurdité de celui de nos Adversaires ; si, les Notions communes mises à part, (j'entends ici par Notions communes, nos idées sur la nature des Corps, &c.) le sens de réalité étoit le sens propre & naturel des paroles en question, & qu'elles parussent déterminées à ce sens, comme le Canon du Concile de Trente au sujet de l'Eucharistie y paroît déterminé ; alors qu'arriveroit-il ? La Raison, au-lieu de nous faire entendre autrement les paroles de J. C., nous porteroit à douter de la vérité de son Evangile. On
voit

voit bien que ce seroit s'y mal prendre avec un Incrédule qui objecteroit à l'Evangile l'abfurdité d'un tel Dogme, de lui dire que la Raifon rejette le fens fur lequel on l'a fondé: il ne demanderoit pas mieux que d'admettre ce fens, & de s'en prévaloir pour rejetter l'Evangile même. Au-lieu qu'on lui ferme la bouche en lui faifant voir, que non feulement l'Evangile en admet un autre, mais qu'il ne fauroit fouffrir celui-là.

J'ai déja remarqué, que quoiqu'il y ait un ordre de Raifon qui règle les loix du Langage, on peut, fans s'écarter de ces loix, exprimer des penfées ou des fens oppofés aux idées de la Raifon; & qu'il arrive alors, que la Raifon elle-même autorife l'attribution d'un tel fens au difcours de celui qui nous parle, bien loin que les idées du vrai doivent lui fervir de Clé, ni qu'on doive ramener à de telles idées fa vraie fignification. J'ajoute à préfent, qu'en fuivant avec fidélité ces mêmes loix, on peut énoncer des Vérités fupérieures à notre Raifon; que par conféquent on a droit de preffer l'argument tiré des loix du Langage, en faveur de nos Myftères, en montrant que le vrai fens de l'Ecriture porte fur des objets dont nous n'avons point d'idées.

dées. Quoique celle d'un objet nous manque, & que par conséquent il n'y ait, dans aucune de nos Langues, de mot qui réponde exactement à cet objet, ou qui en réveille dans notre esprit l'idée claire; le Langage humain peut pourtant nous faire entendre qu'un tel objet existe. Comment lui refuseroit-on cette vertu? Un Philosophe se sert bien de sa Langue pour exciter dans l'ame de son Disciple des idées toutes nouvelles, quoiqu'à cause de leur nouveauté même, cette Langue manque de termes propres à les exprimer. On limite les termes les uns par les autres, on en réunit plusieurs ensemble, on donne aux expressions un nouveau sens. On trouve ainsi dans la Langue mille ressources pour énoncer ce qu'on veut dire, quoique ce qu'on veut dire n'aiant jamais été dit, n'ait aucun terme qui lui soit affecté dans l'usage établi. Et c'est alors que se vérifie cette espèce de Paradoxe, que le sens naturel d'un Discours, conformément aux loix du Langage, nous offre des objets que ce Langage n'avoit jamais exprimés. Ceci s'applique de lui-même à la preuve de nos Mystères par l'Ecriture. Par exemple, la distinction qui est entre les trois Personnes de l'adorable Tri-

Trinité, est une distinction dont les hommes n'ont nulle idée, & que leur Langage, qui s'est formé sur leurs idées, n'avoit jamais exprimé. Cependant on prouve très bien, que le sens naturel des Textes de l'Ecriture nous conduit à une telle distinction.

J'avoue qu'il n'est pas naturel de supposer d'abord en lisant un Texte, long ou court, que le vrai sens de ce Texte soit, ou une Proposition contradictoire, ou un Mystère dont nous n'avons aucune idée; parce que toutes les fois qu'un homme parle, on présume toujours deux choses: l'une, qu'il ne veut rien dire de manifestement absurde; l'autre, qu'il a dessein de nous donner des idées claires de ce qu'il nous dit. Si donc son discours, pris au sens qui se présente du prémier coup d'œil, renferme des choses que je ne comprends pas, ou bien des choses dont je vois l'absurdité, je demeure en suspens, & j'y cherche quelque autre sens, préférant sans balancer celui qui écarte la contradiction, à celui qui en contiendroit une évidente; préférant même celui qui ne me dit rien que je ne comprenne clairement, à celui qui m'offre à l'esprit ce que je ne puis comprendre. Mais comme il peut arriver

ver par la faillibilité de l'esprit humain, qu'un homme pensera des choses qui se contredisent, les circonstances du discours pourront être telles, qu'on sera forcé de reconnoître pour son vrai sens, ces pensées contradictoires. Ainsi le vrai sens des Ecrits des Docteurs de Rome sur la Transsubstantiation offre des Propositions contradictoires, puisqu'à la lecture de ces Ecrits, personne ne doute que ceux qui les composèrent ne défendent effectivement ce Dogme.

On dit bien d'ordinaire, qu'une Proposition contradictoire n'est pas intelligible, & qu'elle ne renferme aucun sens : mais il y a là de l'équivoque. Car une telle Proposition renferme le vrai sens de celui qui pense des choses qui se contredisent, qui veut unir ces idées incompatibles, & qui affirme cette union. Une telle Proposition peut être claire, entant qu'elle exprime clairement l'intention de celui qui l'énonce, quoique d'ailleurs elle soit fausse & impossible. Quand on soutient qu'elle n'a aucun sens, on veut dire par-là qu'elle manque de vérité, & qu'il n'y a nulle liaison entre les idées qui la composent. Ce qui la distingue d'une Proposition où nous trouvons seulement quelque chose d'incomprépréhensible: car dans cette dernière, la liaison des idées subsiste réellement, non pas pour nous qui ne saurions voir cette liaison, mais par rapport à Dieu qui la voit.

Où tendent toutes ces réflexions ? Elles aboutissent à prouver que l'évidence du sens d'un discours est tellement séparable de celle des idées, qu'en de certains cas, le sens le plus opposé à ces idées évidentes, celui qui présente des contradictions à l'esprit, se trouve être le sens évident, l'unique sens du discours. A plus forte raison, des doctrines qui sont seulement inévidentes, incompréhensibles, pourront-elles donc se trouver évidemment renfermées dans un Ecrit, & en être l'unique sens.

Appliquons ceci à l'interprétation d'un Livre divin, tel que l'Ecriture. Il est bien sûr que l'Esprit infini & infaillible ne nous y a rien voulu révéler d'opposé à nos idées claires; mais aiant lui-même une infinité d'idées que nous n'avons pas, il peut, pour de bonnes raisons, nous y avoir révélé des Vérités qui soient telles, que les idées nous manquent pour les concevoir. C'est par le langage de l'Ecriture, & par la discussion de ses Textes examinés dans toutes leurs circonstances, qu'il faut voir si elle ne nous en-

enseigne pas de pareilles Vérités. Par conséquent, la vraie Clé de l'Ecriture, ce ne sont pas nos idées claires, ce sont les loix du Langage & les règles de la Critique.

„ La grande règle à observer, *nous*
„ *dit-on*, seroit de prendre l'Ecriture à la
„ lettre, jusqu'au point seulement où
„ le sens littéral seroit évidemment
„ contraire aux Principes naturels, aux
„ Vérités immuables ". Double illusion en quatre mots; & de supposer que l'Ecriture, entendue conformément aux loix ordinaires du Langage humain, puisse jamais contrarier les prémières Vérités; & de prétendre que ces Vérités immuables, ces Principes naturels, indépendamment des règles de la Critique, soient l'unique pierre de touche à laquelle on puisse en discerner le vrai sens, & juger s'il faut prendre à la lettre ce que l'Ecriture énonce, ou y donner un sens de figure. Le vrai sens de l'Ecriture, qu'il y ait figure ou non, est celui que, selon toutes les règles du Langage & de la saine Critique, l'Ecrivain Sacré paroît avoir eu intention d'exprimer. On doit abandonner la Lettre, quand selon ces règles on a lieu de se convaincre qu'elle ne renferme point sa véritable
pen-

pensée: mais lorsque suivant ces mêmes règles il paroît qu'elle la renferme; lorsqu'en lui supposant une pensée différente, il eût dû pour la faire entendre s'exprimer tout autrement qu'il ne fait; alors il n'est jamais permis de se départir de la Lettre, alors le sens littéral est le vrai sens, & on n'en doit point chercher d'autre. Or nous soutenons que jamais une telle *Lettre* ne combat les Principes naturels, ni ne met l'Ecriture en contradiction avec elle-même.

Mais, objectera-t-on, un homme raisonnable peut-il se dispenser d'admettre quelque chose de symbolique, dans les endroits même de l'Ecriture où il est question des Mystères? & qui prendroit à la lettre tout ce qu'elle nous dit des Personnes Divines, de leur manière d'opérer & de concourir dans l'Ouvrage de notre Salut, ne retomberoit-il pas dans une espèce d'Anthropomorphisme? Quelle Règle donc pourra distinguer dans les Textes, par exemple, sur lesquels s'appuye la foi du Dogme de la Trinité, ce qui doit se prendre littéralement pour servir d'objet précis à notre foi, d'avec les expressions emblématiques qui ne servent qu'à nous donner par voie d'analogie quelque idée confuse de ces
ob-

objets, si supérieurs à notre esprit?

Pour l'éclaircissement de cette question, rappellez-vous, Monsieur, une partie de ma réponse à l'Anthropomorphite, touchant l'usage établi des Emblèmes & des Symboles, dont on s'est servi de tout tems avec le Peuple, avec les Enfans, pour leur rendre une Vérité sensible, ou pour leur donner quelque notion confuse des Vérités qui les passent, & qu'on ne sauroit leur faire concevoir autrement. Par rapport aux Vérités Divines, par rapport sur-tout à celles que la Raison ne nous a point révélées, & qu'on nomme proprement les Mystères, nous sommes tous Peuple, nous sommes tous Enfans, sans excepter les Esprits du prémier ordre. Ceux-ci même avoient besoin que pour s'accommoder à leur foiblesse, l'Ecriture leur offrît ces sublimes Vérités sous des symboles & sous des images. Tout l'avantage qu'ils ont ici sur ce qui s'appelle Peuple, c'est qu'à l'aide d'une Raison fort exercée, ils séparent plus exactement la Vérité précise qu'il faut croire, d'avec les Notions humaines & par conséquent indignes de Dieu, que suggéreroit le langage figuré de l'Ecriture, si on le prenoit à la lettre, & se préservent de l'erreur

où

où il jette ceux qui se rendent moins attentifs à l'idée de l'Etre parfait. Les esprits éclairés distinguent aisément sur ce chapitre, l'idée simple, invariable, abstraite que le Langage humain peut rendre, & qu'il rend ici très clairement, d'avec celles que le même Langage est dans l'impossibilité d'exprimer que d'une manière obscure, par analogie, sous des images, comme à travers un voile épais. Quand l'Ecriture nous dit qu'*il y en a trois qui sont un seul Dieu, quoique réellement distincts l'un de l'autre*; cette Proposition, dont la vérité nous est inconcevable, a pourtant pu s'exprimer sans équivoque, parce qu'elle est composée d'idées simples, dont l'immuable simplicité peut être saisie par notre esprit, comme sont celles d'*unité*, de *distinction*, du nombre de *trois*. Aussi l'Ecriture l'énonce-t-elle clairement; & comme il n'étoit pas besoin d'images pour nous en instruire, il n'y en faut supposer aucune. Mais lorsque l'Ecriture qualifie ces *Personnes Divines*, comme on les appelle, lorsqu'elle nous parle de leurs opérations, de leurs propriétés, de leur relation entre elles; il faut qu'alors elle ait recours aux Symboles, aux analogies prises d'idées qui nous sont familières, pour nous repré-

Tome I. C senter

senter en quelque sorte des choses dont la vraie idée est au-dessus de notre esprit. Observez pourtant, Monsieur, que ce cas-ci est fort différent des deux prémiers, où la métaphore, prouvée par l'absurdité du sens littéral, n'est qu'un voile transparent, au travers duquel on voit sans peine & très distinctement la vérité qu'il enveloppe. Rien n'est plus aisé, quand on nous dit qu'une chose en est une autre, que d'entendre qu'elle est le signe ou l'image de cette autre-là. De même, lorsqu'on attribue à la Divinité des oreilles, des yeux, de la colère & du repentir, on comprend assez ce que cela signifie: il est clair que ce sont des métaphores, & leur sens ne l'est pas moins. Un esprit instruit de ce que Dieu est, rend bientôt toute leur spiritualité à ces idées, qu'on n'offroit sous une forme sensible, que pour s'accommoder à la foiblesse des hommes, qui veulent qu'on parle à leur imagination.

Dans les Mystères, il en va tout autrement. Il est bien manifeste à divers égards, que la Révélation nous en parle par figures: mais ce qui est précisément caché sous ces figures, nous l'ignorons; ce sont des ombres d'une Vérité jusques où notre esprit ne pénètre pas.

DE LA RELIGION. *Letre IV.* 51

Il n'y a que les idées les plus simples &
les plus abstraites du Mystère, qui rendues en termes simples aussi, & nullement susceptibles d'équivoque, fixent
l'objet précis de la foi. Tout ce qui
est au-delà, se perd pour nous dans une
profonde nuit, & l'Ecriture ne nous
en donne que des symboles obscurs &
de foibles analogies. Ce n'est pas là le
compte de l'Hérétique. Il nie les Mystères, il rejette ces idées simples que
l'Ecriture exprime en termes clairs, &
cela sous prétexte qu'il ne voit pas la
liaison de ces idées. Il proscrit un sens
littéral incontestable, ou le confond avec
la figure; & sous cette figure même, il y
veut voir des vérités claires, comme
sont celles que couvre l'image de nos passions, quand on les attribue à Dieu. En
un mot, l'Hérétique tord l'Ecriture pour
deviner une Enigme, qui réellement
est impénétrable à toutes les lumières
humaines.

Ce que je viens de dire des Mystères
qui se cachent dans le sein de la Nature
Divine, disons-le de ceux que nous cache l'Avenir. De ce genre sont les descriptions que J. Christ & ses Apôtres
nous ont données de l'état des Ames a-
près la mort, du Jugement dernier, des

Tome I. C 2 Tour-

Tourmens de l'Enfer, des Félicités du Paradis; en un mot, de tout ce qui appartient à notre état futur. Toutes ces descriptions sont emblématiques, & remplies d'images prises de ce qui se passe ici-bas. Ce qu'il y a d'évidemment littéral dans ce que la Révélation dit sur ce sujet, ce sont des idées simples & générales, que l'esprit saisit d'abord : ce sont, par exemple, au sujet du Paradis & de l'Enfer, celle d'une Félicité parfaite & convenable à notre nature ; celle d'une Misère extrême ; & toutes les deux sans fin. Du reste, la réalité cachée sous ces descriptions nous est inconnue, parce qu'elle ne tombe point sous les sens, & que nous n'en avons point d'expérience. Ce sont des choses inénarrables, qu'il n'est pas donné à une bouche humaine d'exprimer : *Choses que l'œil n'a point vues, que l'oreille n'a point ouïes.* Toutefois ces choses aiant plus de rapport à nous, que n'en ont les Mystères de la Nature Divine, autant qu'il seroit téméraire de vouloir pénétrer ceux-ci, autant est-il permis à notre Raison de tâcher à se représenter celles-là. Nous pouvons donc conjecturer sur ce sujet, pourvu que nous ne perdions jamais de vue les idées simples que la Révélation

vélation nous en donne, & qui doivent servir de Clé générale aux allégoriques; & pourvu qu'enfin nous nous souvenions que tout l'effort de nos conjectures, en approchant plus ou moins de la réalité des choses, demeurera toujours fort au-dessous.

Dans tous ces différens cas, vous voyez, Monsieur, que la Raison ne prête rien à l'Ecriture, & se contente d'expliquer son vrai sens, sans faire des pures Idées la règle & la mesure de ce sens. Elle interprète le Langage humain conformément au but de son institution; elle en suit les loix; elle démêle par de justes règles, le littéral d'avec le figuré; & sans donner arbitrairement aux Textes sacrés l'un ou l'autre de ces sens, elle avertit de celui qu'assigne à l'Ecriture, selon la diversité des sujets & des circonstances, l'Usage établi parmi les Hommes.

Tel est, Monsieur, ce me semble, l'usage de notre Raison par rapport à l'intelligence de l'Ecriture. Après qu'elle s'est acquittée du simple office d'Interprète, qui consulte les loix du Langage & la vraie pensée des Auteurs, nous n'avons besoin de recourir à ses idées, que lorsqu'il s'agit d'un choix entre plusieurs explications possibles, chacun d'un sens ambigu. Si, suivant les règles dont j'ai parlé, ce Texte est susceptible de deux sens, dont l'un paroît contraire à la Raison, & dont l'autre n'a rien qui ne soit conforme, c'est le dernier qu'il faut embrasser sans difficulté. Mais lorsque l'Ecriture ne nous en présente qu'un, & que ce sens unique, loin d'être obscurci par le contraste de divers Textes opposés, se trouve être le résultat naturel de tous les Textes réunis ensemble, alors le Chrétien, qui respecte l'Ecriture comme la Parole de Dieu, admet pour Vérité incontestable la chose que ce sens renferme. Il ne va point chercher dans ses propres idées, ce que l'Ecriture a dû dire; il voit dans cette Ecriture, il y croit ce qu'elle dit effectivement; bien assuré que ce qu'elle décide ne peut jamais être contraire à la Raison, & prêt à démentir les raisonnemens faillibles & les jugemens incertains de son propre esprit, s'ils avoient le malheur de se trouver en contraste avec une telle décision.

Vous manquez d'équité, s'écriera l'Auteur des *Lettres*. Est-on maitre de résister à l'évidence des Vérités immuables? Je vois clairement à leur lumière, que l'Etre suffisant à lui-même ne peut exi-

exiger de Satisfaction; que l'Etre simple ne sauroit en aucun sens être Trois; que l'Etre souverainement bon ne sauroit condamner les Pécheurs à des peines éternelles. Je ne puis me crever les yeux. Il ne me reste donc à prendre d'autre parti, que celui de rapprocher l'Ecriture Sainte de ces immuables Vérités, par une interprétation bénigne. Mon unique ressource pour sauver son autorité, c'est de la plier doucement, pour la rendre conforme à l'inflexible règle de la Raison.

N'a-t-il autre chose à nous dire? Je lui réponds, 1°. Qu'on doit peu s'embarrasser de l'Ecriture, dès qu'on ne la regarde point comme faisant règle par elle-même, avec une autorité indépendante de toute autre; comme aiant en elle-même un sens fixe, en qualité de Loi suprême à laquelle notre Esprit doit se soumettre. 2°. Qu'il est certain, qu'ainsi que tout autre Livre, l'Ecriture a un sens déterminé, qu'on doit chercher chez elle, sans l'y vouloir amener d'ailleurs; & que ce sens étant contraire sur bien des points aux *pures Idées* de l'Auteur des Lettres, il eût peut-être agi de meilleure foi, s'il eût reconnu sans détour cette incompatibilité, & mis l'Ecriture entièrement

C 4   à

à l'écart. 3°. Pour le mieux tirer d'embarras, on lui montrera que sa prétendue évidence n'est qu'une lueur trompeuse, & qu'il a pris mal à propos pour des Vérités immuables & pour des Principes évidens, de fausses Conséquences tirées de ces Principes. D'où il résultera enfin en 4e. lieu, qu'il n'a point choisi dans la recherche de la vraie Religion, la méthode la plus courte & la plus sure, en préférant la voie du Raisonnement à celle de l'Autorité d'une Révélation divine; puisqu'avec un esprit doué de Raison, mais court & faillible, comme le nôtre, il est bien plus aisé de s'instruire de ce que Dieu nous enseigne dans sa Parole, & de s'assurer dès-lors qu'une telle doctrine est vraie & ne sauroit être contraire à nos plus pures idées; qu'il n'est aisé de s'assurer par raisonnement, que tel ou tel dogme, celui de la Satisfaction, par exemple, celui de la Trinité, celui des Peines éternelles, est incompatible avec ces idées claires & distinctes.

V. LETTRE.

Vous vous plaignez qu'on vous arrête trop longtems à de simples préliminaires, & vous témoignez quelque impatience de me voir entrer tout de bon dans l'examen des *Lettres*. Ne vous fâchez pas, Monsieur ; certains préliminaires bien réglés abrègent fort les contestations. Mais à la bonne heure, commençons notre lecture ; car il me semble que je lis avec vous, & que je vous parle.

La *Lettre aux Editeurs* n'est point du tout à méprifer. On y voit l'occasion, le plan, le but de tout l'Ouvrage, tels du moins que l'Auteur nous les expose. Il y présente son Système en raccourci, & le place, comme de raison, dans le jour le plus favorable. La Proposition fondamentale est, que *toute opinion qui se trouve évidemment opposée, tant à la nature de Dieu, qu'à celle de l'Homme, doit être tenue pour fausse*. D'accord. Si tout le Livre n'est que le légitime Commentaire de ce Texte, on ne pourra s'empêcher d'y souscrire, d'adopter ce qu'il adopte, de rejetter ce qu'il rejette.

Une de ses prémières remarques, c'est que *les hommes sont conséquens dans les choses de la vie, & ne le sont point dans celles de la Religion.* Il en donne pour cause, que *les hommes ont une certitude entière dans les choses de la vie, & qu'ils en ont très peu sur ce qui concerne la Religion.* Mais outre qu'il n'arrive pas toujours aux hommes, même dans les choses de la vie, d'agir conséquemment à leur persuasion, d'éviter, par exemple, une conduite dont ils connoissent avec certitude les suites funestes; il est faux que sur la Religion, telle que les Chrétiens font profession de la croire, il y ait moins de certitude que dans les choses de la vie, si par *certitude* on entend les preuves solides qui doivent persuader. Il est vrai que de persuasion ferme, il y en a très peu parmi ceux qui s'appellent Croyans: mais cela leur arrive, faute de donner assez d'attention aux preuves; & de ce défaut d'attention, la paresse, les diverses passions en sont la cause. L'Auteur propose là-dessus, comme un expédient à chercher, de rendre la Religion susceptible *d'une certitude proportionnée à la nature des choses morales.*

N'est-

N'est-ce point supposer tacitement que la Religion, prise dans l'étendue que lui donnent nos Symboles, manque d'une telle certitude ? A cet inconvénient il tient un remède tout prêt : c'est de dégager la Religion de quantité de doctrines que les Chrétiens renferment dans son essence, sous prétexte que ce sont des accessoires qui n'ont point la certitude qu'il faut; c'est de se former un Système de Religion évidente, qu'on puisse regarder comme seule essentielle à l'Homme. ,, La Religion, *dit-il*, n'étant essentiellement qu'une relation entre ,, Dieu & l'Homme, elle ne peut être ,, fondée que sur la nature de l'un & de ,, l'autre : d'où il suit évidemment, qu'elle doit être à portée de l'Homme, & ,, relative en même tems à la capacité ,, naturelle dont l'Auteur de son être l'a ,, doué. Cela posé, la Religion essentielle à l'Homme doit être simple, évidente &c." Distinguons ici le vrai du faux. Si par *relative à sa capacité naturelle*, on entend que la Religion salutaire à l'Homme pécheur, se tire des seules lumières qu'il a reçues de la Nature, & ne suppose aucun secours surnaturel, l'idée est fausse. Mais il est très vrai que la Religion, devenue nécessaire à l'Homme me depuis sa chute, a dû être mise à sa portée, par des preuves qui lui en rendent la Divinité sensible ; par des preuves proportionnées à son intelligence, à sa capacité naturelle de les concevoir. Il est très vrai, que les devoirs qu'elle exige, lui supposent encore une capacité naturelle & des facultés suffisantes pour les remplir. Une telle Religion existe, l'expédient que cherche notre Auteur est tout trouvé : c'est à la Miséricorde divine que nous le devons. L'ignore-t-il cet expédient, ou ne s'en accommoderoit-il pas ? Il nous avertit ensuite, qu'il aura bien plus à faire à combattre le faux, qu'à établir le vrai. Cela parle de soi-même, son but étant d'écarter tout ce qu'il appelle *l'accessoire de la Religion*, & de la réduire à un si petit nombre de Vérités, & de Vérités si simples & si évidentes, qu'elles ne soient contestées de personne, si ce n'est de ceux qui rejettent toute Religion, ou qui, comme les Sceptiques, attaquent toute Vérité. Selon le plan qu'il s'est tracé, il y a peu à édifier, beaucoup à détruire. Il a donc dû réserver tous ses efforts pour combattre ce qu'il appelle *le faux*, & n'en employer que de médiocres à prouver un *vrai* qui s'établit presque de lui-même,

n'y

n'y aiant proprement que ſes conſéquences à développer. ,, À le bien prendre, ,, *ajoute-t-il*, ce ſeroit peut-être la route ,, la plus ſure, la moins équivoque, que ,, celle de commencer par écarter le ,, faux. Si l'on étoit aſſez heureux pour ,, réuſſir dans cette entrepriſe, le vrai ,, ſe montreroit de lui-même." Diſons mieux: dans la Religion l'on doit également ſe tenir en garde contre les additions, & contre les retranchemens. On lui nuit, on la corrompt, on la détruit par l'une & par l'autre de ces deux voies; & le péril eſt tout pareil de la part de l'Impiété qui retranche des Vérités divines, & de celle de la Superſtition qui y mêle des Erreurs humaines. Le goût particulier, la mode du Siècle où l'on vit, le penchant général des eſprits, peut nous pouſſer vers l'un plutôt que vers l'autre de ces écueils: quelquefois l'appréhenſion de heurter contre celui-ci, entraine ſur celui-là. Mais l'homme ſage, le vrai Chrétien les fuit tous deux avec un ſoin égal, aiant l'œil continuellement attaché ſur ſa bouſſole, qui eſt la Parole de Dieu. Quand le faux ſe mêle au vrai, commencez, à la bonne heure, par en ſéparer ce faux & par l'écarter; c'eſt une excellente méthode: car le mélange du faux obfcurcit le vrai, l'affoiblit, prévient contre lui les esprits : cet écart une fois fait, le vrai se soutiendra par sa propre force, & brillera de sa propre clarté. Mais prenez garde que ce démêlement soit juste & précis. Car si, sous ombre de purifier la Religion du faux qui lui est étranger, vous entrainez avec lui une partie du vrai qui lui appartient, il arrivera que vous ébranlerez dans l'esprit des hommes le Corps entier de la Religion, puisque tout le vrai y subsiste sur un seul & même fondement. Non que je prétende par-là que toute Vérité dans la Religion soit également claire, également essentielle ; ni que tout retranchement doive paroître également dangereux, puisque toute addition ne l'est pas : je dis seulement, qu'il y a toujours du danger à lui ôter ce qui lui appartient, comme il y en a toujours à lui prêter ce qui ne lui appartient point. L'une & l'autre entreprise tend, plus ou moins directement, à sa ruïne ; la prémière, en l'énervant ; la seconde, en l'étouffant. Le Papisme d'un côté, le Socinianisme de l'autre, nous en fournissent d'assez bonnes preuves.

Ceci nous explique une irrégularité, que l'Auteur des Lettres a la précaution
d'ex-

d'excuser auprès de ses Lecteurs, à la page 20 du même *Avis*. ,, En lisant, ,, *leur dit-il*, la prémière Lettre où l'on ,, répond aux difficultés des Esprits-forts, ,, on a lieu de s'attendre que la suite doit ,, les regarder aussi : mais point du tout, ,, on les laisse là, & il n'en est plus par- ,, lé." Son excuse, c'est qu'il se pique peu de méthode ; & qu'après tout, son Ouvrage, sans attaquer directement ces Messieurs, porte indirectement contre leurs principes. Il dit vrai à quelques égards ; mais il oublie la meilleure raison, qui est, qu'un Ecrivain dont le but principal est de débarrasser la Religion de l'accessoire, ou de ce qu'il nomme *additions étrangères*, n'a garde de trouver les Esprits-forts dans son chemin ; il est jusques-là d'assez bonne intelligence avec eux. Il travaille même pour eux, supposé que ces prétendus accessoires se trouvent être des Vérités divines, des Vérités d'importance ; & ils n'ont que des graces à lui rendre de son travail, dont bien des Lecteurs qui croyent en pénétrer le but, disent que l'Auteur a eu grande raison d'assurer, *qu'au travers d'une sorte d'irrégularité, il contient un Systéme lié dans toutes ses parties*. Si on l'en croit, il est obligé malgré qu'il en ait à se frayer

lui-

lui-même une route. La raison, c'est que
„ ce que l'on nomme sentiers battus [ce
„ qui comprend la doctrine qu'ont sui-
„ vie jusques ici les différentes Commu-
„ nions Chrétiennes] se croisent de tou-
„ tes parts, ils sont tous opposés, ils se
„ détruisent tous nécessairement. Et si
„ l'on en veut croire les partisans de ces
„ routes opposées, que résultera-t-il de
„ leurs suffrages rassemblés ? Qu'il faut
„ bien se garder de faire choix d'aucune,
„ que toutes conduisent à l'erreur." Eus-
siez-vous pensé, Monsieur, qu'un Auteur de la trempe du nôtre, n'auroit
point honte d'employer un sophisme
aussi pitoyable, & d'ailleurs aussi suranné
que celui-là ? Comme si un Système de
Religion se prouvoit par l'autorité des
Théologiens qui le défendent, & que
cette autorité démontrât faux ce qu'elle
condamne ! Les Sociétés Chrétiennes,
dans un partage réel de sentimens, ne
peuvent pas avoir toutes raison ; mais il
n'est pas nécessaire qu'elles aient toutes
tort. De ce qu'elles s'accusent réciproquement d'erreur, il ne s'ensuit pas qu'elles soient toutes dans l'erreur. Celui qui
est dans le vrai, condamne ceux qui se
trompent, & s'en voit réciproquement
condamné. De ce que les Systèmes opposés

posés s'excluent mutuellement, il seroit donc ridicule d'en tirer un motif d'exclusion générale pour tous. Comment celui qui propose ce beau raisonnement, n'a-t-il pas vu que rien n'est plus aisé que de le tourner contre lui-même ? Car la nouvelle route qu'il se fraye, étant opposée aux routes battues ; leurs partisans donnant l'exclusion à la sienne, comme il la donne à la leur ; si l'on table sur ces exclusions mutuelles, & qu'on prenne pour principe, d'en croire les gens sur la négative; son Système, enveloppé dans la négative générale, subira le sort de tous les autres. Il semble en effet avoir senti la facilité de cette rétorsion, puisqu'il ajoute: ,, Mais ce nouveau sentier ,, ne se trouvera-t-il pas dans le cas des ,, autres? Ne sera-t-il pas sujet aux mê- ,, mes inconvéniens ? C'est, *répond-il*, ,, ce qu'il faut laisser dans l'indécision, ,, & dont on pourra s'éclaircir." Ou cela ne veut rien dire, ou cela dit qu'on doit examiner son Système, sans que l'autorité de ceux qui le condamnent lui puisse préjudicier, ni qu'on les en doive croire à cet égard sur la négative. De quel droit exclurroit-il de ce privilège les Systèmes différens du sien ?

L'Introduction à l'Ouvrage nous fait le

por-

portrait des Incrédules, dont le nombre, dit-on, ne diminue pas, quoique jamais on ne les ait plus fortement attaqués, qu'on l'a fait de nos jours : au contraire, ils redoublent leurs efforts pour se défendre, plus ils voyent que l'on forge des armes pour les combattre. Je ne sai pas trop si c'est éloge, ou satire ; mais l'Auteur par ce qu'il en dit nous donne nécessairement ou une très haute, ou une très petite idée de ces gens-là. ,, Le ti-
,, tre seul d'un Ouvrage qui paroît les
,, avoir en vue, suffit pour leur donner
,, lieu d'être sur leurs gardes : loin qu'il
,, les persuade, ils savent avant que de
,, le lire, tout ce qu'ils ont à lui oppo-
,, ser." Qu'ils sont habiles, ces Incrédules ! & qu'apparemment ils ont raison de l'être, puisqu'ils n'ignorent aucun des argumens par où on peut les attaquer ! Qu'ils sont pénétrans, de savoir deviner d'abord ce que contient un Livre qu'ils n'ont point lu, & de le réfuter sans le lire ! *Ils savent tout ce qu'ils ont à lui opposer !* Mais ces réponses qu'ils ont en main, sont-elles solides, triomphantes ? Que ne les communiquent-ils ? Et pourquoi notre Auteur, qui paroît être fort avant dans leur confidence, nous en fait-il un secret ? Ou s'il est vrai qu'ils n'aient que

de

de mauvaises raisons à nous opposer, voilà sans mentir des gens bien déraisonnables, de s'opiniâtrer comme ils font dans leur incrédulité sur de pareils fondemens ! Et leur entêtement doit être extrême, de refuser de lire & d'examiner ce qu'on leur oppose. Des gens si pleins du plus injuste dédain pour les Ouvrages qui défendent la Religion, sont bien peu dignes que nous nous amusions à lire les leurs ; du moins ne méritent-ils guères que, par pure complaisance pour eux, on renonce à se servir des preuves solides qui les condamnent.

Un homme qui plaide, ne sera jamais persuadé par le plaidoyer de sa Partie. Cela se peut. Son intérêt y met obstacle, & il est assez naturel qu'il se persuade mal-aisément l'équité des prétentions que l'on forme à son préjudice. Mais quelle application cela peut-il avoir au sujet ? Sommes-nous Parties, dans la Cause de la Religion contre les Déistes ? Nous plaidons contre eux, je l'avoue, au Tribunal du Bon-sens : mais formons-nous des demandes à leur préjudice ? En plaidant pour la Religion, ne plaidons-nous pas pour les grands intérêts de l'Homme ? Ne plaidons-nous pas pour leurs propres intérêts contre eux-mêmes,

en-

entant que membres de la Société humaine ? Sommes-nous donc devenus leurs ennemis, pour leur avoir dit la vérité ? pour leur avoir soûtenu que Dieu s'eſt révélé aux hommes afin de les rendre heureux ? Les Déiſtes y perdront-ils, s'ils ſont condamnés à goûter nos raiſons & à s'y laiſſer convaincre ? Au contraire, n'y gagneront-ils pas infiniment ? Ah! Monſieur, qu'il ſied mal à des Eſprits qui ſe vantent d'aimer la Vérité, & d'employer à ſa recherche l'examen le plus impartial & le plus libre, qu'il leur ſied peu d'avoir pris d'avance la réſolution de ne jamais céder à nos Argumens ! Un tel caractère n'eſt nullement propre à prévenir en leur faveur, & les fait paroître tout-à-fait indignes de ces ménagemens circonſpects, & de ces égards ſi tendres, que l'Auteur des Lettres ſe pique d'avoir pour eux.

J'avoue, Monſieur, qu'une choſe me fait ici de la peine pour notre Auteur : c'eſt qu'en nous déclarant de la part des Incrédules qu'ils ne ſe rendront pas à nos raiſons, il ſemble inſinuer qu'ils ſont fondés à ne s'y point rendre, & que ces raiſons ſont très mauvaiſes. ,, Les preuves ,, ordinaires, *dit-il*, priſes des Témoi- ,, gnages extérieurs & des Faits miracu- ,, leux,

„ leux, font des armes ufées qu'il leur eft
„ aifé de repouffer." Pourquoi cela ? C'eft
„ parce que ce qui confifte en Faits très
„ éloignés de notre Siècle, eft très fufpect;
„ c'eft à cauſe du peu de fonds qu'il y a
„ à faire fur de fimples Rapports, fur ce
„ que l'on nomme Bruits publics. On fait
„ à n'en pouvoir douter, que des Faits
„ prétendus atteſtés par des gens dignes
„ de foi qui s'en difoient témoins oculai-
„ res, ont été reconnus pour faux, après
„ avoir été mieux approfondis par ceux-
„ là même qui en avoient produit des At-
„ teftations: c'eſt que leur bonne-foi a-
„ voit été furprife par l'artifice de gens
„ intéreffés à leur en impofer. Des expé-
„ riences de même efpèce font fans nom-
„ bre. Ce qu'on nomme *Oui-dire*, devient
„ tous les jours plus équivoque. On é-
„ prouve que dans une grande Ville, tout
„ un Quartier fera imbu d'un événement
„ prétendu arrivé dans un autre Quar-
„ tier, où l'on n'en aura pas feulement
„ entendu parler. De femblables expé-
„ riences ont produit leur effet à un point,
„ que bien des gens ne favent plus s'ils
„ en doivent croire leurs propres yeux."
 On tombe de fon haut, on eft prêt à
démentir fes yeux, quand on voit un homme tel que l'Auteur des Lettres, un homme qui fe dit Proteftant, comparer l'Hif-
toire

toire de l'Evangile à des *Qui-dire*, à des *Bruits de Ville*; & l'on ne sauroit avoir une seule goutte de sang Chrétien, qui ne s'émeuve à cette pensée. Apparemment que les Miracles des prémiers Disciples du Sauveur, en particulier celui de la Pentecôte, étoient des *Bruits de Ville* du tems de S. Paul; & que c'est sur des *Qui-dire* que cet Apôtre s'appuye, lorsqu'il donne aux Corinthiens de si belles leçons sur l'usage qu'ils doivent faire du Don des Langues, & des autres Dons miraculeux, qu'il suppose qui brilloient actuellement dans leur Eglise. C'étoit sur de *simples Rapports*, que cet ardent Ennemi du Christianisme se convertit à J. Christ, pour devenir un des Hérauts de sa Résurrection; qu'il s'exposa pour son nom à de si longues souffrances; & qu'enfin il scella de son sang la Foi qu'il avoit prêchée. Sans doute les onze Apôtres, y compris l'incrédule Thomas, tous gens dignes de foi, qui attestérent au Monde la Résurrection de leur Maitre, s'en disant * témoins oculaires durant l'espace de quarante jours,

&

---

* *Ce que nous avons ouï, ce que nous avons vu de nos yeux, ce que nous avons contemplé & que nos propres mains ont touché de la Parole de vie, nous vous l'annonçons.* I. Jean Ch. I. vs. 1, 2, 3. Voyez aussi ce que dit *S. Pierre* au I. Chap. de sa *II. Epitre*, vs. 16. & ce que déclare *S. Paul*

& qui sacrifiérent leur vie pour soutenir cette vérité, après lui avoir sacrifié leur repos, auroient reconnu la fausseté du *prétendu Fait*, après l'avoir mieux approfondi, & auroient révoqué leur témoignage. Quel dommage qu'ils ne s'en soient point avisés, & qu'il leur en ait coûté tout leur sang ! Il faut croire que lorsqu'ils s'imaginérent avoir vu leur Maitre monter au Ciel, avoir ensuite reçu le S. Esprit, en posséder, en communiquer à d'autres les Dons merveilleux ; que lorsqu'ils opérérent par ce moyen tant de conversions, leur bonne-foi avoit été surprise par l'artifice de gens intéressés à leur en imposer.

„ Mais, ajoute notre Auteur, ces
„ Faits si éloignés de notre Siècle, de-
„ viennent très suspects par ce qui se
„ passe de nos jours ; & s'il y a si peu
„ de fonds à faire sur de simples Rap-
„ ports, sur ce qu'on appelle Bruits pu-
„ blics, à plus forte raison pourra-t-on
„ dou-

Paul sur la Résurrection du Sauveur, dans les 8 prémiers versets du XV. Chap. de sa I. *aux Corinthiens.* Je demande à l'Auteur, si de tels discours ne doivent point se prendre *à la lettre ?* Et, supposé que ceux qui parlent de la sorte ne soient pas croyables, par quel moyen il sauve leur sincérité, ou leur bon-sens ?

,, douter des Miracles qu'on dit être ar-
,, rivés il y a dix-sept Siècles." Hé bon
Dieu! à quoi pense-t-il? Est-ce donc en
se transmettant de bouche en bouche,
qu'au travers d'un si long espace, l'Histoire de ces Miracles nous est parvenue?
Ne sait-on pas, n'est-il pas invincible-
ment prouvé, que les Livres qui la contiennent furent écrits, furent publiés,
dans le Siècle même de ces Miracles,
dans les lieux mêmes où ils s'opéroient,
par ceux-là mêmes qui les virent, qui les
opérérent? Qu'est-ce que l'incertitude
des Bruits publics, l'obscurité des Tradi-
tions populaires, l'infidélité des Rapports, l'équivoque des Ouï-dire, peut a-
voir à démêler avec une Histoire publiée
il y a plus de seize Siècles, avec une Histoire contemporaine des Evénemens, é-
crite par de tels Témoins, & en de telles
circonstances? Autant vaudroit-il soutenir, que les Rélations de Thucydide, de
Xénophon, de César, du Duc de Rohan,
*sont des Ouï-dire qui deviennent tous les jours
plus équivoques.* Il semble que le personnage d'Incrédule que notre Auteur représente ici, ne lui devoit point laisser oublier toutes ces réflexions; ou que s'il les
a faites, il ne lui étoit pas permis de les
taire. Il semble que la justesse d'esprit

dont

dont il se pique, ne devoit point admettre de parallèle entre des choses si prodigieusement disproportionnées, ni mettre en balance des bruits vagues, des ouï-dire confus, des témoignages chancelans, avec les preuves de fait claires & précises, sur lesquelles le Christianisme est appuyé. Il nous fera plaisir de nous produire ces honnêtes-gens, qui se disoient témoins oculaires de Faits reconnus ensuite pour faux, & qui se faisoient égorger après cela, pour en mieux certifier la vérité : car cette petite circonstance qu'il omet, ne doit point être passée sous silence dans la matière dont il s'agit. Il n'aura sans doute nulle peine à nous satisfaire, puisque *de telles expériences sont sans nombre.* Ou plutôt, il devroit rougir, de comparer ces *bonnes-gens*, ces témoins oculaires de ce qui n'existe pas, ces imbécilles dont la bonne-foi se laisse surprendre, & qui révoquent ensuite leurs attestations; de les comparer, dis-je, sérieusement avec les Apôtres de J. Christ.

,, Quand on supposeroit qu'il pourroit
,, se faire de nos jours des Miracles tout
,, semblables à ceux dont l'Evangile fait
,, mention, il y a tout lieu de présumer
,, qu'ils ne trouveroient guères de créan-
,, ce." Ce seroit donc la faute des hom-

Tome I.   D   mes.

mes. „ Non, *dit-il:* un Mort reſſuſci-
„ té, des Malades guéris, qu'eſt-ce que
„ cela prouve ? Peut-être eſt-ce l'effet
„ de quelque ſupercherie. Si ce n'eſt pas
„ cela, rien n'empêche que ce ne ſoit l'ef-
„ fet de quelque cauſe naturelle. Ce Mort
„ prétendu qui reſſuſcite, n'étoit point
„ mort, ce n'étoit qu'un Léthargique:
„ rien n'eſt moins extraordinaire que de
„ pareils exemples. Des guériſons ſu-
„ bites de diverſes maladies, la Nature
„ ſeule peut les produire; elle a des ré-
„ volutions, quelquefois des exceptions
„ aux règles ordinaires, qui tiennent
„ quelque choſe du miraculeux. Or pour
„ être aſſuré que tels ou tels effets ſont
„ de vrais Miracles, il faudroit pouvoir
„ démontrer que ni la Fraude, ni la Na-
„ ture ne peuvent en être la cauſe."

Vous voyez, Monſieur, que nos Déiſtes n'ont pas choiſi un mal-habile Avo-
cat. J'ai pourtant regret qu'un ſi excellent Eſprit d'ailleurs, faſſe ce métier; &
ſans m'informer autrement ſi c'eſt de bon
cœur qu'il plaide leur Cauſe, je le prie
de me dire en quel ſens il avance, qu'un
Mort reſſuſcité ne prouve rien ? Toute
ſupercherie miſe à part ; car je ne ſuis
pas aſſez bon Philoſophe pour pénétrer
juſques à la *Cauſe naturelle* d'une vraie
Ré-

Résurrection ; je lui demande si l'Auteur de la Nature, qui est celui de notre vie, ne sauroit ressusciter un Mort ? Je lui demande encore si, supposé qu'un Mort ressuscite réellement, nous ne pouvons par aucun moyen nous bien assurer d'un pareil Fait ? si nous manquons de règles certaines pour en juger ? si ce même Maître de la Nature, qui opère un si grand Miracle, ne nous a pourvus d'aucun secours pour en faire le discernement ? Si cela est, ce seroit bien inutilement qu'il auroit le pouvoir d'en faire. Supposé pourtant le Fait possible en lui-même, il y auroit lieu de s'étonner, que des autres Faits non miraculeux, nos sens, notre examen, notre expérience en soient les légitimes juges ; pendant que sur celui-là toutes ces facultés deviennent insuffisantes, quoique l'objet, semblable d'ailleurs, ne diffère des autres que par le Pouvoir, ou par la manière de le produire. Il faut donc nécessairement de deux choses l'une : ou que notre Auteur * excepte les Miracles en géné-

* Il a reconnu ci dessus, que les Hommes ont une *certitude entière* par rapport aux choses de la vie ; ce qui suppose que les Faits naturels sont susceptibles de certitude.

général, du nombre des Faits qui font fusceptibles de preuve, enforte que celles qui certifieroient tout autre Fait, deviennent infuffifantes pour conftater un Fait furnaturel; ce qui feroit, autant vaut, anéantir les Miracles, & les traiter d'impoffibles: Ou bien, qu'en foutenant que ceux de l'Evangile ne trouveroient aujourd'hui guères de créance, il en tienne les preuves foibles, & croie que ces Miracles aiant été admis trop à la légère par la crédulité des contemporains, on ne peut s'affurer aujourd'hui que ni la Fraude, ni la Nature n'ont pû les produire. En un mot, tout ce difcours aboutit, ou à nier qu'il y ait des caractères auxquels on difcerne les vrais Miracles d'avec les faux; ou à foutenir que les Miracles de l'Evangile n'ont point ces fortes de caractères. A ce compte-là, les Juifs contemporains de J. Chrift eurent autant de raifon de ne s'y point rendre, qu'on en auroit aujourd'hui d'en rejetter de tout pareils. Les mêmes foupçons, les mêmes *peut-être*, ont dû les tenir en garde contre le merveilleux qu'on leur offroit. Lazare, par exemple, mort depuis quatre jours, & qui infecte déja fon tombeau, J. Chrift le rappelle à la vie d'une feule parole, en préfence

DE LA RELIGION. *Lettre V.* 77

fence d'une foule de Juifs ; mais qu'est-ce que cela prouve ? Ce Mort prétendu n'étoit point mort, ce n'étoit qu'un Léthargique : rien n'est moins extraordinaire que de pareils exemples. J. Christ lui-même se montre vivant à ses Disciples, trois jours après qu'ils l'ont vu rendre le dernier soupir sur une Croix : peut-être est ce l'effet de quelque *Cause naturelle*. Ces guérisons nombreuses, qu'il opéra sur des Malades de différent genre, en divers lieux de la Judée, à la requête de ceux qui l'en prioient, quand & où il lui plaisoit, sans qu'il lui en coutât autre chose qu'un *Je le veux*, ç'auront été des révolutions de la Nature, ou des exceptions (naturelles aussi) à ses règles ordinaires.

„ Enfin l'incertitude des Bruits de Ville a rendu nos Déistes si défians, qu'ils
„ ne savent plus s'ils en doivent croire
„ leurs propres yeux ; & s'il s'agissoit
„ de quelque Effet qui parût tenir du
„ merveilleux, ils ne s'en tiendroient
„ pas à ce qu'ils voyent." Ce sont les propres paroles de notre Ecrivain. Non, Monsieur, & ne vous y trompez pas, les gens qui veulent voir, & qui en croiront leurs propres yeux, ce ne sont point-là les vrais Incrédules ; ce ne sont

D 3   tout

tout au plus que les Poſtulans, que les Novices de l'Ordre. Les Profès de cette illuſtre Société, ſont ceux qui ne croyent point ce qu'ils voyent, & qui ne s'y tiennent pas. Voilà leur juſte définition. Les vrais Incrédules recuſent, en fait de Merveilleux, non-ſeulement le témoignage des yeux d'autrui, mais celui des leurs propres : tant ils redoutent la ſurpriſe ! tant ils craignent l'artifice des gens intéreſſés à leur en impoſer ! Un Déiſte conſommé dans la profeſſion, vous dira d'un air aiſé : *Un Mort reſſuſcité, des malades guéris, bon ! qu'eſt-ce que cela prouve ?* Entreprenez après cela de leur prouver quelque choſe ; de tels Eſprits ſont des malades ſans remède ; & vous voyez à préſent combien Notre Seigneur, qui les connoiſſoit à fond, les a naïvement dépeints dans la Parabole du mauvais Riche, en parlant de ces hommes qui ne ſeroient pas perſuadés, quand même l'un des Morts reſſuſciteroit.

Mais n'admirez-vous pas comment, après nous avoir déclaré le beſoin abſolu que nous avons d'une Religion qui ſoit à portée de l'Homme & rélative à ſa capacité naturelle, notre Philoſophe nous enlève tout d'un coup cette capacité naturelle dont l'Auteur de notre être

être nous avoit doué, de discerner par nos yeux les vrais Miracles, de nous assurer par certains moyens de la vérité d'une Histoire, & de découvrir dans la Bible par les règles du bon-sens, une doctrine dont certains Faits bien prouvés attestent la divinité? Et que substitue-t-il à cela? Les prémiers Principes, les Raisonnemens, les pures Idées de sa Métaphysique. Cet homme assurément aime beaucoup plus à méditer, qu'il n'aime à voir. Et même je soupçonnerois volontiers, que les Esprits spéculatifs comme lui, qui contemplent sans cesse les pures Idées, ont ordinairement le malheur d'avoir d'assez mauvais yeux; auquel cas ils font bien de s'en défier, & de ne pas croire ce qu'ils voyent. Mais aussi, qu'un Génie de cette volée laisse voir & croire tout à leur aise les gens qui se contentent des bons yeux que Dieu leur accorde, pour distinguer toute sorte d'objets visibles, & de la petite mesure de sens commun qu'il leur a donnée, pour en croire sur de bonnes preuves les Apôtres qui ont vu, & qui ont dû bien voir. Sur-tout, qu'il ne prétende pas nous persuader, que sa Religion essentielle est propre pour tout le monde.

Au reste, Monsieur, je ne sai pourquoi

quoi il témoigne tant de mépris pour cette même Multitude, dont il semble avoir eu principalement à cœur les intérêts, en dépouillant la Religion de ses accessoires, pour la réduire à quelque chose, selon lui, de clair & de simple. Mais ce sont les Miracles qui l'ont mis de mauvaise humeur contre ce Vulgaire facile à se laisser prendre par le merveilleux, & à donner tête baissée dans ce qui en a la moindre apparence. Il lui oppose les gens *qui se distinguent, qui savent penser, & qui passent pour être les plus sensés.* Ceux-ci prennent le contre-pied de la Multitude crédule, qui pour croire n'a pas besoin de preuves. Pour eux, ils sont furieusement délicats sur cet article; ils veulent tout approfondir par eux-mêmes; & ce seroit les scandaliser, que de prétendre leur faire passer pour bonnes, des preuves prises de Faits arrivés il y a seize ou dix-sept Siècles, tandis qu'ils ne les tiendroient pas pour valables, quand même elles auroient lieu de nos jours. Ce langage semble n'avoir rien d'obscur: & quand il ajoute, que si l'on veut avoir chez eux quelque accès, il faut les supposer tels qu'ils sont, & les prendre par où ils sont prenables, c'est-à-dire, renoncer à se ser-

servir contre eux de la preuve des Miracles; on sera tenté de regarder cela, non comme un effet de sa condescendance pour leur foiblesse, mais comme un trait d'équité, qui le fait renoncer de bonne grace à de faux avantages: sans quoi les égards qu'il témoigneroit en cette occasion, seroient la plus insigne lâcheté qui se puisse imaginer. Il y en auroit sans doute infiniment à trahir la Vérité par pure complaisance pour le goût du Siècle, & par la seule envie d'être à la mode. Car, je vous prie, sous prétexte qu'il ne plait pas aux Esprits-forts d'aujourd'hui, de tenir pour valables certaines preuves qui en elles-mêmes sont solides & concluantes, est-ce à dire qu'on ne doit plus les leur opposer? Parce que ces preuves de Fait font peu d'impression sur nos Beaux-Esprits, s'ensuit-il que par respect pour une si ridicule fantaisie, l'on n'osera plus les faire valoir? En vérité, l'on se moque de raisonner ainsi. Un tel goût, supposé que ce fût celui du Siècle, feroit sa condamnation & sa honte: les partisans de la Vérité ne s'en croiroient que plus obligés à reclamer contre un goût si peu judicieux. Mais les Incredules & leurs Avocats prennent ordinairement ces manières. Ils méprisent fort le Peuple, ce qu'on nomme *les bonnes-gens*. Ils font même parade de ce mépris. A leurs yeux, cette *populace ignorante est pis qu'exécrable.* C'est aux gens d'esprit qu'ils affectent de faire leur cour, tâchant à les gagner par leur foible, qui est la vanité. C'est donc très prudemment fait à notre Auteur, (cette remarque est de l'Ami dont vous parloit ma prémière Lettre) c'est sagement fait à lui, me disoit-il, d'avoir supprimé dans la seconde Edition de son Livre le titre de *bonnes-gens*, dont il qualifioit ceux auxquels il le dédie. Ce n'est point pour les bonnes-gens que ce Livre est fait ; c'est pour les Esprits fins, qui savent deviner un Auteur & l'entendre à demi-mot.

Non, poursuit-il, parlant de ces Beaux-Esprits, *par rapport à la Religion sur-tout, ils ont pris une autre tournure.* Mais si cette tournure est un travers des plus condamnables, il faut songer à le redresser. Espérez-vous donc qu'ils seront prenables par d'autres endroits ? Ne voyez-vous pas que le même travers de Libertinage, qui leur fait rejetter des argumens solides, parce qu'ils concluent en faveur de la Religion, les empêchera de goûter tout autre argument proposé dans un pareil but ?

„ Si

,, Si la *Religion* peut leur être présen-
,, tée d'une manière qui la leur rende
,, respectable, ce ne sera pas en l'ap-
,, puyant sur des *preuves de nature étran-*
,, *gère*; ce ne sera jamais que par une
,, Autorité prise d'elle-même, indépen-
,, dante de toute autre, & qui par cet en-
,, droit n'ait rien d'équivoque." Le conseil est admirable! Tout ce que j'y trouve
à redire, c'est que de-là il s'ensuit, que
J. Christ & ses Apôtres ont appuyé leur
Religion, cette même Religion que notre Auteur prétend ensuite faire respecter
aux Incrédules, qu'ils l'ont appuyée sur
des preuves de nature étrangère, sur des
preuves équivoques, & nullement propres à la rendre respectable aux gens qui
savent penser : qu'ils n'ont songé qu'à
lui ménager le suffrage du Vulgaire é-
tourdi, qui donne tête baissée dans le
Merveilleux. Car c'est sur ses Miracles
que J. Christ fonde la vérité de sa Doctrine; c'est à cette pierre de touche qu'il
en appelle. *Croyez à mes œuvres. Les œuvres que je fais au nom de mon Père, ce sont
elles qui rendent témoignage de moi* [*]. Il
traite l'incrédulité des Juifs d'inexcusa-
ble,

[*] Evang. selon S. *Jean*, Ch. X. v. 25.

ble, parce qu'elle y résiste. *Si je n'étois point venu &c. si je n'avois point fait au milieu d'eux des œuvres que nul autre n'a faites, ils auroient quelque excuse; mais maintenant ils les ont vues**. Il munit ses Apôtres du pouvoir d'en opérer en son nom, pour soumettre les hommes à sa Doctrine par cette voie. Il donne le Miracle de sa Résurrection, pour la grande preuve de sa Mission divine. C'est sur ce Fait capital que les prémiers Prédicateurs de l'Evangile en établissent la vérité. C'est par leurs Miracles, opérés au nom de Jésus ressuscité, qu'ils confirment leur témoignage sur sa Résurrection. Que penser de la sincérité de J. Christ, que penser de sa sagesse, d'avoir appuyé sa Religion sur des preuves que les gens sensés ne tiendroient pas pour valables, quand elles auroient lieu de nos jours? Et comment ce Fondateur du Christianisme n'a-t-il pas su voir que les Miracles sont des preuves équivoques, des appuis étrangers dont cette Religion n'a que faire, & qui s'ôtent aisément sans crainte de l'ébranler, puisqu'elle a pour fondement immobile la nature de Dieu & celle de l'Homme, & qu'une autorité

pri-

---

* Evang. selon *S. Jean*, Ch. XV. v. 24.

prise d'elle-même est tout ce qu'il faut pour la rendre respectable ?

Et que l'on ne s'imagine pas que ce soit une discussion de petite importance, de savoir si les Auteurs du Christianisme ont été sincères ou non. D'un côté, puisque, de l'aveu de l'Auteur des Lettres, personne avant eux n'avoit enseigné une aussi excellente Morale, ni donné à cet égard un Corps de Doctrine aussi parfait, ils sont dignes de tout notre respect, en qualité de Restaurateurs de la Religion Naturelle. Mais d'autre part, s'ils ont faussement prétendu à une Mission divine, s'ils ont débité à titre de Révélation céleste, un fatras d'absurdités, ou de dogmes obscurs, vraie matière de divisions & de disputes ; s'ils ont fait un mélange intime de creuses spéculations, avec cette excellente Morale, dans un seul & même Système de Religion, proposé à la foi des peuples comme nécessaire à salut ; si dans ce dessein ils ont supposé de faux Prodiges, de faux Oracles, pour mieux surprendre la crédulité des simples ; si tout cela est vrai, ces mêmes hommes sont des Imposteurs indignes de support, impies envers Dieu par le faux témoignage qu'ils en rendent, ennemis des hommes que leur im-

posture

posture séduit, traitres à la Religion Naturelle dont ils violent le grand principe qui est la Bonne-foi, en même tems qu'ils l'offusquent par des accessoires si nuisibles, que tout le Livre que j'examine ne tend qu'à en débarrasser cette Religion essentielle, en réparant le tort que J. Christ & ses Apôtres lui ont fait. Qui digèrera ces Paradoxes? Qui pourra concilier dans les mêmes personnes des idées si contradictoires? Ne seroit-il pas plus naturel de prendre précisément la route opposée à celle que notre Auteur a choisie, & de conclurre, que puisque les Apôtres sont si respectables par l'excellence de leur Doctrine, ils en doivent être crus sur la divinité de leur Mission; qu'ils ne se sont point vantés à faux de tout le merveilleux qu'ils racontent, & que ce merveilleux n'est point de nature à ne pouvoir obtenir l'acquiescement des esprits sensés?

„ La différence est grande, entre acquiescer à la Vérité par le poids que l'évidence lui donne, ou donner son acquiescement au témoignage que d'autres lui rendent." Oui, ce sont deux manières différentes d'acquiescement; mais l'évidence des marques qui caractérisent une Révélation divine, fait tout
aussi

DE LA RELIGION. *Lettre V.* 87

aussi raisonnablement acquiescer aux Doctrines contenues dans cette Révélation, que si ces Doctrines prises en elles-mêmes étoient d'une vérité évidente. Pour discerner le faux Or d'avec le véritable, j'avoue que le plus court est d'en faire l'épreuve ; c'est qu'on la peut faire par soi-même. Aussi est-ce par nous-mêmes que nous faisons le discernement de la véritable Religion : c'est par notre propre examen que nous démêlons les caractères de Divinité dont brillent nos Livres Sacrés. Mais quand il s'agit des Dogmes que ces Livres renferment ; c'est sur l'autorité du Témoignage divin que le Chrétien les reçoit : rien de plus raisonnable & de plus juste. Je ne me connois point en Pierreries : on me présente un Diamant : pour m'assurer que ce n'est point un Diamant faux, je m'adresse aux Joualliers, & m'en rapporte à leur témoignage. De même, j'ai recours au Témoignage divin, pour m'assurer si certaines Doctrines, dont ma Raison ne me fournit aucun moyen de discerner la vérité, sont vraies en effet.

Dès qu'on admet une Révélation surnaturelle, on admet un Fait qui se prouve par des Faits ; & en même tems une Autorité étrangère, qui, indépendante

de

de notre Raison, supplée à sa lumière, & nous fait recevoir plus de Vérités que la Raison ne nous en découvre. Le dessein des *Lettres* paroît très opposé à cela. Elles réduisent toute la Religion salutaire, aux seules Vérités que la Raison nous découvre indépendamment de toute autorité externe; faisant mépriser le reste sous l'idée d'Accessoire inutile, d'Additions purement humaines, qui ont décrié la Religion, & dont l'appui lui est plus préjudiciable qu'avantageux. Mais écartez une fois, Miracles, Prophéties, Mystères, Institutions positives, Loix fondées sur une Oeconomie surnaturelle, que devient la Révélation? & dites-moi de quoi elle sert? Valoit-il la peine de nous l'adresser, pour ne nous rien apprendre de nouveau? pour ne nous pas donner même à l'égard des Vérités déja connues par la Raison, plus de certitude que la Raison ne nous en donne? Car si nous l'avions, ce plus haut degré de certitude, ce ne pourroit être qu'en vertu de l'*Autorité* dont notre Auteur veut qu'on se passe, & qu'au moyen de ces *Preuves externes* dont il fait très peu de cas. Il en fait en effet si peu, qu'il les abandonne aux Incrédules, en disant, qu'il n'est point de fausse Religion qui ne

se

se fonde sur des Miracles en très grand nombre, qui n'ait produit des Prophètes dont les prédictions se sont vérifiées, & qui ne vante ses Martyrs.

Il est vrai, qu'on pourroit comparer Miracles à Miracles, Prophètes à Prophètes, Martyrs à Martyrs: ce seroit même, ce semble, la voie la plus droite & la plus sensée; ce seroit l'épreuve où l'on reconnoitroit le véritable Or, & qui feroit triompher la Religion Chrétienne de toutes les autres. Mais cette méthode lui déplait. Elle est d'une longueur qui l'épouvante. ,, L'Incrédule sait ,, d'avance ce qu'il auroit à repliquer, ,, & à le prendre de la sorte, nous pour-,, rions en avoir jusqu'au Siècle pro-,, chain." L'Auteur n'exagere pas: l'opiniâtreté de certaines gens contre les Vérités les mieux prouvées, promettroit une bien plus longue résistance. Mais chez lui cela veut dire, encore une fois, qu'il ne connoit point de règle sure pour discerner les vrais Miracles & les vrais Oracles, d'avec les faux. Donc, en conclurai-je, nos Ecritures pleines de Prophéties & d'Histoires miraculeuses, ne sont point la Parole de Dieu. Car surement, Dieu ne se sera point révélé, pour n'ajouter à cette Religion essentielle que

la

la Raison met à la portée de tous, que d'inutiles accessoires, des choses douteuses, suspectes & mal prouvées. Il ne se sera point révélé, pour laisser les hommes dans l'impuissance de s'assurer s'il s'est révélé en effet. Peut-être l'Auteur dira-t-il, qu'en niant que les Miracles de l'Evangile fassent preuve, il ne nie pas pour cela leur vérité. Je souhaite qu'il le puisse dire sincèrement; mais l'excuse n'en est pas plus légitime. Car si les Apôtres ont opéré réellement des Miracles, c'est parce que leur Doctrine venue du Ciel avoit besoin de Miracles pour s'autoriser, & qu'ils lui servoient de preuve. Sérieusement, croit-on que Dieu en eût fait d'inutiles ? qu'il se fût servi de moyens qui ne répondoient pas à son but ? qu'il eût voulu donner de foibles appuis à ce qui devoit servir au Genre-humain tout ensemble de Loi universelle, & d'unique chemin pour arriver au Bonheur ?

Il est vrai que notre Philosophe est si charmé de la Morale Evangélique, qu'il pardonne à ses Auteurs leurs faux Miracles, & ces autres Accessoires, par où ils ont prétendu la mieux faire valoir. Il remarque ailleurs, * que ,, les Apô-
,, tres,

* *Suite de la Relig. essent.* Rép. à la I. Objection, p. 12. dans la Note.

„ tres, & J. Chrift même, n'ont pas
„ voulu entreprendre de heurter trop
„ directement certains préjugés enra-
„ cinés profondément dans les efprits."
Apparemment chez les Juifs, celui des
Miracles, comme appartenances nécef-
faires de la vraie Religion, étoit du nombre; & J. Chrift s'y accommode pour
mieux reffembler à leur ancien Légiflateur. Ces ménagemens étoient alors *de
faifon* : mais ils ceffent d'avoir lieu, *
„ quand on remarque dans les efprits
„ quelque ouverture à recevoir une nour-
„ riture plus folide, plus proportionnée
„ à la capacité intelligente, qui ne peut
„ être fatisfaite que de ce qui eft évi-
„ demment vrai." Ne foyons pas fi in-
dulgens. Si tout le furnaturel dont le
Chriftianifme fe pare, n'étoit qu'un pref-
tige inventé pour accréditer fa Morale,
Socrate & Confucius feroient bien fupé-
rieurs à J. Chrift. Non que fa doctrine
fur les mœurs ne fût toujours plus excellente, plus parfaite que la leur : mais
parce qu'il auroit trompé le Monde par
fa prétendue Miffion divine; au-lieu que
pour eux, ils ne l'ont point voulu
tromper.

„ La

* *Ibid.*

,, La Doctrine Evangélique envisagée
,, dans sa simplicité [c'est-à-dire, com-
,, me l'explique une Note de la page pré-
,, cédente, en écartant de côté dogma-
,, tique & mystérieux, & ne la prenant
,, que du côté évident, moral & prati-
,, que] n'aura rien pour eux que de res-
,, pectable. [Il parle toujours des Déis-
,, tes.] Ce n'est pas assez, dira-t-on, il
,, faut exiger d'eux qu'ils la reconnois-
,, sent pour divine."

Importune instance, qui lui déplait.
Doucement, reprend-il; ce seroit vouloir se rendre maitre de l'Intelligence, qui ne reconnoit d'autre autorité que celle de la Vérité même. Ce seroit cabrer les Esprits-forts, & les rendre à jamais inflexibles. Ces Messieurs, jaloux d'une Liberté sur laquelle ils craindront que l'on n'entreprenne, chercheront de nouvelles raisons pour ne se point rendre, ils s'éloigneront davantage, & tout cela pour un mot. Pourquoi être jaloux d'un mot? *Divin* n'est qu'un mot. On verra par toute la suite du Livre, que c'est quelque chose de plus, & que tant de condescendance pour les Déistes est plus propre à nous entrainer de leur côté, qu'à les ramener du nôtre. ,, Mais ce
,, qu'on peut demander de mieux en
,, prou-

DE LA RELIGION. *Lettre V.* 93
prouvant aux hommes la Divinité de l'Evangile, c'est qu'ils soient bien persuadés qu'il est de leur véritable intérêt d'en suivre les maximes."

J'en conviens; & j'ajoute seulement, que c'est une persuasion qu'ils n'auront point, au moins par rapport à l'intérêt d'une autre Vie, qui est le capital, s'ils ne regardent l'Evangile comme divin. Non pas au sens de l'Auteur, savoir, que sa Morale étant bonne & sainte, doit être divine dans son principe; mais au sens établi, d'une Révélation surnaturelle, immédiatement émanée de Dieu, qui par une commission expresse ait envoyé le Christ au Monde, pour nous imposer en son nom telles & telles Loix, pour nous faire de sa part la promesse d'un Paradis, la menace d'un Enfer &c. Si parmi ceux qui ne témoignent pas le moindre doute de la Divinité de l'Evangile, il en est peu dont la conduite fasse preuve d'une persuasion réelle, c'est qu'il y a grande différence entre être fermement, solidement convaincu d'une Vérité, & se borner à cet acquiescement négatif, qui consiste à ne point élever contre elle de doutes formels. Le Disciple de la Religion Naturelle, n'aiant sur les récompenses & les peines d'une autre

tre Vie que les conjectures de sa Raison, n'admettant de l'Evangile que sa Morale, & * encore, par des adouciſſemens forcés, rabattant de cette Morale tout ce qu'elle a d'eſſentiellement relatif aux Dogmes ſurnaturels, n'eſt point auſſi convaincu que ſon véritable intérêt pour l'Eternité ſoit d'en ſuivre les maximes, que l'eſt un Chrétien, qui croyant un Paradis & un Enfer ſur le témoignage du Fils de Dieu, regarde les promeſſes & les menaces de ſon Evangile comme émanées de Dieu même. Et le Chrétien mal perſuadé, faute d'avoir aſſez médité ſur les motifs de ſa Foi, ſe trouve à peu près dans le prémier cas. Il ne ſert donc de rien d'ajouter, que „ de ce que cet„te Doctrine eſt bonne, juſte, vérita„ble, vous en concluez qu'elle eſt divi„ne dans ſon origine:" ce tour, tout artificieux qu'il eſt, ne nous éblouït pas. Autant en pourriez-vous dire d'une Doctrine qui ſeroit le fruit de votre propre méditation. Au-lieu de réſoudre la queſtion, vous l'éludez manifeſtement. Car il s'agit de ſavoir, ſi de ce principe, que les préceptes de la Morale Chrétienne
ſont

* C'eſt ce qu'on verra dans l'Examen de la II. Partie de la *Relig. eſſentielle*.

sont justes & véritables, l'on en doit conclurre que J. Christ a été réellement envoyé de Dieu, comme il s'est dit l'avoir été; & s'il est en effet descendu du Ciel pour l'enseigner aux hommes, en y joignant de la part de Dieu les promesses & les menaces d'une autre Vie. A présent, Monsieur, les diverses Introductions de notre Auteur nous ont suffisamment instruit du génie de son Ouvrage: je vais passer au Corps de l'Ouvrage même. Ce sera pour ma prochaine Lettre. Je suis &c.

✼✼✼✼✼✼✼✼✼✼✼✼✼✼✼✼✼✼✼✼✼✼✼✼✼

VI. LETTRE.

LE début du Livre est une Objection des Déistes, prise de l'idée de la Bonté de Dieu, & du grand principe de l'Etre suffisant à soi : Objection qui ne va pas à moins qu'à anéantir la Providence, à effacer toute distinction du Bien & du Mal moral; en un mot, à justifier le Libertinage. Notre Auteur repousse l'attaque de ces Messieurs, en homme aguerri dans ces sortes de combats, & qu'il n'est pas aisé de surprendre. A voir la façon dont il les mène battant, on desireroit

sireroit fort qu'il lui eût plu de pousser une guerre, où il ne pourroit manquer de remporter tout l'avantage. Mais elle ne durera pas; on s'apperçoit bientôt qu'il garde de grands ménagemens avec l'ennemi; & se contentant d'avoir mis les bonnes mœurs à couvert, il tourne toutes ses forces d'un autre côté.

De cette Vérité, *que Dieu est suffisant à soi-même*, il en tire avec raison une conséquence tout opposée à celle des Déistes, savoir celle-ci, *que Dieu s'intéresse à ce qui arrive aux hommes*. Il fait très bien voir à ces Messieurs, qu'ils se contredisent en supposant que le seul besoin que Dieu auroit des hommes, l'engageroit à s'intéresser pour eux. Le tour est subtil, & solide en même tems. *En créant des Etres susceptibles de bonheur, il ne peut avoir eu d'autre but que de les y conduire*. Il faut ajouter, qu'en les créant doués de Raison & de Liberté, capables par conséquent de connoitre l'Ordre & de s'y soumettre, il a eu aussi pour but de les rendre Saints; ce qui, avec leur Bonheur, renferme la perfection de leur Nature ainsi rapportée à sa véritable fin.

Une Réflexion qui vient ensuite, a besoin encore d'éclaircissement ou de correctif. *A parler exactement, l'Etre infini*

DE LA RELIGION. *Lettre VI.* 97

fini ne peut être offensé ; ce sont les Créatures qui s'offensent elles-mêmes. Ce principe est équivoque ; & proposé sans aucune restriction, il accorde trop aux Libertins. Dieu ne peut être offensé par les péchés des hommes: cela veut dire, qu'il n'en peut recevoir aucun dommage, ni le moindre préjudice ; c'est à soi-même seulement que le pécheur nuit, & non à Dieu. Cependant, il est très vrai que c'est Dieu qu'il offense, en lui refusant un hommage qui lui est dû, en violant un devoir dont il est l'objet. Nos déréglemens s'opposent à notre bonheur, parce qu'ils nous écartent de l'Ordre.

Sur ce principe, *que Dieu s'intéresse au bonheur de l'Homme,* on dit (*pag.* 10.) que s'il y a pour nous un *Avenir relatif à l'usage que nous aurons fait de la vie*, de *justes précautions* à cet égard ne seront pas *inutiles*: que la Bonté de Dieu l'engagera *à nous avertir de ce qui nous attend,* nous faire sentir *les suites inévitables du Juste & de l'Injuste.* Ceci sert à justifier certains préceptes gênans, qui combatent nos penchans & s'opposent à nos plaisirs. Si vous m'en croyez, Monsieur, ne passons pas trop légèrement sur un endroit, dont toutes les paroles méritent d'être pesées. On semble y vouloir fai-

Tome E

faire envisager le bonheur & le malheur qui suit cette vie, comme étant, par la nature même des choses, une suite nécessaire de notre conduite ici-bas, sans qu'il soit besoin de l'intervention d'un Supérieur ou d'un Juge, ni d'aucun acte libre de son pouvoir, pour distribuer les peines & les récompenses selon le mérite, proportionnément à ce que chacun aura fait de bien ou de mal. On voit assez, qu'à regarder Dieu comme devant juger les hommes dans l'Oeconomie à venir, on ne peut s'empêcher de le regarder dans celle-ci comme un vrai Législateur, qui donnant des Loix aux hommes, les accompagne de promesses & de menaces proprement dites; c'est-à-dire, dont l'exécution fondée sur sa Justice, sera en même tems un exercice de sa Toute-puissance. Dans le Système des *Lettres*, ce n'est point cela. Si l'on y parle d'un Avenir rélatif à l'usage que nous aurons fait de la vie, cette rélation est tellement nécessaire, que Dieu qui, pour ainsi dire, la trouve toute établie, n'a plus autre chose à faire que d'avertir les hommes de ce qui les attend après la mort, de leur découvrir ces suites inévitables du Juste & de l'Injuste, de leur suggérer des précautions à cet égard, en

les

es invitant à travailler pour eux-mêmes & à vouloir leur propre bonheur.

Quel est donc ce bonheur, pour lequel il faut que les hommes travaillent, & pour l'obtention duquel leur consentement est nécessaire ? Je ne saurois comprendre cette nécessité, dans les principes des *Lettres*. Car enfin, Dieu n'aiant en vue que l'avantage de ses Créatures, n'en exigeant rien pour lui, ne pouvant pas plus être outragé par leurs Vices, qu'honoré par leurs Vertus, pourquoi fait-il dépendre ce bonheur d'un consentement que souvent elles ne donnent point, d'un travail qu'elles refusent d'entreprendre ? En un mot, pourquoi l'attacher au bon usage de leur Liberté, lorsqu'elles en peuvent faire un mauvais ? Ceci demanderoit des éclaircissemens, que l'Auteur n'a point donnés. Car enfin, selon lui, la Vertu ne nous rend heureux, que parce qu'elle dispose l'ame de manière à recevoir l'impression béatifiante de l'objet qui est son vrai Bien.

Mais qu'est-il besoin que cette disposition d'ame s'acquière par des actes libres de la Créature, par des épreuves, par des efforts réitérés, par de longs travaux ? A quoi bon cet apprentissage qui retarde notre félicité, cette épreuve qui

la

la met en risque, & dont l'issue demeure incertaine, si Dieu par sa Toute-puissance peut remettre l'Homme dans l'Ordre, sans qu'il lui en coûte, & le guérir de ce Desordre spirituel qui est essentiellement cause de Douleur? On ne sauroit nier, que Dieu ne puisse rétablir en un moment sa Créature dans cet état d'intégrité. Que si l'on dit, ce que l'Auteur insinue (*pag. 55.*) que *l'équité parfaite & la sagesse de Dieu* l'en empêchent, c'est desavouer le Système, pour rentrer dans les principes ordinaires; c'est reconnoitre une Loi qui règle & qui borne l'exercice de la Bonté. Et quelle Loi seroit-ce, qu'une Loi d'Ordre, qui veut que la Créature se rende digne, par un bon usage de son Libre-Arbitre, de ce parfait bonheur dont elle est capable, qu'elle soit juste pour pouvoir devenir heureuse, qu'enfin elle remplisse des devoirs dont ce bonheur est la récompense? Et n'allez pas ici vous effaroucher, Monsieur, de m'entendre dire que pour obtenir le bonheur, la Créature doit s'en rendre digne. N'appréhendez nullement que ceci ne favorise trop la doctrine du Mérite. Je ne suis, non plus que vous, Pélagien ni demi; & n'ai voulu dire autre chose, que ce que l'Evangile nous inculque partout;

tout : savoir, que Dieu étant saint, il nous impose pour condition du bonheur qu'il nous promet, la nécessité de devenir saints comme lui. Il est manifeste que si le Juste se confond avec l'Utile, & que Dieu n'ait d'autre principe de sa conduite envers ses Créatures que sa seule Bonté, il n'importe guères que l'Homme coopère avec Dieu pour son propre bonheur, ou que Dieu y travaille seul. Mais s'il y a un Ordre qui doive aller avant tout le reste, il devient nécessaire à ce bonheur, que nous y travaillions nous-mêmes, & qu'il soit le fruit de nos choix libres. L'idée seule d'un Agent intelligent, nous conduit à celle de l'Ordre, à celle d'un Juste très distingué de l'Utile; mais qui s'y trouve toujours joint dans le dernier résultat des choses, par une dispensation très libre du souverain Maitre, & pourtant fondée sur son Equité, sur sa Bonté, sur sa Sagesse. La Bonté tend à rendre la Créature heureuse; l'Equité veut que sa Vertu ait une récompense; & la Sagesse emploie ce motif de bonheur & de récompense, comme le plus efficace pour la porter à se conformer à l'Ordre.

Dieu ne faisant rien pour son propre avantage, n'a d'autre vue que l'avantage de sa sa Créature; tout ce qu'on nomme Religion, se réduit là. Même illusion par-tout. Il est très vrai, que dans la Religion tout l'*avantage* se rapporte à la Créature; mais tout le *devoir* s'y rapporte à Dieu. Cet Etre suprême, par un amour desintéressé pour l'Ordre, exige de nous des hommages que la Justice éternelle nous prescrit; tout comme par une Bonté desintéressée pour nous-mêmes, il procure notre bien. La Gloire de Dieu & le Bonheur de l'Homme, voilà, Monsieur, les deux pivots sur lesquels tourne la Religion. L'Ecriture le déclare expressément. Il est vrai que l'Auteur, pour pouvoir éluder son témoignage, prétend en rectifier les expressions par l'idée qu'il a de Dieu. Mais, outre ce que j'ai déja dit sur la légitime manière d'interpréter l'Ecriture, il se trouve que la vraie idée de Dieu confirme ici le sens naturel des expressions.

„ Le point essentiel seroit de faire
„ sentir aux hommes, que ce qu'on
„ nomme Justice, Devoir, n'est en
„ rien différent de leurs véritables in-
„ térêts; qu'il y a même entre l'un &
„ l'autre une relation essentielle; *que*
„ *ce n'est que par la raison de cette rela-*
„ *tion, que ce devoir est exigé d'eux.*"
Les hommes en sentiront-ils moins la
né-

DE LA RELIGION. *Lettre VI.* 103

nécessité de leur devoir, si on leur dit qu'un Etre tout-puissant, Protecteur de l'Ordre, leur donne des Loix sur lesquelles il les jugera un jour, & qu'ils seront récompensés & punis selon qu'ils les auront bien ou mal observées ? Mais on n'aime pas qu'il soit fait mention d'un Législateur, d'un Juge qui doit punir, ni à entendre parler d'un Enfer. On aime bien mieux que tout se réduise à cette relation essentielle entre la Vertu pratiquée dans cette vie, & le Bonheur de l'autre. A la vérité, cette relation essentielle est obscure, & personne ne l'explique: mais n'importe, en attendant on ne craint rien de la part de Dieu, qui dans la Religion n'a, dit-on, d'autre intérêt que le nôtre, ni d'autre prétention que celle de nous voir heureux ; qui par conséquent, quelle que puisse être l'autre relation opposée entre le Vice & la Misère, ne peut permettre qu'elle soit durable.

Avouons que ce Système ne s'ajuste pas mal au goût d'une assez nombreuse Espèce d'hommes. Ils voudroient que l'on flattât leur penchant, sans manquer tout à fait de respect pour leur Raison. Si vous essayez de les aveugler sur de certaines Vérités palpables, comme est l'existence d'un prémier Etre, la diffé-

E 4 rence

rence entre le Vice & la Vertu, les suites diverses qu'entraîne l'une & l'autre; vous leur faites injure, vous les révoltez. Si d'autre côté vous vous avisez de trop presser des Vérités non moins certaines, & intimement liées avec les prémières, dont elles ne sont que le développement; celle, par exemple, de l'obéissance qu'exigent les Loix divines, celle d'un Jugement, celle d'un Enfer; vous les cabrez encore davantage, parce que vous gênez trop leurs passions. Il leur faut un Système qu'ils se puissent applaudir d'avoir adopté, à cause d'une certaine dose de vrai qui y entre; mais qui d'ailleurs ne puisse ni les trop contraindre, ni les effrayer par des conséquences trop terribles, comme feroit celui de la Révélation. Ils se font honneur d'une créance qui porte naturellement les hommes à devenir vertueux; mais ils ne veulent point de celle qui ne laisseroit au Vice aucune ressource. L'Auteur a parfaitement su prendre cet ingénieux tempérament. Mais qu'il ait efficacement pourvu par-là à affermir les bonnes mœurs, c'est de quoi j'aurai quelque peine à convenir. *Convaincre les hommes de cette Vérité*, dit-il, *ce seroit tout gagner*. Et moi je lui soutiens, que c'est tout perdre, de substituer

ſtituer ſon Syſtème à celui de la Révélation, & de rejetter ce que celle-ci nous annonce des peines & des récompenſes proprement dites après cette vie, pour nous borner à croire je ne ſai quelle rélation naturelle entre l'état préſent des hommes, & leur état futur. Car après tout, à quoi cela ſe réduit-il? A une pure hypothèſe de notre Ecrivain, à une conjecture fondée tout au plus ſur des raiſonnemens ſubtils qui n'ont que ſa Métaphyſique pour garant, & dont chacun pourra croire ce qu'il lui plaira. Notez que ces peines & ces récompenſes proprement dites, la Religion Naturelle nous les enſeigne comme un de ſes Articles eſſentiels. Après cela, qui ne s'étonneroit de trouver la *Religion eſſentielle des Lettres* d'une ſimplicité qui aille juſqu'à exclurre un Dogme fondamental de la Religion Naturelle même?

D'ailleurs, le principe qu'on y ſubſtitue n'a point dû paroître aſſez évident, pour qu'on ſe tînt ſûr d'en mieux perſuader les hommes, qu'ils ne peuvent être perſuadés de la divinité de l'Evangile, &, ſur ſon témoignage, de la vérité d'un Avenir de bonheur ou de miſère après cette vie. Car puiſque la rélation naturelle de la Vertu avec notre intérêt présent, chose sensible que l'expérience démontre, est pourtant chez la plupart des humains un trop foible motif pour résister aux appas du Vice; comment l'idée d'une pareille relation entre la Vertu & un Avenir heureux après la mort, chose que notre Auteur ne rend ni sensible ni évidente, comment ce songe agréable, cette spéculation subtile, deviendront-ils un frein suffisant contre le Vice? Comment se flattera-t-il d'enfoncer assez avant cet aiguillon dans l'ame du commun des hommes, pour les engager à réformer leurs mœurs? Lui, pour qui nos Miracles & nos Prophéties sont de foibles preuves, & qui les regarde comme des *armes usées*, s'attend-il que de simples conjectures sur un état futur, aient plus de prise & soient d'un plus grand poids sur les esprits? Croit-il que vivement intéressés & persuadés par son Système, les Vicieux ne manqueront pas, pour agir conséquemment, de devenir Gens-de-bien? Chimères que cela! Son Système accommodera mieux certaines gens que celui de la Révélation, je n'en fais nul doute; mais il n'en aura ni la certitude, ni l'efficace. Et si c'est le plus de vertu pour nous sanctifier, qui doit entre eux décider du prix, le sien assurément

ment ne méritera point qu'on le préfère. Tout propre à flatter le Vice, il en est d'autant moins propre à le corriger. Si d'un côté il entretient nos espérances, de l'autre il diminue nos craintes. Car, quoi qu'il dise des suites fâcheuses inévitablement attachées au Crime, l'idée d'un Dieu qui dans la Religion n'a d'autre vue que de rendre ses Créatures heureuses, & dont la Bonté domine sur tous ses autres Attributs, sans qu'aucun d'eux la restraigne dans son exercice; cette idée fera toujours pancher la balance vers le côté favorable, & détruira le plus puissant ressort qui puisse agir sur l'Homme corrompu, pour le ramener à son devoir.

Passons à la II. *Lettre.* On y observe très bien, que les hommes agissent plus conséquemment qu'on ne pense, & que leurs vraies persuasions influent sur leur conduite. Rien de plus vrai. Cela paroît tous les jours dans les choses de la vie. La Religion ne fait proprement point d'exception à cette règle, & si les hommes ne vivent pas conformément à la doctrine qu'ils professent, c'est que chez eux la vraie persuasion manque. Que s'il leur arrive quelquefois d'agir dans le cours de la vie contre leurs connoissances les plus certaines, cela vient alors de ce que la passion qui les transporte, obscurcit ces connoissances acquises, fait qu'ils doutent des Vérités mêmes dont ils ont le plus de preuves ou d'expériences, & leur persuade à peu près tout ce qu'elle veut. Non, Monsieur, l'Homme, à quelque excès que le Vice l'ait dégradé, ne sauroit se dépouiller de sa Raison, au point d'agir dans une affaire importante contre un principe clair dont il ait la conviction actuelle. Sa folie consiste à ne pas demeurer ferme dans un jugement qu'il aura une fois reconnu pour certain, & à ne s'y pas rendre attentif autant qu'il doit. Ses desirs détournent son attention, & lui inspirent de faux jugemens passagers, auxquels il s'arrête. S'il s'égare, c'est qu'il manque de constance & de courage pour chercher le Vrai, ou pour le suivre l'aiant une fois connu. Car le Vrai, quoiqu'on l'eût déja saisi, se dérobe à un esprit qui ne s'y tient pas fortement attaché; & bientôt le faux prend sa place. C'est ce que l'Ecole exprime par cet Axiome: *Voluntas semper sequitur ultimum dictamen intellectus practici.* Un homme passionné croit ce qu'il souhaite, & ne voit rien de ce qu'il ne veut pas voir.

Ainsi

Ainsi un homme avide de gain, ou de gloire, ferme les yeux aux dangers d'une entreprise que sa passion lui fait tenter. Il n'écoute point les raisons qui l'en détournent, il n'en sent pas le poids. S'il le sentoit, il changeroit de dessein. Quelque probabilité qu'ait un mal, cette probabilité s'évanouït à des yeux flattés par l'espérance, ou fascinés par le desir. On n'agit donc point alors contre une persuasion actuelle ; on agit conformément à une fausse persuasion dont on s'est prévenu. Et voilà la grande source des mauvaises mœurs des Chrétiens, ou la contradiction de ces mœurs avec leur Foi. Malgré les preuves les plus évidentes, leur passion les empêche de se persuader assez ces mêmes Vérités qu'ils font profession de croire, & qu'ils ne songèrent jamais à rejetter positivement.

L'Auteur veut que la rélation qu'il y a entre les facultés spirituelles & les objets spirituels, soit la base de la Religion ; comme la rélation entre les sens corporels & les objets sensibles, est le fondement de la Société civile. Réflexion sensée, mais dont il abuse pour réduire toute la Religion aux Vérités de sentiment, ou aux connoissances évidentes. Sans doute, qu'elles sont la base de l'édifice ; mais elles ne font pas tout l'édifice. D'ailleurs la certitude des Faits eſt un objet, dont nos facultés ſpirituelles ſont capables de juger. Notre eſprit diſcerne la divinité de l'Ecriture, comme notre palais ſavoure les viandes ; & par-là ſe met à portée des Doctrines clairement contenues dans cette Révélation : Doctrines dont la proportion avec les beſoins & les ſentimens de notre conſcience, nous montre l'excellence *au doigt & à l'œil*. Une telle Religion eſt fixe. Ce n'eſt point un objet chimérique, qui dépende de la fantaiſie des hommes ; & s'ils n'en conviennent pas unanimement, ce ne peut être que leur faute, puiſque l'objet eſt près d'eux, & qu'ils ont mêmes facultés pour l'appercevoir, mêmes règles pour en juger, ſavoir le Bon-ſens, la Raiſon, la Conſcience. Ces règles, s'ils les conſultent de bonne-foi, leur montreront à tous la certitude des Faits qui prouvent la Révélation, ſon vrai ſens ſur les points eſſentiels de la Doctrine qu'elle enſeigne, l'excellence & l'utilité de cette Doctrine. La Religion Révélée mérite donc tous les éloges que l'Auteur réſervoit injuſtement à la ſeule Religion Naturelle. Rélative aux vrais intérêts de l'Homme, auſſi-bien qu'à ſes facultés, loin de détruire celles-ci, ci, elle les met en œuvre, les développe, les annoblit, les tourne vers les objets les plus dignes d'elles. Elle n'admet ni le faux ni l'imaginaire; elle ne demande, ni acquiescement à des contradictions, ni efforts impossibles: seulement, elle supplée par de nouveaux secours à l'insuffisance de la Religion Naturelle, & nous conduit par-là beaucoup plus loin. Qu'on saisisse tout ce qu'une telle Religion a d'indubitable & d'intéressant, par une foi très possible, & qu'il seroit déraisonnable de lui refuser ; elle influera sur notre conduite, comme les autres persuasions y influent, & deviendra très propre à nous rendre solidement vertueux.

La III. *Lettre* développe parfaitement bien cette preuve d'un prémier Etre, qui se tire du sentiment que nous avons de nous-mêmes. Elle y joint celle d'une autre Vie, qui est prise du desir du Bonheur, que le Créateur n'aura point mis en nous inutilement, étant trop sage pour ne se pas former un but dans toutes ses œuvres, ou pour manquer le but qu'il s'y proposoit. Mais il est bon de vous faire observer, que dans ce qu'elle ajoute touchant le règne du Faux & de l'Injuste sur la Terre, & la nécessité d'u-

ne

ne Oeconomie de rétribution, où Dieu se réserve d'exercer sa Justice dans la proportion la plus exacte, l'Auteur a recours, malgré qu'il en ait, aux idées d'un Ordre qui règle la Bonté elle-même. Car les peines entrent* dans l'idée de cet Ordre. ,, La Religion, (*dit-il*, *p.* 39.) ,, n'est pas si éloignée de l'Homme qu'on ,, pourroit bien se le figurer. Elle con- ,, siste moins dans des connoissances ac- ,, quises par une instruction étrangère, ,, que dans celles que le sentiment & l'ex- ,, périence peuvent lui acquérir.

Il semble, du moins les gens soupçonneux pourront le penser, que ce soit ici une atteinte indirecte qu'on veuille donner à la Révélation. Ces connoissances de Sentiment & d'Expérience sont fondamentales à la Religion, comme je l'ai déja dit; mais elles sont insuffisantes, à moins que d'autres ne s'y viennent joindre. D'ailleurs, l'instruction étrangère réveille, avertit, nous met sous les yeux ces mêmes Vérités, qui sont autant de conséquences légitimes de l'Expérience & du Sentiment, mais que les hommes stupides ou distraits avoient oublié d'en tirer.

La *Lettre* IV. traite de la nature de la Justi-

* Voyez ci-dessous, pag. 113. 121.

Justice. C'est une réponse à la question qu'il s'est faite, *si Dieu, en récompensant la Vertu, ne pourroit pas se dispenser de punir le Crime*? Pour mieux éclaircir ce sujet épineux, il remonte à l'idée de l'Ordre, qu'il définit par *une harmonie des diverses facultés de l'Homme*; harmonie qui les rapportant chacune à sa véritable destination, les fait concourir à la perfection du Tout. L'Analogie est prise du Corps humain dont le Bien-être dépend d'un pareil Ordre entre ses parties arrangées, subordonnées l'une à l'autre, relativement à l'usage particulier de chacune. Arrive-t-il quelque altération dans cet Ordre? aussi-tôt il en résulte un sentiment douloureux qui avertit du Desordre, afin qu'on y remédie. D'où, concluant du Corps à l'Ame, notre Auteur tire cette conséquence générale, que *la Douleur est la suite du Desordre*; que cela a également lieu dans les facultés spirituelles. *Sans la relation qui est entre le Desordre & la Douleur*, ajoute-t-il, *l'Homme ne pourroit discerner de différence entre l'Ordre & le Desordre. Rien ne l'engageroit à préférer l'un à l'autre.* Voici où l'Analogie commence d'être en défaut. Dans le Corporel, l'Homme a besoin d'être averti par un sentiment de Douleur, d'un Desordre que

sou-

souvent il ne peut voir en lui-même, ignorant comme il fait naturellement la structure de son Corps ; & quand même il connoîtroit la nature de ce Desordre, la Raison seroit trop lente à y remédier, son secours tardif deviendroit infructueux. L'Auteur de notre être y a donc sagement pourvu, en attachant aux maux corporels cet avertissement que la Douleur nous en donne. Dans le Spirituel, c'est tout autre chose. La Raison nous fait clairement discerner le Juste d'avec l'Injuste ; elle nous donne des idées de l'Ordre. Lors même qu'une action juste nous coûte, & qu'elle nous fait souffrir, nous n'en reconnoissons pas moins la justice. Au contraire, une injustice a beau flatter notre penchant, on a beau en retirer du profit, cela n'empêche pas que la conscience ne la desapprouve, ne nous la reproche, & ne nous la montre pour ce qu'elle est. Ce qui, pour le dire en passant, réfute la prétention de l'Auteur, que la Douleur soit une suite nécessaire du Desordre spirituel, comme elle l'est du corporel, & que l'Homme ne s'apperçoive de la cessation de l'Ordre, qu'à mesure qu'il sent l'interruption du Bien-être. Combien de Vicieux tranquilles dans leur Vice, combien de Vertueux à qui la Vertu coûte re de douloureux sacrifices, combattent cette expérience? Il est vrai qu'il y a dans l'Ordre une beauté qui plait, comme il y a dans son contraire une difformité qui choque. Mais ce plaisir attaché à la pratique de la Vertu, cette approbation de la conscience qui suit les bonnes actions, cette complaisance qui les accompagne & qui nait du fond même de leur nature, tout cela n'est point encore le Bonheur que Dieu propose à la Vertu pour récompense, & qu'il lui donne pour motif. Ce n'est point encore là ce Bien-être dont le desir est invincible en nous, & que la Bonté Divine a pour objet. C'est touchant ce Bien-être, que l'Auteur doit prouver, que sans lui, rien n'engageroit l'Homme à préférer l'Ordre au Desordre; ce qu'on lui nie, vu que la seule beauté de l'Ordre le fera préférer de tout Etre raisonnable, non corrompu par la passion, & l'y attirera par un charme invincible, indépendamment du Bien-être qui en peut devenir la suite. Il est vrai que dans l'Homme corrompu, la passion, le plaisir présent, l'amour des faux biens, n'aiant que trop d'appas pour le gagner, il a besoin d'un contrepoids qui le retienne; mais ce contrepoids, ce ne sera point l'idée d'une rélation naturelle

relle & nécessaire entre l'Ordre & le Bien-être, entre le Désordre & la Douleur : idée que sa propre expérience réfute, puisque c'est la peine qu'il trouve actuellement dans la Vertu, puisque c'est le plaisir actuel qu'il goûte dans le Vice, qui lui fait abandonner celle-là pour celui-ci. Ce contrepoids sera plutôt l'idée de la récompense préparée à la Vertu par l'Etre souverainement juste, & des peines qu'il réserve au Vice par une rétribution libre & digne de son équité. Cette dernière idée fait envisager les suites contraires du Vice & de la Vertu, non comme naturelles & inévitables en elles-mêmes, mais comme fondées sur une loi d'Ordre, dont le pouvoir du Maitre suprême assure l'exécution.

Qu'on ne me vante donc plus ces Axiomes des Lettres : *L'Homme ne s'apperçoit de la cessation de l'Ordre, qu'à mesure qu'il s'apperçoit de celle du Bien-être. Le Bien-être est la suite de l'Ordre. La Douleur est une suite naturelle & inévitable du Désordre.* Ce sont autant de Maximes propres à produire l'effet contraire à celui qu'on en attend. Le Vicieux ne manquera pas de s'en prévaloir contre vous, en soutenant que le Vice est Vertu, & que la Vertu est Vice. Je sens,

sens, dira-t-il, que ce que vous nommez *Desordre*, me rend actuellement heureux ; moi je l'appelle *Ordre*, & m'y tiens, suivant vos propres principes.

„ Mais ce plaisir que vous goûtez, pro-
„ cède d'un goût malade ; il ne durera
„ pas, je vous en avertis, il se chan-
„ gera bientôt en douleur. C'est votre
„ maladie qui vous rend ainsi avide de
„ mets qui ne vous conviennent point.
„ Si vous continuez, vous allez tomber
„ dans le plus pitoyable état du monde."
Fort bien, repliquera-t-il ; mais en attendant que ces douleurs viennent, prouvez-moi que je suis malade ; convainquez-moi du desordre de mon témpérament par d'autres marques où je le puisse reconnoitre, sans m'alléguer une douleur que je ne sens pas. En effet, vous ferez beaucoup mieux de prouver à ce Vicieux son Desordre, en lui rappellant l'idée de l'Ordre dont il s'écarte, idée immuable que rien ne peut effacer. Ne lui soutenez plus contre sa propre expérience, qu'il est malheureux ; mais montrez-lui qu'il est injuste, & que dès-lors la Justice demande que Dieu le punisse un jour.

La Justice est essentiellement Ordre, Proportion, Justesse, Harmonie. Très bien

bien dit ; mais entendons-nous. La Justice est une harmonie morale entre certaines actions libres, & les circonstances où il convient de faire ces actions. Il y a harmonie, par exemple, entre l'état d'un Pauvre qui souffre, & l'action d'un Riche qui le soulage. Il y a harmonie entre l'obéissance que rend aux Loix divines un homme vertueux, & l'acte libre du souverain Etre qui l'en récompense. L'attribut de Juste marque donc en Dieu l'approbation constante qu'il donne à cette harmonie, & le soin qu'il prend de la maintenir ; non une simple complaisance dans le bonheur de ses Créatures. Cette complaisance est proprement la Bonté, qui elle-même est réglée par la Justice. Dieu veut que ses Créatures soient heureuses, parce qu'il est bon. Il les veut parfaites, & pour l'amour d'elles, parce que l'Ordre rend leur perfection inséparable de leur bonheur, & pour l'amour de l'Ordre même, dont il se plait à voir en elles une vive image. Il se complait dans leur perfection, (nous parlons ici de celle qui résulte de l'exercice de la Vertu) parce qu'il les aime, & que leur intérêt s'y trouve. Il s'y complait encore, parce

qu'il

qu'il aime l'Ordre, & que l'Ordre exige d'elles ces mêmes Vertus qui les perfectionnent.

* „ Cette approbation & cette bienveillance subsistant toujours, il en résulte, que Dieu ne peut approuver le Desordre qui rend ces Créatures misérables. En ce cas, la Justice sera en lui la volonté constante de ramener ses Créatures au Bonheur, & de les y ramener en les réhabilitant dans l'Ordre qui en est inséparable." Voilà ce qu'il appelle *Justice rigoureuse*. On voit assez où ce Système nous mène. L'Ordre & le Bonheur n'étant qu'une même chose, & Dieu aiant uniquement en vue le plus grand avantage de ses Créatures, il doit avoir une volonté constante de ramener au Bonheur celles qui se sont déréglées. Dès-là, point de peines proprement dites, ni de récompenses non plus. Car on ne peut appeller *récompenses*, l'effet d'une bonté gratuite qui ne veut que le bonheur des Créatures, qui le veut absolument, sans y mettre de condition proprement ainsi nommée, & qui ne peut cesser de le vouloir. On ne peut appeller *peines*, des châtimens

---

* *Lettres*, pag. 51.

mens qui ont pour objet le bien de celui que l'on châtie. Dès-là sur-tout, point de peines éternelles, auxquelles s'oppose cette volonté constante qui ne sauroit être frustrée de son effet.

L'Auteur parle au même endroit, de l'unité des Attributs divins, dont la Bonté est le centre. Mais dans son Système, la Bonté engloutit, éclipse tous les autres Attributs. Elle fait disparoître Justice, Sainteté, Amour de l'Ordre, si l'on en excepte cet Ordre naturel & nécessaire qui se confond avec le Bonheur de la Créature. *Le souverain Etre*, dit-il, *est invariablement le même. Le principe par lequel il consent aux peines de ses Créatures, n'est en rien différent de celui pour lequel il leur fait du bien.* Cela est vrai des maux temporels que souffrent les Vicieux, & des châtimens que Dieu inflige à ses Enfans dans cette vie. Mais n'y a-t-il donc point d'autres peines ? L'Ecriture elle-même n'en fait-elle pas clairement la différence ? Sans doute, *le feu qui ne s'éteint point, les chaines d'obscurité*, ce tourment *dont la fumée montera aux siècles des siècles*, sont des peines d'un tout autre genre que ces *verges* dont Dieu *frappe tout enfant qu'il avoue* ; que celles dont il est dit dans
un

un Prophète, *Ecoutez la verge*. Et quand le Psalmiste dit à Dieu : *Eternel, ne me reprends point en ta colère, ne me châtie point en ta fureur* ; quand Jérémie lui adresse cette requête : *O Eternel, châtie-moi, mais que ce soit par mesure, & non en ta colère, de peur que tu ne me réduises à néant* ; il distingue entre les maux d'épreuve ou les châtimens salutaires, & les peines proprement dites.

* ,, Il pourroit être cependant, que les moyens que la Sagesse divine pourroit mettre en œuvre pour redresser le renversement qui s'est introduit dans l'Homme, que ces moyens, dis-je, occasionneroient en lui des douleurs *plus violentes*"; c'est-à-dire, plus violentes que celles qui sont des suites inévitables de ce renversement. Ce qu'il compare avec les Opérations douloureuses, dont on se sert pour la guérison de certains malades. Mais pourquoi tant reculer à faire cet aveu, *qu'il y a des peines infligées* ? Pourquoi hésiter en le faisant, comme si l'on en appréhendoit les conséquences ? N'est-ce point que l'on craint de faire trop intervenir la Divinité dans les affaires du Monde, par des

actes

* *Ibid.* pag. 53.

actes libres de justice & de pouvoir? Les volontés générales effrayent moins que les particulières : elles troublent moins l'indolence des hommes, qui reculent la Divinité le plus loin d'eux qu'il leur est possible. Ces interventions de Providence immédiate sentent trop la Révélation; & il semble que, par égard pour les Déistes, notre Ecrivain leur veuille épargner des idées qui leur déplaisent. Toujours conclud-il que les peines infligées, s'il y en a, ne peuvent aboutir qu'à remettre l'Homme dans le Bonheur, en le réhabilitant dans l'Ordre.

*„ Si cela ne satisfait pas, (conti-
„ nue-t-il,) je demanderai si Dieu peut
„ se désister de la volonté constante qu'il
„ a de faire revenir l'Homme à sa pré-
„ mière destination, & de remettre tous
„ ses ouvrages dans l'état où ils furent
„ jadis, lorsqu'il les approuva comme
„ bons?" Réponse. Dieu, en créant l'Homme, a voulu qu'il fût heureux; mais aussi, afin d'être heureux, il a voulu qu'il fût bon, juste & saint. Voilà sa double destination, dont l'une dépend de l'autre. Mais pour qu'il fût bon, il a fallu qu'il le voulût être, & sa Liberté n'a

* *Ibid.* pag. 54.

n'a point dû être gênée, l'Ordre exigeant que son bonheur fût l'effet d'un choix libre. Si donc la volonté de l'Homme s'oppose à la prémière destination, & qu'il s'opiniâtre à n'être ni bon ni juste; Dieu alors demeurant le même, & sans changer de volonté, ni cesser un seul moment d'être bon, ne veut point qu'un tel homme soit heureux. Après avoir inutilement tenté les moyens les plus efficaces pour le ramener à l'Ordre, il cesse de lui faire éprouver les effets d'une Bonté qui ne s'exerce jamais aux dépens de l'Ordre. La Comparaison du Prince, personellement offensé par un grand nombre de ses Sujets, & qui, quoiqu'il fût en droit de les punir tous par de rigoureux supplices, fait grace à tels d'entre les coupables qu'il lui plait de choisir, sans que les autres à qui il rend justice puissent s'en plaindre; cette judicieuse Comparaison vient plus à propos sur la conduite de Dieu envers les Pécheurs, que l'Auteur ne croit. Ce qu'il objecte contre la justesse de cet Emblème, savoir, que l'Etre suffisant à soi n'est point susceptible d'offense, n'est qu'une répétition du sophisme que j'ai déja réfuté, & qui le sera plus amplement

ment dans la suite. Il n'y a qu'à y opposer les mêmes réponses.

A ce qu'on ajoute, *qu'une pareille conduite marqueroit une partialité indigne du souverain Etre*, j'observe, que Dieu est très libre dans la distribution de ses graces, & que cette liberté fait son Indépendance, sans blesser jamais sa souveraine Equité. Maitre de ses dons, il ne fait tort à personne lorsqu'il les dispense inégalement; mais il fait grace à qui il lui plait. Le Paradis est son bien. *Ne ferai-je pas de mes biens ce que je veux?* disoit le Père de famille dans la Parabole. *Qui lui a donné le prémier? & il lui sera rendu.* L'indépendance absolue de Dieu, ou son *summum Jus*, dont on a tant disputé, consiste précisément en ceci, qu'il est maitre entre divers objets égaux, ou inégaux, de se déterminer comme il trouve bon. Cette liberté de choisir antécédemment à toute raison, indépendamment de toute règle, a lieu dans l'exercice de sa Bonté, par rapport aux divers objets sur lesquels elle se répand. Créer, ou ne créer pas; donner plus, ou moins; donner à l'un plus qu'à l'autre, ou plutôt qu'à l'autre &c. tout cela est indifférent par rapport à Dieu, dont
la

la Bonté infinie, comme la Puissance, demeure toujours infiniment au-dessus de ses effets, & n'agit jamais, comme s'exprime l'Ecole, *ad extremum virium.* Il ne rend point raison de cette conduite, & il n'y en a point d'autre à rendre, que son vouloir parfaitement libre. Quant à nous, nos libéralités les plus gratuites doivent toujours se régler sur quelque raison, parce que nous les exerçons envers des hommes qui sont nos égaux, nos semblables, & que nous sommes soumis comme eux à l'autorité d'un commun Maître. Mais pour Dieu qui est ce Maître suprême, quoique dans ses dons prévenans il agisse toujours par bonté, cependant, pour en régler le partage, il agit, non jamais à la vérité contre la Raison, mais d'une manière transcendante à tout motif ou raison particulière.

Voilà à peu près, Monsieur, toutes les remarques que me fournit la IV. *Lettre.* La suivante, je crois, nous en offrira davantage. Elle répond aussi à une nouvelle Objection: car c'est la manière de notre Auteur, de s'en faire adresser au besoin, pour avoir lieu de mieux développer ses idées, ou à mesure qu'il lui prend envie de passer d'un sujet à

F 3 l'aul'autre. La méthode n'est pas mauvaise. Vous allez donc voir un beau Panégyrique de la Religion Naturelle, qui par contre-coup rabaisse un peu la Révélation. Mais en vérité, Monsieur, il y a tant à admirer dans toutes les deux, que l'on auroit grand tort de faire ici comme ces Panégyristes indiscrets ou malins, qui ne savent louer leur Héros, qu'aux dépens de tous les autres. Je me prépare à discuter incessamment une matière si délicate. En attendant, écrivez-moi ce que vous pensez de mes réflexions précédentes, & me croyez toujours, votre &c.

VII. LETTRE.

Monsieur,

A TRAVERS l'approbation dont vous honorez mes Lettres, j'apperçois qu'une chose vous y déplait. Vous n'êtes nullement content que j'aye touché au grand Principe de notre Auteur sur la liaison nécessaire qui se trouve, selon lui, entre la pratique de la Vertu & le Bonheur de la Vie future. Cette idée vous en-

enchante. Vous ne doutiez pas qu'elle ne fût du nombre de celles que je vous ai promis de faire valoir ; & vous n'y sauriez trouver, après toutes mes réflexions, le venin que j'y découvre. C'est, ajoutez-vous ; & l'on ne pourroit en effet la munir d'un meilleur certificat d'Orthodoxie ; c'est précisément l'idée du Dr. *Scot*, dans son excellent Traité *de la Vie Chrétienne* ; idée adoptée par *Sherlock*, par *Tillotson*, & par quantité d'autres illustres Théologiens. Je me souviens parfaitement, Monsieur, de l'endroit du Livre auquel vous me renvoyez, & je n'en suis pas moins charmé que vous. Mais voyons un peu si vous ne vous feriez point mépris. Pour mieux éclaircir le fait, je vais traduire un morceau de l'endroit en question, qui renferme toute la doctrine en abrégé.

Il s'agit dans cet endroit, d'établir l'obligation indispensable où tout Chrétien se trouve de mortifier ses convoitises, s'il veut obtenir la Vie éternelle. L'Auteur fonde une telle nécessité sur deux raisons : l'une, prise de la Loi expresse que Dieu nous en fait dans l'Evangile : l'autre, tirée de la nature de la chose en elle même. Voici comme il

parle sur le second article. * ,, Quand
,, Dieu, par un libre Arrêt de sa souve-
,, raine Autorité, n'auroit pas exclus du
,, Salut ceux qui vivent dans le Crime,
,, cette exclusion n'en subsisteroit pas
,, moins pour eux, puisque la Félicité à
,, venir est tellement incompatible avec
,, le Vice, que rien ne peut réunir &
,, réconcilier ces deux choses. Cela ren-
,, ferme une vraie contradiction, qui ne
,, sauroit être l'objet de la Toute-puis-
,, sance elle-même. La preuve en est,
,, que le Bonheur étant de sa nature quel-
,, que chose de rélatif, suppose néces-
,, sairement une correspondance, une
,, proportion, un accord entre la facul-
,, té & son objet. Quelque excellent
,, que soit un objet en soi, s'il lui man-
,, que cette proportion avec la faculté
,, à laquelle il est offert, loin de réjouïr,
,, il afflige, il rend malheureux. Offrez
,, à quelqu'un qui manque d'oreille, la
,, Musique la plus délicate & la plus tou-
,, chante ; ce n'est-là pour lui qu'un bruit
,, importun & qu'un ennuyeux charivà-
,, ri. Cherchez à flatter le palais d'un
,, rustre, par les mets les plus exquis &
,, par

* *Christian Life*, Part. III. Chap. 6. *of Mortification*.

„ par les ragoûts les plus fins ; c'est peine
„ perdue, son goût rustique & grossier
„ les rebutera. Tout de même, vous auriez
„ beau placer un homme dans le Ciel,
„ au milieu des immortelles délices dont
„ ce bienheureux séjour abonde ; à moins
„ que le caractère & la trempe de son
„ Ame ne le disposât à les goûter, ce se-
„ roient pour lui des peines & des tour-
„ mens. Un tel homme se trouveroit à
„ la gêne dans le sein même d'Abraham :
„ allant à tâtons au milieu de la plus vi-
„ ve lumière, il chercheroit, pour ainsi
„ dire, le Paradis dans le Paradis ; & il
„ lui seroit impossible d'être satisfait de sa
„ condition, jusques à ce que quelque
„ révolution favorable eût changé son
„ goût, son tour d'esprit & les disposi-
„ tions de son Ame, pour les accorder
„ avec ce céleste état.

Comparez à présent, Monsieur, la doctrine de *Scot* avec celle des *Lettres* ; vous en sentirez la différence. L'Auteur des Lettres regarde la félicité d'une autre Vie, comme le fruit nécessaire des habitudes vertueuses qu'on aura contractées dans celle-ci ; parce que le Désordre étant inséparable de la Douleur, le Bonheur au contraire ou le Plaisir nait de l'Ordre, ou d'une bonne disposition mo-

F 5 rale,

rale, comme de sa source. De plus, il établit que ces souffrances, qui sont les suites du Vice, en deviennent le remède; parce que nous faisant haïr leur cause, elles nous portent à faire les plus grands efforts pour le détruire en nous corrigeant : Qu'ainsi l'infinie bonté de Dieu, qui veut absolument rendre toutes ses Créatures heureuses, se servira de ces peines dans l'autre Vie à l'égard des Pécheurs, au défaut des soins qu'ils auront négligé de prendre ici-bas pour leur sanctification, afin de les ramener à l'Ordre, & par conséquent au Bonheur. De tout cela il conclud, que les peines à venir sont purifiantes & salutaires, puisqu'elles conduiront tôt ou tard ceux qui les doivent endurer, à la Sainteté parfaite & au Bonheur éternel. Selon ces principes, la vraie Vertu acquise ici-bas, se trouve être la source du Bonheur futur, & doit faire après la mort le Paradis des Ames déja purifiées; tout comme les habitudes du Vice y fonderont l'Enfer du Pécheur impénitent, ou pour mieux dire, y prépareront son Purgatoire.

Cette idée singulière ne doit point se confondre avec celle du Docteur Anglois. Celui-ci présuppose diverses Vérités, rejettées par l'Auteur des Lettres. 1°. Le vrai

vrai démérite du Péché, & l'obligation qu'il nous impose de subir certaines peines par un juste Arrêt du Législateur, en vertu des loix de l'Ordre. 2°. Le besoin que nous avions du mérite de Jésus-Christ pour nous affranchir de ces peines, pour nous remettre en grace auprès de Dieu, & pour acquérir un droit à la Vie éternelle. 3°. Selon lui, le Paradis & l'Enfer emportent avec eux des récompenses & des peines proprement dites ; étant, celui-ci, la juste rétribution du Crime ; celui-là, une rétribution miséricordieuse, promise aux Pécheurs repentans, & assurée à la Vertu sincère, en considération du sacrifice de Jésus-Christ : de sorte que si l'Enfer est le partage inévitable de l'Impénitent, le vrai Régénéré peut se promettre la félicité du Paradis, non comme la suite nécessaire de ses Vertus, ou comme un effet de leur mérite, mais comme une pure grace de Dieu, ou comme un don, qui suppose bien nécessairement la Vertu, mais que Dieu pourtant étoit libre de ne lui point accorder.

Ces Vérites présupposées, un Pêcheur qui aura persévéré jusqu'à sa mort dans l'habitude du Vice, non seulement est exclus du Paradis par les clauses expresses de l'Alliance de Grace, mais il en est exclus par la disposition actuelle où la mort le surprend : Non seulement les Loix de l'Evangile le condamnent à l'Enfer, mais il porte dans l'autre Monde son Enfer avec soi. L'Auteur explique cela par la nature même de ces mauvaises habitudes, & par le pli ineffaçable qu'elles ont fait prendre à l'Ame de l'Impénitent. Ce pli est si fort, son inclination au mal si enracinée, & son goût pour le Vice si dominant, que supposé par impossible, que Dieu voulût ouvrir son Paradis à une telle Ame, loin d'y jouir de l'ineffable bonheur des Saints, elle s'y trouveroit très misérable.

Prenons pour exemple une Ame esclave des plaisirs des Sens, ou bien une Ame pleine d'Orgueil, d'Envie, de Malice, ce que le Dr. *Scot*, d'un seul mot, dont l'énergie ne sauroit passer dans notre Langue, appelle *Devilishness* : une Ame de ce caractère trouveroit le séjour du Paradis insupportable ; & loin de pouvoir prendre aucune part à ses joies, qu'elle sauroit pourtant être infinies pour ceux qui les goûtent, les objets dont elle y seroit frappée, les exercices où s'occupent ses bienheureux habitans, leur société même, tout cela ne lui inspireroit que dégoût, qu'ennui, qu'aversion ; tout cela

cela feroit sa honte & la mettroit au desespoir. Son antipathie pour le Ciel l'engageroit à l'abandonner, & lui feroit fuir ces bienheureuses demeures, devenues une espèce d'Enfer pour elle. La conclusion que *Scot* en tire, c'est l'indispensable nécessité qu'il y a pour le Chrétien, de dompter ses passions, de mortifier ses convoitises, & de se former un cœur pur, s'il veut jouir de la Béatitude éternelle. Il en conclud aussi l'inutilité dont est pour le Salut une repentance tardive, ou le regret des péchés commis, lorsqu'il n'est pas suivi d'un amendement réel. Il faut être net de cœur, pour voir Dieu; il faut s'être transformé dès ici-bas en un nouvel Homme par la pratique de la Vertu, pour être rendu capable de posséder l'héritage des Saints dans la lumière. Ce n'est pas une simple condition, que Dieu ait arbitrairement attachée au Salut; c'est une nécessité fondée sur la nature même des choses, que la sagesse de Dieu ne lui permet pas de changer. On peut bien dire à cet égard, que la Misère est inséparable du Vice, & que les déclarations de l'Evangile, envisagées sous ce point de vue, sont moins des menaces, que des avertissemens. *J'ai crié*, dit la souveraine Sagesse, *& ils ont refusé d'ouïr.* D'un côté, l'Ordre veut que le bonheur ne soit réservé qu'à la Sainteté: de l'autre, la nature des Etres moraux veut aussi, que la transformation d'un état de Vice à un état de Sainteté, se fasse graduellement, que ce soit le fruit d'un travail entrepris par l'Homme même, & poursuivi par des actes libres & des efforts réitérés, durant un certain tems d'épreuve que Dieu lui assigne.

Vous voyez, Monsieur, que rien de tout cela n'empêche la Félicité du Ciel d'être un don gratuït de la part de Dieu. Si l'on comprend dans cette Félicité tout ce qui en compose l'idée; l'assemblage des biens qui la doivent produire, le séjour glorieux où l'on en doit jouïr, la céleste Société qui servira à la redoubler en la partageant, enfin son éternelle durée; on verra que loin d'être inséparable de la Vertu par l'ordre & par la nature des choses, la Vertu la plus pure n'avoit aucun droit d'y prétendre. Mais autre chose est, mériter cette Félicité, ou la produire comme une cause produit son effet; ce qui, selon *Scot*, ne peut s'attribuer à la Vertu la plus parfaite : autre chose est, rendre une Ame susceptible de cette Félicité, la disposer convenablement

pour

pour en pouvoir jouïr ; ce qui eſt le privilège de la Vertu Chrétienne, ſelon ce Docteur.

N'eſt-il pas vrai, Monſieur, que vous aviez regret à une ſi belle idée, & que vous ne ſouhaitiez qu'on épargnât le Principe des *Lettres*, que par crainte qu'elle ne fût enveloppée dans la proſcription ? A préſent vous conviendrez, je m'aſſure, que la différence entre elles eſt trop grande pour les confondre. Et afin de vous mieux raſſurer là-deſſus, je vais approfondir un peu davantage celle de l'Auteur Anglois, en le défendant contre quelques Objections. Cela rendra ma digreſſion plus longue que je n'aurois voulu ; mais le ſujet eſt trop important & trop beau, pour ne me pas ſervir d'excuſe.

On oppoſe au Dr. *Scot*, en prémier lieu, que la ſeule vue du Paradis changeroit l'Ame impénitente que Dieu daigneroit y introduire, & la guériroit en un moment de ſes mauvaiſes habitudes, auſſi-bien que du goût pervers qui en réſulte. Il eſt naturel, dit-on, d'attribuer aux objets d'une autre Vie plus d'efficace ſur l'Ame, que n'en a la ſimple perſuaſion de ces objets. Car la Vue, qui eſt le plus haut degré de certitude, l'emporte nécessairement sur la Foi: ainsi la présence actuelle des gloires célestes, doit nous persuader mieux que toutes les preuves que la Foi nous en donne. Puis donc que la Foi régénère; puisque la seule persuasion qu'on a de l'existence de ces objets, sans les voir, suffit ici-bas pour convertir un Pécheur, pour le sanctifier, pour lui faire vaincre ses passions & ses mauvaises habitudes; n'y a-t-il pas tout lieu de croire que le simple aspect du séjour des Bienheureux, & du bonheur dont on y jouït, transformeroit en un clin d'œil l'Ame la plus corrompue?

A cela je réponds, que les motifs que la Foi nous présente, & qui la rendent le principe de notre régénération, changent l'Ame par une efficace morale; qui ne se déploie qu'avec le tems, & par degrés. A l'influence des objets de la Foi pour nous corriger de nos Vices, nous y concourons par des efforts sur nous-mêmes, qui sont déja un exercice de Vertu, & un commencement d'amour pour elle. La persuasion d'une autre Vie fortifie cet amour avec le goût des vrais biens, comme cet amour & ce goût affermissent à leur tour cette persuasion, & nous rendent dociles aux Vérités de la Foi. Aussi, quand l'amour du Vice est trop

trop fort, ce qui ne manque pas d'arriver lorsque son habitude nous tyrannise, la Foi ne sauroit prendre racine dans l'Ame. Au fond, l'Incrédulité, toujours volontaire dans son principe, n'est qu'une préférence qu'on donne au Vice sur la Vertu. La Foi, en qualité de persuasion fixe des objets invisibles, ne s'introduit pas tout d'un coup; c'est un amour naissant, c'est un commencement de goût pour le vrai Bien, qui nous y dispose. Dès qu'elle se trouve solidement établie dans l'Ame, elle y affermit ce goût, sans doute, & le défend contre l'amorce des passions; mais elle ne s'y établit que quand l'Ame étant déja demi-purifiée, le goût des faux biens s'y est déja considérablement affoibli. Par-là, il sera aisé de comprendre comment, quoique la Foi change l'Ame, & la délivre de ses mauvaises habitudes, la vue des objets de la Foi ne produiroit point cet effet. Cette vue convaincroit l'Esprit, mais elle ne sauroit changer subitement la pente vicieuse, ou le mauvais pli que l'Ame auroit pris: pente qui doit être étrangement forte, pli qu'on doit regarder comme ineffaçable dans un Impénitent, qui malgré les lumières, les preuves, les motifs

de

de la Foi, s'est endurci dans le Vice jusques à sa mort.

La Foi, envisagée comme source de sanctification & de dispositions célestes, est donc moins un jugement actuel de l'Esprit, qu'une habitude acquise par des efforts courageux, par divers actes de préférence de la Vertu au Vice; habitude qui nous inspire de l'horreur pour celui-ci, & de l'amour pour celle-là. Non, Monsieur, désabusons-nous de cette erreur; ce n'est jamais en un moment que les changemens moraux s'opèrent, & qu'à une disposition régnante en succède une autre tout opposée. Du moins, si la Grace a fait de pareils miracles, j'ose soutenir que le cas est plus rare que celui de la résurrection d'un Mort, & ne sauroit tirer à conséquence pour ses Loix ordinaires, qui s'ajustent autant qu'il se peut avec le cours de la Nature. De-là concluons sans balancer, que la seule vue du Paradis ne transformeroit point un Pécheur d'habitude, qui auroit résisté toute sa vie aux attraits de la Grace & aux motifs de la Religion. Cela ne seroit non plus possible dans l'Ordre établi de Dieu, qu'il l'est ici-bas, que l'évidence des preuves de la Religion venant à se présenter à l'Ame, puisse tout à coup, d'un Scélérat faire un Saint.

On

On dira peut-être, que le Vice consistant proprement dans un mauvais amour, ou dans l'amour des faux Biens, il suffiroit de nous en détromper; & de nous faire sentir leur vanité, pour nous inspirer le bon amour qui est la racine de toute Vertu; & que la vue des vrais Biens de l'autre Vie guérissant cette erreur, inspireroit ce nouvel amour; que par conséquent il ne manque à l'Ame vicieuse, que de connoître avec certitude le vrai Bien & d'en pouvoir jouïr, pour l'aimer; deux suppositions, qu'admet l'hypothèse de *Scot*, en plaçant l'Ame de l'Impénitent dans le sein du Paradis. Mais on se trompe. J'avoue que l'erreur qui prend le faux Bien pour le véritable, fait naître ce mauvais goût, & le fortifie; mais ce goût, cet amour une fois devenu dominant & habituel, on ne le détruit point en dissipant l'erreur, & en offrant soudainement à l'Ame la vue du vrai Bien. Il lui faut du tems, pour changer des dispositions que le tems y a formées. Après tout, ce qu'on qualifie de faux Biens, ce sont des Biens réels dans leur espèce, quoiqu'ils soient très disproportionnés à l'excellence de notre nature. La préférence habituelle que nous leur aurons donnée sur ceux d'un genre

plus

plus noble, ne permet point que notre Ame s'en détache sans de longs efforts de réflexion & de raison. Et ce qui a lieu dès ici-bas, pour tous les Vicieux d'habitude, l'auroit dans l'autre Monde, pour un Pécheur qui seroit mort dans l'impénitence. Il suffit aujourd'hui à nos Libertins, pour s'affermir dans leur Incrédulité, d'aimer mieux les ténèbres que la lumière : par leurs seuls souhaits, ils savent résister aux preuves évidentes de la vérité de la Religion. Après la mort, une Ame impénitente sauroit de même résister à la vue claire du vrai Bien : dans le sein du Paradis, elle soupireroit après ceux qu'elle a quittés. Il n'y auroit tout au plus que les Ames flottantes, qu'une pareille vue pourroit fixer ; mais après l'épreuve accordée, elles sont trop indignes qu'on leur fournisse un pareil moyen de conversion. Dans toutes les autres, l'inclination déterminée vers le mal, les exclurroit du Bonheur : car ce n'est pas assez de voir le vrai Bien, il faut le goûter, pour en jouir; & l'habitude vicieuse exclud ce goût. Il viendroit, dira-t-on. Mais en attendant, quel état seroit celui-là ! & comment le définir ? Il ne seroit ni épreuve, ni récompense, & seroit les deux à la fois. Mais la Sagesse

DE LA RELIGION. *Lettre VII.* 141

gesse de Dieu lui permet-elle de mêler ces deux choses? & conçoit-on bien quelque milieu entre l'une & l'autre?

Il est si vrai que la connoissance & la certitude du vrai Bien ne suffit pas pour sanctifier une Ame corrompue, que l'on supposeroit transportée dans le Paradis, que dès ici-bas même elle méprise ce vrai Bien, malgré la connoissance certaine qu'elle en a. Car il peut s'obtenir dès ici-bas, & rien n'empêche qu'on n'en jouisse, puisqu'on le trouve dans l'amour de Dieu & dans la pratique de la Vertu, qui nous procurent un genre de bonheur véritablement assorti à la dignité de notre nature, ce que tous les biens & tous les plaisirs du Monde ne sauroient faire. Cependant il arrive tous les jours, que des hommes assez éclairés pour faire ce discernement, préfèrent au vrai Bonheur ces mêmes objets dont leur propre expérience leur avoit montré mille fois le vuide & la vanité; parce que la pente de la corruption les y entraine, & leur a gâté le goût. Témoin le mot si connu: *Video meliora, proboque, Deteriora sequor.* Ce *meliora* ne doit pas s'entendre seulement du Devoir, précisément envisagé comme tel; mais du Bonheur de l'Ame que la Raison nous montre comme le plus solide, de, & que par un goût dépravé nous la crifions pourtant à celui des Sens. Après cela, qu'y a-t-il d'inconcevable à suppofer que ce même dégoût pour les Biens fpirituels, pour les plaifirs de la Vertu, un Impénitent le porteroit jufques dans le Paradis, fi Dieu lui en daignoit ouvrir l'accès?

Quoi! me direz-vous, un tel homme haïroit le Paradis? Il cefferoit donc d'aimer le fouverain Bien? Nullement. Il demeureroit dans la même difpofition où il fut ici-bas, qui eft de defirer le fouverain Bien, & de le refufer quand on le lui montre; de l'aimer d'un amour vague, fans le vouloir connoitre, & de s'obftiner à le chercher où il n'eft pas. C'eft même cette ardente foif du Bonheur, cet invincible defir du fouverain Bien, jointe à une opiniâtre averfion pour ce qui eft en effet le fouverain Bien, qui fera le fond de la mifère des Réprouvés dans l'autre Vie, après avoir fait leur folie dans celle-ci.

Mais pour décharger ce Paradoxe de tout ce qui pourroit y refter de difficulté, diftinguons de trois fortes de Plaifirs. 1°. Les Plaifirs du Vice. 2°. Ceux de la Vertu, c'eft-à-dire, ce Bonheur dont il n'y a qu'une Ame vertueufe qui foit fufceptible;

tible: celui, par exemple, que produira la vision de Dieu, l'exercice d'une Charité parfaite, la société des Saints glorifiés. 3°. Enfin, ces Plaisirs dont il n'y a véritablement aucune contradiction que les Vicieux puissent jouïr, aussi bien que des Vertueux, mais que la Vertu seule mérite d'avoir pour récompense. Par les biens de ce dernier ordre, j'entends un entier affranchissement des misères de la vie humaine, l'exemption de toute douleur, & ces impressions agréables qu'un Corps heureusement disposé peut transmettre à l'Ame de la part des objets sensibles, dans un séjour aussi brillant de magnificence & de gloire, que le doit être celui des Bienheureux. Le Paradis joint ce dernier ordre de biens, aux biens que j'ai rangés dans la seconde Classe, opposée à la prémière, comme les plus excellens, savoir ceux dont une vraie Sainteté peut seule nous rendre susceptibles. Cela posé, qu'arriveroit-il à un Impénitent que la Miséricorde introduiroit dans le Ciel? Il y jouïroit, me direz-vous, de la troisième espèce de plaisirs. Oui: mais en prémier lieu, il seroit indigne d'en jouïr; & quoiqu'absolument parlant, la jouïssance qu'il en auroit, n'eût rien de contradictoire à la nature des choses,

un

un tel bonheur seroit trop opposé à l'Ordre de la Sainteté Divine, pour permettre qu'il en obtînt la possession. J'ajoute en second lieu, que l'absence des plaisirs du Vice, lesquels le Paradis exclud nécessairement, & par conséquent la privation totale de ces objets que le Vicieux préfère à tout, ne pourroit que le rendre très misérable. Joignez à ce que j'ai dit, son dégoût invincible pour ceux où les Ame béatifiées mettent leur bonheur & leur joie : joignez-y l'opposition entière d'inclinations & de sentimens, qu'il découvriroit entre lui & la Société avec laquelle il auroit à vivre ; opposition qui feroit son desespoir, parce qu'en le couvrant de honte, elle lui reprocheroit sans cesse l'horreur de ses pentes criminelles, sans l'en pouvoir corriger ; je soutiens que tout cela mis ensemble le rendroit insensible aux charmes du Paradis; & que non seulement les douceurs les plus exquises que l'on goûte dans ce glorieux séjour, seroient autant de perdu pour lui, mais que dès-lors il cesseroit d'y jouïr de la seule espèce de biens qu'il fût capable d'y goûter ; & que l'Enfer intérieur qu'il porteroit dans son Ame, lui feroit de ce lieu de délices un lieu de tourment.

Il est donc clair, que de quelque manière

quoi qu'on le prenne, les Loix de l'Ordre interdisent au Vicieux la béatitude de l'autre Vie, & lui ferment la porte du Paradis ; soit que vous entendiez ici par l'Ordre, la conduite que Dieu tient envers les Etres intelligens, conformément à la nature même de ces Etres; soit que vous envisagiez l'Ordre comme renfermant les règles invariables de la Justice. Le Bonheur à venir ne sauroit être fait pour les Impénitens. Ils en sont indignes d'un côté, & incapables de l'autre. Le même obstacle qui les exclud des plaisirs dont il n'appartient qu'à la Vertu de jouir, parce qu'elle est seule capable de les savourer, les exclud également de ceux qui la suivent comme son légitime appanage. Tant il est vrai que toutes les parties qui composent l'édifice de notre Félicité, ont entre elles une harmonie & une enchainure que rien ne peut rompre. Ainsi, quand même une exception favorable, faite à l'Ordre de la Justice pour le Pécheur d'habitude, l'auroit placé dans le Paradis ; par un autre Ordre, qui résulte de la nature des choses, il y trouveroit son Enfer.

Mais ne pourroit-on point encore objecter au Docteur Anglois, que les mauvaises habitudes prenant leur origine dans

Tome I. G le

le Corps, celui-ci une fois détruit, elles doivent perdre toute leur force? Tel est le commerce intime du Corps avec l'Ame, que les Vices de l'Ame, & même les plus spirituels, tiennent au Corps par les racines de l'habitude. On sait que le cerveau est le siège de toutes les nôtres; que toutes nos passions sont excitées par les divers mouvemens du sang & des esprits; & que c'est l'impression des objets sensibles sur nos organes, qui fait naitre nos diverses pentes, qui les réveille, qui les entretient. Cela posé, il semble que l'Ame du Vicieux étant une fois séparée de son Corps, n'aiant plus ni cerveau, ni organes qui la plient d'un certain côté, ni sang ni esprits pour nourrir ses passions, ni objets sensibles qui les enflamment; dès-lors elle ne doit plus se sentir entrainée vers les faux biens; que dès-lors le lien fatal qui l'enchainoit au Vice doit se rompre ; & que rien ne l'empêcheroit de s'attacher à la Vertu, de la goûter, & par conséquent de jouïr du Paradis, si les Loix de la Justice divine permettoient qu'il lui fût ouvert.

Ce raisonnement peut se fortifier par une nouvelle considération, prise de ce qu'ici-bas même le Pécheur d'habitude est plus susceptible de retour vers le bien,
en

en certains tems que dans d'autres. Retranchez à un Débauché les occasions de débauche, écartez les objets qui irritent sa passion, prenez-le dans l'heureux moment où ses sens calmés laissent son Ame paisible ; vous le trouverez docile aux leçons de la Sagesse, & il n'y auroit pour le rendre solidement vertueux, qu'à pouvoir prolonger une trève si favorable. Or, dira-t-on, si tel est l'effet d'une simple suspension des influences du tempérament & de l'action des objets sensibles, quel changement ne devroit pas produire dans l'Ame du Pécheur son entier divorce avec le Corps, par où s'anéantit cette funeste influence, & quel obstacle traverseroit celle que les grands objets du Paradis doivent avoir naturellement sur cette Ame pour la sanctifier ?

Cette Objection, tout éblouissante qu'elle paroît, n'a nulle solidité. Il est bien vrai que le Corps est le grand séducteur de l'Ame, & qu'il l'entraine par sa révolte; il est bien vrai que nos Sens sont la source de toutes nos mauvaises pentes, & que c'est par l'entremise du Corps que l'Ame contracte ses habitudes dans l'état d'union, & qu'elle s'y affermit. Mais de-là ne s'ensuit pas qu'elle les dépouille, en dépouillant le Corps:

car

car l'Ame distincte du Corps, étant le sujet d'inhérence de ces habitudes, par rapport à ce qu'elles ont de spirituel & de moral, il paroît qu'elle les doit conserver après les avoir une fois acquises, quoiqu'elle ait perdu l'organe matériel qui lui servoit d'instrument pour les acquérir, & que cette perte la mette dans l'impuissance d'en exercer les actes, en ne lui laissant que des goûts inutiles & des desirs sans effet. Dans l'état de séparation, ces habitudes ne se fortifieront plus, j'en conviens, faute d'exercice; mais aussi, il sera impossible qu'elles s'affoibliront, faute d'un nouveau tems d'épreuve qui fournisse à l'Ame les moyens de produire des actes contraires. Vous n'appellerez point cela des Habitudes, si vous voulez; vous l'appellerez une disposition mauvaise que l'Ame a contractée. Ce sera une pente déterminée vers les faux Biens, laquelle exclud nécessairement le goût, l'amour du vrai Bien. Cette pente fera le malheur de l'Ame séparée, parce qu'elle l'empêchera, d'un côté, de desirer les Biens célestes, & qu'elle l'empêcheroit par conséquent d'en jouïr, quand même ils lui seroient offerts; tandis que, de l'autre, elle lui fera sentir douloureusement la privation éternelle

des

des objets charnels, vers où cette malheureuse pente l'incline.

J'avoue qu'ici-bas la passion, ou l'habitude du Péché, laisse au Vicieux de bons intervalles, durant lesquels ses propres réflexions, la connoissance des Vérités de la Foi, les puissans attraits de la Grace, peuvent commencer avec succès, & même avancer considérablement l'ouvrage de sa transformation. Mais c'est que le Pécheur s'y trouve dans une Oeconomie qui lui fournit mille secours pour détruire insensiblement ses criminelles habitudes, par des actes, & ensuite par des habitudes contraires; secours que l'état de séparation ne fournit plus. Ici-bas l'éloignement des occasions & des attraits du Péché, n'en détruit dans une Ame ni l'habitude ni le goût: cet éloignement ne fait autre chose que favoriser l'opération de la Grace, qu'ouvrir la porte du cœur aux Vérités sanctifiantes, que donner lieu aux bons desirs, aux actes vertueux, aux résolutions saintes qui, petit à petit & par degrés, forment les bonnes habitudes. Mais ces divers secours de l'état d'épreuve ne se trouvent plus après la mort, qui termine cet état. Toutes ces circonstances nécessaires pour opérer dans l'Ame, convenavenablement à sa nature, une entière métamorphose, disparoissent dans l'autre Vie, & le soudain aspect du Paradis ne sauroit les suppléer. Concluons donc avec le Sage *, que *du côté que l'Arbre tombe, il y demeure couché*; & ne cessons d'admirer en cela la merveilleuse harmonie de la Sagesse de Dieu avec sa Justice. D'un côté, le Vicieux qui meurt dans l'impénitence, mérite d'être puni de son endurcissement au mal, de son ingrate résistance aux efforts de la Miséricorde, & de sa folle obstination dans ses mauvais choix. Après avoir abusé à ce point des *richesses de la patience & de la longue attente divine*, il est indigne d'obtenir un nouveau délai. Voilà l'Arrêt de la Justice. D'autre part, telle est sans doute la nature des Etres moraux, que l'impénitence finale d'un Pécheur, sous une Oeconomie de grace, rend incurables les maladies de son Ame. Est-il étonnant que sa malice étant montée au degré de celle des Démons, elle l'assujettisse à partager les misères de ces malheureux Esprits? En cela, la Sagesse divine suit ses règles. Et cette Sagesse, unie avec la Justice, forme cet Ordre immuable dont les Loix con-

* *Ecclés.* Ch. XI. v. 3.

condamnent l'Impénitent à une misère sans fin.

Mais, me demanderez-vous, Monsieur, quel jugement doit-on porter de ces Ames foibles, qui flottérent toute leur vie du bien au mal, & qui, pour s'exprimer de la sorte, meurent indécises entre le Vice & la Vertu ? Quelle application le principe de *Scot* peut-il avoir à leur égard ? Ne semble-t-il pas que le spectacle de la Gloire céleste seroit capable de les fixer au bien ? Cela peut être. Observons seulement ici diverses choses.

En prémier lieu, notre illustre Théologien ne parle que des Pécheurs endurcis dans l'habitude du Vice, & morts dans ce fatal endurcissement. Il est visible qu'ils appartiennent à une Classe bien différente de celle des Chrétiens dont vous me parlez. 2°. S'il y a un problème délicat, & pour dire plus, s'il y en a quelqu'un d'insoluble dans la Morale, c'est de définir au juste l'état de ces Ames flottantes, & de séparer par des bornes bien précises, celui d'une vraie Régénération commencée, d'avec celui d'un Pécheur qui combattu par ses remords, forme quelques desirs pour la Vertu, & se donne de tems en tems quelques se-

cous-

couſes pour s'arracher du ſein du Vice. Qui nous développera le fond d'une Ame foible? Qui nous dira ſi c'eſt la Charité qui y prédomine, ou ſi c'eſt la Cupidité? Car à l'inſtant de la mort, ce doit être certainement l'un ou l'autre. Dieu ſeul voit l'intérieur de ces Ames qui nous paroiſſent indéciſes, & en connoit le principe dominant. Lui ſeul peut dire ſi l'Arbre eſt bon, ou s'il eſt mauvais. Lui ſeul diſcerne avec évidence la vraie Vertu foiblement enracinée, & qu'ébranle encore la révolte des paſſions, d'avec un Vice chancelant, que les remords empêchent de ſe rendre paiſible poſſeſſeur de l'Ame.

Enfin, Monſieur; car je tâche d'épuiſer ici les difficultés où la thèſe de *Scot* peut être expoſée; du changement que la Grace opère dans les Fidèles au moment de leur mort pour achever de les purifier, & de les rendre dignes du ſéjour céleſte, on n'en ſauroit conclurre la poſſibilité d'une transformation totale & ſubite pour les Ames impénitentés au ſortir du Corps; & ce n'eſt point une choſe qui ſe puiſſe raiſonnablement objecter au Docteur Anglois. Car à la mort, il s'agit uniquement de ſavoir, quel principe étoit en règne; ſi c'eſt le bon, ou ſi c'eſt

le

le mauvais Amour. Notre Sainteté sur la Terre demeure toujours imparfaite, parce que, quoique le bon Amour ait prévalu, le commerce empoisonné d'une Chair corrompue y entretient toujours un fonds de Cupidité, & qu'opposant la révolte de Sens à cet Amour, il couvre nos Vertus de diverses taches. Mais aussi, l'obstacle qui traversoit l'efficace du bon Principe étant une fois détruit avec le Corps, ce céleste Principe ne peut manquer de se déployer dans toute l'étendue de l'Ame.

Ne voyez-vous pas, Monsieur, qu'il est incomparablement plus difficile de changer le courant d'un Fleuve, en l'obligeant à remonter vers sa source, qu'il ne l'est de lever l'obstacle qui retardoit son libre cours? Une Ame Chrétienne prend dès ici-bas son vol vers le Ciel; mais le poids de la Cupidité le ralentit. Débarrassez l'Ame de ce lourd fardeau; elle ne tardera pas d'arriver au Ciel, & d'atteindre à la Sainteté parfaite. Il ne s'agit ici que de seconder l'heureuse pente qu'elle avoit déja : au-lieu que le Pécheur d'habitude auroit besoin que l'on fît violence à ses inclinations, pour lui en inspirer de toutes contraires. Ne soyez donc point surpris, si l'instant de la mort consomme dans le Régénéré la sanctification commencée, & le délivre des restes de sa corruption, tandis qu'il ne peut transformer le Vicieux en un nouvel Homme.

Et qu'on n'aille pas imaginer dans l'autre Vie un je ne sai quel Purgatoire pour les Ames, qui n'a ni fondement dans la Raison, ni garant dans l'Ecriture. Non, l'épreuve réelle, le vrai Purgatoire des Ames, c'est la Vie présente : c'est ici-bas qu'elles doivent vaincre les passions, aimer Dieu par un libre choix, & prendre décisivement leur parti entre le Vice & la Vertu. Il est vrai que chez les plus grands Saints, la cupidité mal éteinte rend encore contre l'Amour de Dieu quelque combat; mais c'est par ce combat même que cet Amour prend des forces, qu'il manifeste sa sincérité, qu'il établit sa supériorité dans l'Ame. Ainsi, l'imperfection accompagne toujours l'épreuve ; mais l'épreuve finie, l'imperfection cesse, & l'Ame Chrétienne une fois délivrée des rudes attaques que lui livrent la Chair & les Sens, l'Amour divin victorieux achève sans peine de la purifier.

Ne vous appercevez-vous pas, Monsieur, que nous nous écartons trop de l'Auteur des *Lettres* ? Votre incident m'y a en a engagé, & la beauté de la matière m'entraînoit. Mais je crois pourtant que nous nous trompons l'un & l'autre, & qu'en effet je n'ai point perdu de vue mon principal objet. L'idée de cet Auteur sur les Peines & les Récompenses à venir, qui est une des grandes Clés de la prétendue *Religion essentielle*, empruntoit de sa légère ressemblance avec celle du Dr. *Scot*, un faux éclat dont il importoit de la dépouiller. En approfondissant celle-ci, en découvrant les solides fondemens sur lesquels elle s'appuye, on se convainc d'autant mieux de la fausseté de celle-là; on est mis à portée d'en sentir plus parfaitement l'avantage d'une Doctrine toute Chrétienne, telle qu'est assurément celle que je viens d'exposer, par-dessus les creuses chimères qu'enfante le cerveau de nos nouveaux Philosophes. Mais en voilà suffisamment pour aujourd'hui. Dès demain, Monsieur, je reprends l'examen des *Lettres*, bien résolu de les suivre desormais pied à pied. Je suis &c.

VIII. LETTRE.

Nous en sommes demeurés, si je ne me trompe, à la V.ᵉ *Lettre*, qui traite de la Religion Naturelle, & des différences qui la peuvent distinguer d'avec la Religion Révélée. Cette question n'embarrasse guere notre Auteur; elle lui paroît aisée à résoudre, dès que l'attachement & la vénération pour les Mots n'en impose pas. Car il en veut beaucoup à cet entêtement ridicule qui seul a produit tant de querelles envenimées, tant de guerres, plus irréconciliables, plus bruyantes dans leurs éclats, plus funestes dans leurs effets, que celles que les Princes se font entre eux. Il espère cependant que le crédit des mots commençant à tomber, & les Esprits de notre tems se trouvant plus disposés que jamais à ne se payer que de raisons & de réalités, on verra tarir enfin la source de ces malheureux débats. Dieu le veuille! Notre Siècle du moins, plus modéré que les précédens, promet beaucoup à cet égard. On s'y est extrêmement moqué des *Logomachies* des Savans, & sur-tout de celles

les des Théologiens. Tant mieux. Mais aussi, n'y a-t-il point à craindre, que pour donner plus facilement l'exclusion à des choses très importantes, on ne les veuille faire passer pour des mots? Ce ne seroit pas la première fois que ce qui sert à corriger des abus, a fourni l'occasion d'en introduire d'autres, & qu'un nouveau mal est sorti du sein du remède: tant l'Esprit humain est sujet à tout corrompre! Tenons-nous donc alertes, mon cher Monsieur, & voyons si dans la question présente notre Auteur n'en veut qu'à l'équivoque des mots; ou si sous ce prétexte, ce ne seroient point des réalités qu'il attaque.

* ,, *La Religion naturelle*, dit-on, *est*
,, *de beaucoup inférieure à la Révélée.* Cet-
,, te Proposition me paroît louche, & je
,, doute que l'on entende bien soi-même
,, ce que l'on dit." Pardonnez-moi, on l'entend très bien, & cette Proposition s'explique aisément. La Religion Naturelle sert de base à la Révélée; elle fait partie d'un même édifice, & par conséquent elle entre toute entière dans le Système de Doctrine qu'enseignent nos Ecritures. L'une de de ces Religions n'est donc

---

* Page 62.

donc inférieure à l'autre, que comme la Partie l'est à son Tout, ou comme une Ebauche l'est au Tableau fini de la main du Peintre. Ce ne sont point deux choses distinctes & indépendantes, que l'on compare entre elles ; ce sont différens degrés de perfection d'une seule & même chose. En ce sens, la Religion Naturelle est inférieure : car dans l'état présent du Genre-humain, ce n'est point une Religion complette ; elle attend de la Révélation le supplément de ce qui lui manque pour se proportionner exactement aux besoins de l'Homme. De plus, la Religion Naturelle prise à part, ni par le genre de félicité qu'elle nous propose pour but, ni par la nature des moyens qu'elle nous fournit pour nous y conduire, n'égale la sublimité de la Religion Révélée. Celle-ci, comme notre Auteur l'observe, doit être pour les Hommes, ce que l'Education est pour les Enfans ; & en vérité, il ne pouvoit employer une Comparaison plus juste. Le but de l'Education est de perfectionner la Nature, non de la détruire : elle bâtit sur ce fonds, & le cultive. L'Auteur auroit bien fait d'ajouter, que ce fonds rend peu, s'il n'est cultivé, & qu'il en est de ce que l'Homme peut par ses seules
Lu-

Lumières naturelles, en le comparant à ce qu'il peut aidé de celles de la Révélation, comme d'un Enfant abandonné à son propre naturel, si on le compare avec un autre Enfant qu'on aura élevé avec soin. Gardons-nous donc d'opposer autrement Religion Naturelle à Religion Révélée, que comme on oppose la Partie au Tout; & contentons-nous de dire, que tout Système de Religion que l'Homme se peut former par le secours de ses propres Lumières, est très inférieur à celui que la Révélation nous offre; & que ce que le plus grand Philosophe du Monde peut nous apprendre sur ce sujet, demeurera toujours fort au dessous de ce que la Parole de Dieu nous enseigne. Je pense que notre Auteur aura quelque peine à réfuter cette Proposition, & qu'il n'en aura pas moins à la concilier avec ses maximes.

Il consent que la Révélation mette en œuvre nos facultés naturelles; mais il ne peut souffrir qu'elle leur soit substituée, c'est-à-dire, qu'on mette jamais son autorité à la place du Raisonnement. Une telle substitution lui paroît injurieuse à notre nature intelligente. Cependant, cette substitution de l'Autorité au Raisonnement est d'une absolue nécessité en

mil-

mille rencontres. Sans elle, tout est bouleversé dans la Société civile. A moins d'admettre une telle Autorité, qui nous oblige dès qu'elle est une fois reconnue, & qu'on entend ce qu'elle ordonne, adieu toute subordination. Plus de droit de commander, plus de nécessité d'obéir. Dès-lors un Législateur ne peut plus dire à ses Sujets, un Maitre à ses Domestiques, un Père à ses Enfans : *Sic volo, sic jubeo* : Faites cela, car telle est ma volonté : il faudra qu'il ne cesse de raisonner avec eux, pour tâcher de les amener par persuasion à ce qu'il souhaite. Je vous laisse à penser dans quelles confusions jetteroit une pareille maxime. Et qui ne voit qu'en fait de Religion, la voie d'une Autorité divine n'est pas moins nécessaire dans l'état présent, pour fixer les hommes, ou trop sujets à se perdre dans leurs raisonnemens sans fin, ou trop grossiers pour découvrir par ce moyen les Vérités & les Devoirs qui les intéressent, ou trop légers pour se fixer à ce qu'un rayon de Lumière naturelle leur aura découvert, ou sur-tout trop indociles pour y soumettre leur conduite? Attendra-t-on, pour diriger l'Homme dans la voie du Salut, qu'il ait lui-même remonté jusqu'aux Notions primitives,

pour

pour en déduire toutes les Vérités qu'il lui importe de connoitre, & tous les Devoirs qu'il doit pratiquer ? Hé ! qui sait comment il s'acquittera de cette tâche ? Ce seroit l'abandonner à son caprice, & le laisser exposé sans ressource aux plus étranges égaremens. Non, il a besoin d'une Autorité à laquelle il puisse soumettre son Cœur & son Esprit. Soumission qui n'empêche pas que sa Conscience ne discerne la justice des Préceptes divins, & que de plusieurs des Vérités que la Révélation lui atteste, il ne puisse aussi s'en convaincre par la Raison. Mais la Révélation a cet avantage, qu'en établissant sur le témoignage divin certains Dogmes importans, elle nous donne un fil pour guider notre Raisonnement, en nous montrant où ses conclusions doivent aboutir. Ces Dogmes sont autant de points fixes, qui tracent à notre esprit, trop sujet de lui-même à s'égarer, la vraie route qu'il doit suivre.

Le procédé du Maître d'Arithmétique,* qui donneroit à son Disciple un Livre de Règles toutes faites, & lui diroit de croire, en le dispensant de calculer, seroit

* *Relig. essent.* pag. 63.

roit ridicule ; car sa vocation l'appelle à enseigner le Calcul. On attend de lui qu'il mette son Disciple en état de s'assurer par lui-même des divers rapports des Nombres, & de leurs produits, sans s'en reposer sur la bonne foi d'autrui. Loin donc de laisser oisives les facultés de son Disciple, il doit les cultiver & les exercer. D'ailleurs, faillible lui même, il ne peut lui faire adopter ses propres Calculs sur son autorité seule. S'il étoit infaillible, cela changeroit la thèse. Alors son Livre de Règles toutes faites deviendroit très utile, tant à ceux dont l'esprit est peu propre à cette Science, qu'à ceux qui dans ses Calculs tout faits trouveroient une pierre de touche pour s'assurer de la justesse des leurs, ou pour en rectifier les mécomptes.

On feroit une Comparaison plus juste, si l'on disoit que la Révélation est au commun des hommes, par rapport à la pratique de leurs Devoirs, ce que le secours d'un habile Géomètre est aux Ouvriers pour la pratique des Arts. Il leur met en main des Règles, des Mesures, des Méthodes utiles pour leurs différens travaux. Ces Méthodes auxquelles on se fie, & qui dirigent l'opération manuelle, sont le fruit d'une fine Théorie, d'un profond Cal-

Calcul, où l'Ouvrier n'a garde d'entrer, s'en reposant pleinement sur le savoir du Géomètre.

* „ Ce Livre porte, dites-vous, des „ Caractères de Vérité qui doivent le „ faire recevoir. Très bien. Vous n'exi- „ gez donc plus de moi de croire sans e- „ xamen, puisque vous m'invitez vous- „ même à juger de ce Livre par les Ca- „ ractères qu'il porte. Mais quelle sera „ la base du jugement que j'en porterai? „ Quelle règle me servira de mesure pour „ discerner ce que vous appellez des Ca- „ ractères de Vérité? Il faut pour cela „ que je sois à portée de consulter des „ Principes de Vérité, que j'y puise l'i- „ dée de ces Caractères." Sans contredit. Il vous faut des Principes évidens, qui vous montrent que ce Livre vient de Dieu. Mais ensuite, la Divinité de ce Livre bien prouvée, vous prouve à son tour la vérité de la Doctrine qu'il contient, sans que vous ayez besoin de vérifier tous les points de cette Doctrine par votre propre raisonnement. C'est un examen d'une longueur infinie, dont vous ne viendriez jamais à bout, & que vous épargne la voie d'une Autorité re-
con-

---

* *Ibid.* pag 64.

connue pour divine à certains Caractères manifestes. L'Auteur a-t-il dû confondre deux choses aussi distinctes, que le sont la recherche de l'origine d'un Livre, & celle de la vérité des Dogmes que contient ce Livre ? A-t-il pu regarder la première de ces recherches comme aussi pénible que la seconde ?

„ De-là il paroît bien sensiblement,
„ poursuit-il, que la Religion Révélée
„ tire toutes ses preuves de la Religion
„ Naturelle ; que celle-ci est l'ame & le
„ principe, que l'autre n'est que le mo-
„ yen qui doit servir à la développer &
„ à la déterrer, pour ainsi dire, dans
„ l'Homme qui l'ensevelit."

La Religion Révélée se sert pour nous prouver sa Divinité, ou pour nous en faire discerner les Caractères, de cette même Raison qui nous enseigne la Religion Naturelle ; & non seulement elle suppose celle-ci, non seulement elle la déterre & la développe, mais elle y joint de nouvelles Vérités, non déduites de celles que la Religion Naturelle nous enseignoit, mais fondées uniquement sur l'autorité de Dieu, & qui, sans avoir avec ces premières l'évidente liaison des conséquences avec leurs principes, s'y lient par le commun rapport des unes & des au-

utres à un même but, savoir la Gloire
de Dieu & le Salut de l'Homme.
* ,, Abel, Noé, Enoch n'en avoient
pas d'autre (d'autre Religion que la Naturelle.) Ce qu'on nomme Religion Révélée n'est venu ensuite que comme un
moyen pour réprimer les hommes qui
s'en écartoient. Qu'étoit-ce donc que
es promesses de Grace, celle en particulier d'un Rédempteur, qui furent faites à
es Patriarches ? Qu'étoit-ce que les diverses Révélations dont Dieu les honora ?
l'Auteur, obligé de convenir de ces Révélations, ajoute, que ce qu'il dit là, doit
entendre *d'une Révélation écrite, que ces
ommes justes n'ont point connue.* Mais,
u'importe la manière dont ils la reçurent ? puisqu'écrite ou non, elle ajoutoit
à la Religion Naturelle des promesses
urnaturelles, qui fondoient de nouvelles
élations entre l'Homme & Dieu, & par
onséquent de nouveaux devoirs. Au reste, il est très vrai que la Révélation est
n moyen dont Dieu se sert pour rappeller les hommes au grand but dont
eur corruption les écartoit, qui est la
ainteté & le Bonheur ; mais on ne peut
nférer de-là, que les Lumières révélées
n'ont

---

* *Relig. essent.* pag. 66.

n'ont aucune supériorité sur les naturelles : car c'est où la question se réduit, quand on compare Religion Naturelle à Religion Révélée ; & notre Auteur, en se déclarant l'ennemi mortel de l'équivoque, n'eût point dû se prévaloir de celle-ci.

* „ Le *Moyen*, dit-il, n'est qu'à tems,
„ au-lieu que la *Fin* doit être stable. La
„ Religion Naturelle qui a été donnée la
„ prémière, sera aussi la dernière. Tous
„ les hommes en reçoivent les principes,
„ en même tems qu'ils reçoivent l'être; el-
„ le sera inséparable de leur être, ils ne la
„ perdront point en quittant le Corps."
Vous allez être bien surpris, Monsieur, quand je vous ferai voir que tout ce discours n'est qu'un tissu d'équivoques. Qu'entend-il ici par *Religion* ? Est-ce l'exercice du pur Amour ? Est-ce le Culte le plus parfait que la Créature puisse rendre au Créateur ? En un mot, entend-il l'état d'une Sainteté sans tache, joint à celui d'une Félicité consommée ? Mais c'est proprement là le *but*, le *terme*, où la Religion doit nous conduire. Dans la question présente, on entend par *Religion*, le *Moyen* qui nous conduit à ce but.

* *Ibid.* pag. 67.

Ce Moyen comprend un assemblage de Connoissances & de Devoirs, qui dirigent l'Homme sur la Terre vers cet heureux Terme, qu'il n'atteindra que dans l'autre Monde. Si cet assemblage de Devoirs & de Connoissances se borne à ce que la Raison nous découvre, on le nomme *Religion Naturelle*; mais s'il comprend tout ce que l'autorité d'une Révélation nous enseigne, on l'appelle *Religion Révélée*. Dès-lors il est clair, que l'une & l'autre ne servent que de Moyen pour obtenir la même Fin *; & que quand on parle de la supériorité de la Religion Révélée, on entend que ce dernier Moyen est le plus excellent, le plus complet, le mieux proportionné à la Fin commune.

Tout ce qui appartient au Moyen considéré comme tel, dans la Religion soit Naturelle soit Révélée, n'est qu'à tems, & cessera dès qu'on aura atteint la Fin. Ce qu'il y a de stable & d'éternel dans l'une & dans l'autre Religion, appartient

---

* Par *la même fin*, j'entends en général le Bonheur de l'Homme, qui, avec la Gloire de Dieu, est toujours le grand objet de la Religion. Mais je n'entends pas le même degré de Bonheur. Cela s'explique plus bas.

tient proprement à la Fin, & s'y trouve de la manière la plus parfaite. Par exemple, les Vérités qu'enseigne la Religion Naturelle, sont éternelles & immuables ; mais la manière imparfaite dont on les connoît ici-bas par le moyen du Raisonnement & des foibles idées de notre Esprit, fera place un jour à la connoissance pleine & intuitive de ces mêmes Vérités. De même, celles que nous découvre la Révélation, & qui regardent, ou la nature de Dieu, ou ses desseins miséricordieux en faveur de l'Homme, seront éternellement la matière de nos louanges & de nos hommages ; mais au-lieu qu'aujourd'hui la Foi nous en instruit obscurément, un jour nous les connoitrons par la Vue, & la Foi n'aura plus lieu. Il en faut dire autant des Devoirs que fondent ces diverses Vérités. Ceux que nous prescrit la Religion ou Naturelle ou Révélée, entant qu'ils servent de moyens, de préparatifs pour nous conduire à un état de Bonheur & de Sainteté parfaite, entant qu'ils sont rélatifs à l'Oeconomie présente, & à la condition des Pécheurs sur la Terre, n'ont qu'un usage passager qui se borne à cette vie. Mais tout ce qui, dans ces Devoirs, appartient à l'exercice du Culte

par-

parfait & du pur Amour dans l'autre Vie, doit toujours immuablement subsister. Observons seulement, que ces Devoirs immuables ne résultent pas des seules Vérités que découvre la Lumière naturelle, mais qu'ils se fondent aussi sur ce que nous apprend la Révélation ; puisque l'œuvre de la Miséricorde divine envers les Pécheurs pose un nouveau fondement d'amour, d'hommage, de reconnoissance éternelle envers Dieu, pour ceux que cette Miséricorde a rachetés. Il est donc encore faux, qu'à prendre le mot de *Religion* pour ce qui en est la *fin*, tout doive revenir un jour à la simple Religion Naturelle. A cet égard même, la Religion Révélée l'emporte sur l'autre, parce qu'elle la perfectionne.

L'Apôtre *S. Paul* met dans un jour admirable cette distinction des *moyens* avec la *fin*. * *Maintenant*, dit-il, *nous connoissons en partie ; mais un jour cette façon de connoître n'aura plus lieu.* C'est que le Raisonnement & la Foi ne sont pour nous qu'un chemin, dont la *Vue* sera le terme. La Foi, avec tous les secours qui la soutiennent, tant ordinaires qu'extraordinaires, tant extérieurs qu'intérieurs ; la Foi,
l'Es-

* I. Cor. Chap. XIII. v. 9, 10.

Tome I.   H

l'Espérance, avec les différens Devoirs appropriés à l'état d'épreuve que supposent ces Vertus, tout cela ce ne sont que les échaffaudages du grand édifice de la Charité, qui, parvenu à son comble, n'aura plus aucun besoin d'eux. La Charité seule ne déchoit jamais. Mais de cette immuable Charité, quelle en est la source ? Est-ce simplement la bonté du Dieu Créateur ? Non ; c'est aussi l'amour que le Dieu Rédempteur nous témoigne en J. Christ.

Après cela, on ne peut plus douter de la prééminence de la Religion Révélée sur la simple Religion Naturelle. L'Homme, par son péché, s'étoit écarté de celle-ci : c'étoit peu pour Dieu de l'y ramener, il fait plus ; en le relevant de sa chute, il le porte sur les ailes de la Religion Révélée au-dessus de la sphère d'où son péché l'avoit fait choir.

Notre Auteur, dans les *Lettres* VI. & VII. compare deux routes que l'on peut suivre dans l'examen de la Divinité des Livres Sacrés. La prémière route, qui est de faire attention à leurs Caractères externes, *est sujette, à l'en croire, aux plus grands inconvéniens, & fait naître plus de doutes qu'elle n'est capable d'en résoudre.* Pour la faire paroître impraticable ;

emprunte de Mr. *Nicole* les couleurs dont ce dernier s'est servi pour décrier la voie d'Examen en général. *C'est*, dit-il, *s'engager à des discussions sans fin, & qui n'aboutiront jamais à l'évidence parfaite.* Celles qu'exige la seule preuve des Miracles offre à son imagination un détail immense, dont il est épouvanté. *Quelle étonnante discussion! s'écrie-t-il; quelle longueur pour s'éclaircir de la vérité des Faits!* A l'entendre, la vie d'un homme n'y peut suffire. Nous l'avons déja ouï, dans son *Introduction*, tenir à peu près le même langage. Il paroît assez qu'il est du nombre de ces Imaginations qui s'effrayent, & qui se forment des monstres pour les combattre. Quel remède y savez-vous, Monsieur? Pour moi je n'en connois d'autre, que de l'exhorter à se calmer un peu, & à prendre du tems pour envisager les choses de sang-froid. En attendant, je vous renvoie aux réflexions de ma V. Lettre sur cet article, en y joignant celle que notre Auteur fait lui-même plus bas à la page 77, & qu'il applique à la certitude de l'Histoire Sainte. *C'est qu'il est moralement impossible que des milliers d'hommes soient convenus entre eux de tromper la Postérité, n'aiant d'ailleurs nul intérêt à le faire.* J'ajoute, qu'il est encore plus impossible que des milliers d'hommes de tous les ordres aient été la dupe de faux Miracles, tandis qu'ils avoient tout l'intérêt du monde à ne l'être pas, & toute la facilité du monde à en démêler l'imposture.

Cette même Imagination, forte ou foible, comme on voudra l'appeller, lui montre comme un terrible obstacle dans cette prémière route, des Légions de Traducteurs & d'Interprètes tous opposés les uns aux autres, & lui forme de leurs contrariétés un double labyrinthe, dont il desespère de pouvoir jamais sortir. *Cette contrariété des Interprètes entre eux est ce qui cause la multitude de Sectes, le tas prodigieux de Controverses, qui donne lieu aux Pyrrhoniens de jetter du ridicule sur la Révélation écrite.* Pure terreur panique qui l'a saisi, & qu'il tâche en-vain de nous inspirer. S'avisa-t-on jamais de dire, que l'immense multitude des Interprètes du Code & du Digeste jette du ridicule sur les Loix Romaines ? A-t-on jamais pensé que le peu d'accord des Jurisconsultes sur l'explication de ces Loix, les rendît moins respectables, qu'il dût nous éloigner de leur étude, & nous y faire trouver des inconvéniens infinis ? Pourquoi donc le penseroit-on par rapport

port à l'Ecriture ? Il n'appartient en vérité qu'aux Pyrrhoniens, Espèce, entre toutes celles qui se mêlent de raisonner, la plus ridicule, de se faire un pareil épouvantail.

J'en suis fâché, Monsieur, pour l'Auteur des *Lettres*; mais je ne puis me dispenser de relever dans la VII. pag. 85, une insigne falsification des paroles de Jésus-Christ. Pour montrer que ce Sauveur n'a proprement rien exigé des hommes, que ce dont ils pouvoient eux-mêmes reconnoître la justice, il cite comme de lui, ces paroles adressées aux Juifs: *Si je ne dis pas la vérité, ne me croyez pas.* Mais dans quel endroit de l'Evangile notre Ecrivain les a-t-il trouvées ? Au VIII. Chap. de l'Evangile selon S. Jean, vs. 46, on lit bien celles-ci: *Si je dis la vérité, pourquoi ne me croyez-vous pas ?* Ce qui est tout différent, & qui ne sauroit autoriser l'assertion hardie de notre Auteur, *que J. Christ n'a point prétendu en être cru sur sa parole.* Il ne l'a point prétendu, j'en conviens, à l'égard de ceux qui doutoient de sa Mission divine jusqu'à ce qu'il la leur eût prouvée : mais il prétendoit bien, qu'après la leur avoir prouvée, ils acquiesçassent à son autorité. L'Evangile nous déclare expressément,

* qu'il

* qu'il parloit aux Juifs avec autorité, & non point comme les Scribes. † *Il a été dit aux Anciens, mais moi je vous dis* &c. Le Sauveur a pu souvent en appeller à la Raison & à la Conscience de ses Disciples, sur la vérité des maximes qu'il leur enseignoit, sans renoncer pour cela au droit qu'il avoit d'en être cru sur sa parole. Un homme qui s'exprimeroit ainsi : *Si je ne dis point la vérité, ne me croyez pas*, reconnoitroit ceux à qui il s'adresse, pour juger de la vérité de ce qu'il leur dit, & se soumettroit à leur jugement. Mais se contenter de leur demander, comme Jésus-Christ, *Pourquoi ne me croyez-vous pas, si je vous dis la vérité ?* n'est nullement se soumettre aux lumières de ses auditeurs; c'est seulement, au cas qu'ils demeurent indociles, tirer de ces lumières mêmes leur propre condamnation. Un Père dit tous les jours à ses Enfans : *Voyez vous-mêmes si ce que je vous ordonne n'est pas juste.* On auroit tort d'en conclurre, que dans d'autres rencontres, où la raison de ce qu'il leur ordonne leur est inconnue, il ne veuille point être obéi

No-

---

* Matth. Chap. VII. v. 29.
† Voyez le V. Chap. de l'Evangile de S. *Matthieu.*

Notre Ecrivain ne s'eſt pas apperçu qu'en ſoutenant ici, que *Jéſus-Chriſt n'exige des hommes que ce dont ils peuvent eux-mêmes reconnoître la juſtice ; qu'il n'a jamais fondé ſes préceptes ſur ſa propre autorité ;* & plus bas pag. 97, que *les hommes ne croyent ſérieuſement, que ce dont ils ſentent la vérité ; qu'ils ne donnent leur conſentement qu'à ce qu'ils reconnoiſſent juſte ; qu'ils ne ſe ſoumettent volontairement qu'à ce qu'ils reconnoiſſent leur être utile* ; il ne s'eſt, dis-je, point apperçu qu'en tenant un pareil langage, il renverſe de ſes propres mains la belle Comparaiſon * qu'il avoit faite entre la Religion Révélée, & l'Education qu'on donne aux Enfans; Comparaiſon qu'il a ſi bien miſe à profit pour juſtifier certains Préceptes de l'Evangile qu'il appelle des *Conſeils*. En effet, dès que la Religion Révélée peut ſe regarder comme une ſorte d'Education, il s'enſuit évidemment, que les hommes doivent croire ſur le témoignage de Dieu, ce qu'il leur enſeigne, quoiqu'ils n'en voyent pas toujours la vérité ; qu'ils doivent acquieſcer à ce qu'il leur ordonne, quoiqu'ils n'en comprennent pas le but ; tout comme de ſages Enfans s'en fient à

leur

* *Relig. eſſent.* pag. 62.

leur Père de la certitude de ce qu'il assure, & de la justice de ce qu'il commande. On peut leur appliquer, aux uns & aux autres, ces paroles de Jésus-Christ à son Disciple : *Vous ne savez pas maintenant ce que je fais, mais vous le saurez dans la suite.* Un Enfant qui reçoit des leçons de la propre bouche d'un Père qui l'aime, a-t-il besoin pour s'y soumettre qu'on lui en démontre la vérité ? Nous sommes par rapport à la Révélation, ce que des Enfans en bas âge sont par rapport aux instructions qu'ils reçoivent de leur Père. Parvenus à l'âge mûr, la Raison, l'Expérience leur confirmeront bien ces Vérités & ces Maximes dont leur Père les avoit imbus : mais si ce Père n'avoit eu soin de les inculquer dans leurs esprits encore tendres, s'ils n'eussent commencé par les croire sur sa parole, malaisément les eussent-ils trouvées d'eux-mêmes par l'effort de leur esprit. L'existence d'un Dieu se prouve par la Raison : il n'est guères de Vérités aussi claires, aussi incontestables que celle-là. Mais quel homme élevé dans un Bois, sans avoir jamais eu d'autre compagnie que celle des bêtes féroces, s'avisera de la découvrir ? Par rapport à un grand nombre de Vérités, la vie présente est un état d'enfance

DE LA RELIGION. *Lettre VIII.* 177
tance pour le Genre-humain. L'idée est belle, elle est de *S. Paul* dans le passage que je vous ai déja cité *. Divers Dogmes de la Révélation sont du nombre de ces Vérités obscures, & par conséquent nous sommes à leur égard dans le cas d'en croire Dieu sur sa parole.

Notre Auteur ajoute lui-même, que cet Examen, que cet Appel à notre Raison ne peut avoir lieu qu'à l'égard des choses claires, simples, à la portée de tous les hommes. Mais de son propre aveu †, la Révélation n'en contient-elles pas d'obscures, de relevées, d'incompréhensibles ? J. Christ n'exige-t-il donc aucune soumission pour celles-là ? Et quant à ce qu'il dit des préceptes de la Révélation, qu'ils *doivent être observés entant qu'on en reconnoit la justice*, il semble que sa pensée est, que des Commandemens dont nous ne reconnoitrions pas la justice, ne sauroient nous obliger ; ce qui anéantiroit toute l'autorité de Dieu sur nous. Il est très faux, que l'équité du souverain Etre l'empêche d'exiger de nous la ‡ créance des choses
dont

---

* 1 Cor. XIII.
† *Lettres*, pag. 86.
‡ *Ibid.* pag. 76. 85.

H 5

dont nous ne pouvons sentir la vérité, ou la pratique de celles dont nous ne comprenons pas la justice. En user de la sorte, ce n'est ni se retracter, ni se démentir, ni desavouer la faculté intelligente qu'il nous a donnée; puisque cette faculté intelligente nous porte à croire la vérité de ce que Dieu dit, & la justice de ce qu'il commande, lors même que nous n'en comprenons ni les raisons, ni le but. *Dieu l'a dit, ne seroit-il pas vrai ? Dieu l'ordonne, ne seroit-il pas juste ?* Ce sont des maximes du Sens-commun ; & quiconque les révoque en doute, semble, ou n'avoir pas d'idée de Dieu, ou ne faire aucune attention à cette idée.

La capacité libre & intelligente dont Dieu a doué l'Homme, dit-on pag. 15. de la Lettre aux Editeurs, *est de telle nature, qu'il ne lui est pas possible d'acquiescer à ce qui lui paroît injuste*. Non, sans doute, à ce qui le lui paroît évidemment, non plus qu'à ce qui lui paroît évidemment faux. Mais qu'un homme acquiesce à ce qui auparavant lui auroit paru injuste, lorsqu'il voit évidemment que Dieu le lui prescrit dans sa Parole ; qu'il en conclue qu'il s'étoit trompé ; que sur ce sujet il aime mieux s'en rapporter à Dieu qu'à lui-

lui-même ; il tient alors une conduite très raisonnable, il remplit un devoir également fondé sur sa nature & sur celle de Dieu. Il n'est pas vrai non plus qu'on ne croye dans les choses de la vie *, que ce dont on reconnoît la vérité, à prendre ces derniers mots pour *voir* ou *comprendre évidemment* ; car tous les jours on croit sur le témoignage d'autrui, ce qu'on n'a point vu soi-même ; & cela ne s'appelle point, *croire de commande.*

La Vérité, ajoute-t-on †, *n'auroit plus de force pour persuader, si Dieu exigeoit de l'Homme de croire ce dont il ne peut sentir la vérité, c'est-à-dire, de croire ce qu'il ne voit point.* Mauvaise conséquence. Elle seroit juste, si nous soutenions que Dieu l'oblige à croire le contraire de ce qu'il voit. En croyant *ce dont il ne peut sentir la vérité*, l'Homme ne croit point *ce qu'il veut* ; mais outre ce qu'il voit lui-même, il croit ce que lui atteste l'Etre qui voit tout. Mais *J. Christ en appelle à l'Intelligence, contre les loix & les usages les plus sacrés.* Il est vrai que ce Sauveur, qui venoit abroger les Loix cérémonielles, leur oppose les Loix morales qui
sont

* *Ibid.*
† Pag. 87.

H 6

sont immuables de leur nature, parce qu'elles sont fondées sur la Raison. Il fait sentir aux Juifs, par la nature invariable de celles-ci, que celles-là n'étoient établies que pour un tems, & que leur usage devoit finir. De plus, c'est par ces Loix morales auxquelles tout se rapporte, que le Sauveur explique & modifie certaines observances, en faisant voir que les presser trop à la rigueur, ce seroit choquer les préceptes de la Justice & de la Charité qui sont d'une éternelle obligation. La Loi du Sabbath, par exemple, il l'explique d'une manière qui la concilie avec ces préceptes immuables. Ce n'est pas à dire, que les Loix cérémonielles n'obligeassent les Juifs, tant qu'elles ne furent point abrogées par la même Autorité qui les avoit établies.

Dans la *Lettre* VIII. vous verrez la suite de la même doctrine. Elle transforme en simples Conseils, des Maximes fondamentales de l'Evangile, en vertu de ce Principe favori, que l'Homme est peu disposé à donner son acquiescement à des choses dont il ne voit ni la justice ni l'utilité, & que, selon notre Auteur, une telle disposition est très raisonnable. *Pourroit-on*, ajoute-t-il, *exiger d'un tel homme de trouver juste & utile,*

tile, ce qui ne lui paroît point tel ? Ou donnera-t-on plus d'évidence à la chose, en disant qu'on est obligé de le croire, puisque le Fils de Dieu l'a dit ? Je craindrois qu'il n'en tirât des conséquences opposées. Ainsi donc le Fils de Dieu même n'en sera pas cru, s'il nous donne pour justes & pour utiles, des choses dont nous ne voyons pas nous-mêmes ni l'utilité ni la justice ? Que dites-vous, Monsieur, d'une maxime si humble ? Peut-on prêcher plus ouvertement la rebellion contre Dieu ? sans compter la ridicule présomption qu'il y a, à faire du degré de Vue & de Raison que nous possédons, la mesure de la Raison souveraine & de l'Intelligence infinie. Je retiens ici des pensées qui s'offrent en foule ; il vaut mieux poursuivre notre lecture.

Lettre X. pag. 109. *Un Guide qui montre les précipices, ne les fait pas.* L'Auteur en conclud, que ce n'est point à titre de Menace, mais d'Information & d'Avis, qu'il faut prendre tous les *væ* de l'Evangile. Remarque rélative à son grand Principe, qui est, qu'il n'y a point de peines proprement dites, qui soient infligées aux Pécheurs par la Justice divine ; mais que les biens & les maux de l'autre Vie seront proprement les suites naturelles de l'état préfent ; que le Jufte & l'Utile fe confondent ; que la Juftice de Dieu ne fe diftingue point de fa Bonté, qui tend toujours au bien-être des Créatures. Voilà des Erreurs fondamentales. Le Jufte eft diftinct de l'Utile, comme la Sainteté l'eft du Bonheur, & comme en Dieu fa Juftice l'eft de fa Bonté. Le fouverain Maitre veut que la Juftice foit obfervée, que ceux qui en pratiquent les Loix foient récompenfés, & ceux qui les violent punis. Ainfi c'eft l'Equité divine qui joint l'Utile au Jufte, en faifant de l'un la récompenfe de l'autre. J. Chrift donc, lorfque dans l'Evangile il menace les Vicieux des peines que la Juftice de Dieu leur prépare, fait l'office de Légiflateur. Il n'en fait pas moins pour cela celui de Guide, en avertiffant l'Homme des écueils contre lefquels il court rifque de fe brifer, & des malheurs où le Vice conduit, afin qu'il s'en garantiffe. Ces Loix qu'il ne nous donne que pour nous fauver, font des Confeils d'Ami, des Préceptes de Père, en même tems qu'ils font des Ordres de Souverain ; & c'eft ainfi que J. Chrift eft notre Sauveur & notre Légiflateur tout enfemble.

Il y a dans la *Lettre* XI. de beaux traits

sur

sur l'inégalité qui règne ici-bas entre les hommes, & sur les compensations que fera à cet égard une autre Vie. Il paroît que l'Auteur a profondément médité son sujet. Ces décorations différentes qu'il offre à nos yeux sont peintes avec force, & le contraste en est frappant. C'est dommage qu'il veuille s'y borner à des conjectures. Il ignore quel est le principe du Desordre de la Nature humaine. Il ne sait pas bien si l'Ame survit au Corps, ni si elle conservera après la mort sa faculté de penser. Sur tous ces points il s'exprime d'une manière chancelante. Que sa timidité ne vous étonne pas, Monsieur; plus de confiance en la Révélation l'auroit enhardi. Les doutes & les peut-être sur ce qui regarde une autre Vie, sont nécessairement le partage d'un homme qui ne fait profession de croire que ce que ses propres idées lui découvrent, & qui n'admet aucune autorité propre à suppléer à l'imperfection de ses connoissances naturelles.

Son Commentaire sur la Parabole du mauvais Riche m'a paru très ingénieux, & renferme d'excellentes choses. Cependant il aboutit à nous faire regarder le changement qui doit arriver à notre condition dans un autre Monde, comme

me une suite naturelle de la Mort, qui développe les facultés spirituelles, & nous sépare des Corps. Mais encore une fois, pourquoi opposer, comme il fait, le Conseiller ou le Guide, au Législateur? L'autorité des Loix préjudicie-t-elle à leur sagesse; & pour obliger les hommes, en ont-elles moins leur bonheur en vue? Je ne saurois m'empêcher de déplorer à ce sujet le travers de certains Esprits, qui ne peuvent voir deux Vérités à la fois, & qui sont toujours prêts de sacrifier l'une à l'autre. Remontons pour un moment, Monsieur, à des principes généraux; nous en découvrirons mieux de ce point de vue la source des illusions de notre Ecrivain.

Il y a proprement trois Systèmes sur le Gouvernement du Monde moral, entre lesquels vous pouvez choisir. Le prémier suppose en Dieu le Despotisme le plus arbitraire, qui sans égard à ce qu'on nomme Ordre ou Règle, & ne reconnoissant aucune Loi, fait dépendre de sa volonté seule, le Vrai & le Faux, le Juste & l'Injuste. Ce pouvoir absolu ne se règle point sur la nature ou l'idée immuable des choses: il constitue à son gré cette idée & cette nature. Il n'a que faire de suivre la proportion des moyens

aux

DE LA RELIGION. *Lettre VIII.* 185

aux fins, il la crée, & dans sa main tout devient moyen pour la fin qu'il lui plait de se proposer. Dans ce Système enfin, si vous voulez que j'emprunte le langage Scholastique de S. Thomas, *Deus non propter hoc vult hoc ; sed vult hoc esse propter hoc.* Ce Système, qui anéantit tout d'un coup les Attributs moraux de la Divinité, & qui change les Loix naturelles en Institutions positives & révocables *ad libitum*, est l'idole de quelques Théologiens ; c'est celui que le célèbre *Amyrault* adopte dans son Livre *de summo jure Dei in creaturas*, & en général celui des partisans de la *Prémotion physique*.

Un second Système opposé à celui-là, je veux dire celui du Fatalisme, bannit de l'Univers toute Liberté. Dieu nous y est représenté comme le prémier Anneau d'une Chaine infinie, à laquelle tiennent tous les autres Etres, puisqu'il y est déterminé par sa propre nature à tout ce qu'il opère, comme eux le sont par la leur. Dans ce nouveau Système, le Bien & le Mal, le Vice & la Vertu, sont des suites inévitables de la Nécessité des choses. La Misère y suit le Vice, la Vertu y est suivie du Bonheur, par cette même Nécessité. Sur ce pied-là, les divers états de l'Homme s'entre-succèdent,

cèdent, parce que l'un est la cause de l'autre, & le produit naturellement. Cela va tout seul, sans que Dieu s'en mêle, puisqu'il devient simple témoin du jeu de la Machine qu'il a construite, & qu'il n'a même pu s'empêcher de construire telle qu'elle est.

Enfin un troisième Système conçoit la Divinité comme un Etre souverainement libre, & en même tems comme un Etre souverainement bon & saint. Pleine d'amour pour ses Créatures, elle chérit encore plus l'Ordre dont les éternelles Loix sont gravées dans sa propre essence: Loix qu'elle suit d'une manière invariable, & sur lesquelles elle gouverne les autres Intelligences libres qu'elle a rendues participantes des idées de l'Ordre, en les créant à sa propre image. Dieu, dans ce Système, a par rapport aux Créatures un double but; celui de les rendre heureuses, & celui de les faire tendre à l'Ordre, en se servant pour cela de moyens conformes à leur nature, & qui ne portent nulle atteinte à leur Liberté.

Entre ces divers Systèmes, je ne vous crois pas, Monsieur, fort embarrassé sur le choix. Vous ne balancerez point, je m'assure, à reconnoitre que le dernier des trois

trois est le véritable, & celui de la Religion. Les dispensations de Dieu à l'égard de l'Homme y varient suivant la différente conduite de l'Homme même, laquelle met entre lui & Dieu différens rapports. Elles sont très libres; mais toujours, dans leur variété, parfaitement conformes aux Loix de l'Ordre.

L'Auteur des *Lettres*, pour avoir trop voulu s'éloigner du prémier de ces Systèmes dans lequel la Raison ni l'Ordre n'entrent pour rien, semble en divers endroits s'approcher trop du second, qui sous le beau nom de *Raison* & de *Nature* des choses, introduit une Nécessité à l'empire de laquelle Dieu même seroit soumis. Car il fait regarder le Bonheur ou le Malheur des hommes après cette vie, comme un développement de l'état qui a précédé; ensorte que par la constitution de notre Ame, la Vertu y soit une source de Plaisirs, & qu'au contraire le Vice y amène la Douleur, sans que Dieu intervienne dans tout cela par des actes libres, qu'on puisse appeller proprement récompenses & châtimens. Il est vrai que notre Auteur admet quelque part des peines infligées; mais il paroît le faire comme à regret, par pure complaisance pour le préjugé, & contre l'idée dominante

minante de son Système. Il est encore vrai, qu'il reconnoit une Liberté dans les Créatures pour choisir entre le Bien & le Mal; mais il semble ne point vouloir que Dieu use à son tour de la sienne dans le choix de sa conduite envers elles. Dans son Système, Dieu n'est que bon; il n'agit que par bonté; il ne se propose uniquement pour but que le bonheur de ses Créatures. Il ne hait pas le Péché, précisément comme une violation des Loix de l'Ordre, & comme une injustice qui lui ôte à lui-même ce qui lui est dû: il le hait entant qu'obstacle à ce bonheur qu'il veut procurer; obstacle insurmontable pour quelque tems, par la nature même des choses, mais qui doit s'évanouïr à la longue. A ce compte, les Loix de Dieu sont tout au plus des avertissemens charitables qu'il donne aux hommes pour leur faire fuir des écueils *qu'il leur montre, mais qu'il ne fait pas*; & tout cela se borne à leur dire: Selon que vous suivrez telle ou telle route, voici ce qui vous doit arriver, & ce que vous trouverez au bout de votre chemin. Mais ce ne sont point des commandemens qui exigent une obéissance proprement dite, sous peine de châtiment & sous promesse de récompense. On admire la bonté d'un tel Etre,

mais

mais à proprement parler, on ne lui obéit ni on ne le craint. On n'est obligé à quoi que ce soit envers lui, on est même dispensé de l'aimer. Voilà, Monsieur, une Religion bien commode, & qui va bien terre à terre. Je suis, &c.

IX. LETTRE.

REDOUBLONS notre attention, Monsieur, pour la XIII. *Lettre*; le sujet en est digne. Elle traite des Mystères, & c'est peut-être la plus artificieuse du Livre. L'Auteur qui fuit les incidens, & qui, en homme habile, tâche d'aller droit à son but, sans heurter les gens à droite ou à gauche, n'a garde de nier qu'il y ait des Mystères dans la Religion; il se contente de les traiter d'accessoires dont elle pourroit se passer, parce qu'ils en embarrassent l'étude, & que les difficultés qui les entourent, viennent comme un brouillard épais nous dérober la vue de cette Religion si simple, si claire, si harmonizante avec elle-même.

D'abord il demande, s'il est possible d'éclaircir les Mystères? C'est-là visiblement donner le change, en s'attachant à
prou-

prouver ce que personne ne nie, savoir que les Myſtères ſont impénétrables, pour pouvoir enſuite à cette Propoſition en ſubſtituer adroitement une autre qu'on n'a point prouvée. *A le bien prendre*, dit-il, *l'expreſſion de Myſtère doit me diſpenſer d'entrer dans cet examen.* Le tour eſt captieux. On ne nie pas les Myſtères, mais on les omet ſans conſéquence, on paſſe par deſſus pour aller à l'eſſentiel de la Religion. Pourſuivons. *Qui dit Myſtère, dit quelque choſe de caché, d'impénétrable, de fort au deſſus de l'intelligence humaine, quelque choſe de non révélé, & que Dieu réſerve par devers ſoi.* Il joue ſur l'équivoque de *caché* & de *révélé*, & ſur l'apparente oppoſition que ces termes offrent à l'eſprit. Il a pourtant ſenti qu'on diſtingueroit ce qui eſt évident en ſoi, d'avec ce qui eſt évidemment révélé ; mais il prévient cette réponſe, en diſant que l'un ne diffère guères de l'autre. *En effet*, ajoute-t-il, *ce qui eſt évident n'a pas beſoin d'être révélé.* Pour celui-là, on l'accorde. *Tout au contraire, ce que la Révélation articule des Myſtères, ne leur ôtant point ce qu'ils ont de caché, d'impénétrable, il eſt naturel d'en conclurre que ces Myſtères ne ſont pas révélés.* Ici gît le Sophiſme. Il eſt faux que toute Doctrine révélée, & clairement révélée,

doi-

doive être évidente par cela même. En ouvrant un Livre, j'y trouve une Proposition énoncée en termes clairs, précis, & qui n'ont rien d'équivoque; cependant n'en appercevant pas clairement la vérité, je ne fai fi elle est vraie ou fausse: là-dessus que dois je faire? Je dois suspendre mon jugement à son égard, parce que, quoiqu'évidemment contenue dans ce Livre, elle ne me paroît pas évidemment vraie. Mais le Livre qui l'enseigne est-il un Livre divin? dès-lors cette Proposition évidemment révélée, je la reçois pour vraie, quoiqu'elle ne soit pas évidente par elle-même; & sans en comprendre la vérité, je la crois sur l'évidence du témoignage divin, au défaut de son évidence propre. L'énoncé en est clair, & je l'entends; la seule liaison des idées qui la composent, est ce qui échape à ma vue. A différens égards, c'est donc une Vérité que Dieu me cache, & c'en est une que Dieu me révèle. Il me la révèle, je la dois croire: il me la cache, je dois renoncer à l'éclaircir par mes propres méditations. Si Dieu ne m'en avoit rien révélé, je ne croirois rien sur ce Mystère. S'il ne m'en avoit rien caché, ce ne seroit plus un Mystère que je me contentasse de croire, ce seroit

roit un objet que je comprendrois. Ce *sont des choses*, nous dit S. Paul, *que l'œil n'a point vues, que l'oreille n'a point ouïes, & qui ne sont jamais entrées dans l'esprit de l'homme; mais Dieu nous les a révélées par son Esprit.* Il y en a donc qui sont telles, que par lui-même l'Esprit humain n'étoit point propre à les imaginer, qui pourtant nous sont révélées. Ce qui combat doublement la décision des *Lettres*, en établissant, 1°. qu'il y a des objets révélés lesquels notre Esprit ne sauroit comprendre : 2°. qu'il y a des Dogmes que la Raison n'eût point devinés; & que par conséquent nos pures idées ne sont nullement la règle du sens de la Révélation qui nous montre ces objets, ni la pierre de touche de leur vérité. La Résurrection des Corps, par exemple, est clairement révélée, & par cela même je la crois. Mais cette Doctrine est-elle évidente? Nullement, Elle est au contraire enveloppée de difficultés & de ténèbres, & quoiqu'elle soit si clairement révélée dans l'Evangile, qu'on ne puisse la rejetter sans rejetter l'Evangile même, elle est toujours un Mystère, une chose cachée, impénétrable à toute notre intelligence.

Si les Mystères ne sont pas révélés, s'ils

s'ils ne font point partie de la Révélation, comment l'Auteur a-t-il pu les mettre * au nombre des choses que la Révélation renferme, & en faire une Classe à part? Comment parle-t-il de respecter ces Mystères ? A quel propos cet aveu de notre ignorance à leur égard, qu'il nous conseille pour toute réponse aux Déistes qui demandent d'en être éclaircis ? Car enfin, vous supposez manifestement dès-lors dans la Révélation, des Mystères qui choquent ses ennemis, & dont ils demandent l'éclaircissement. Eux qui le demandent, & vous qui vous en défendez par le modeste aveu de votre ignorance, vous tablez de part & d'autre sur ce Principe commun, que dans le Livre qu'ils rejettent & que vous recevez pour divin, il se trouve des Dogmes obscurs, sur lesquels roulent leur question & votre réponse. Ces Mystères donc, que vous faites profession de respecter sans les comprendre, & d'où naissent des difficultés que vous vous avouez incapable de résoudre, ce ne sont pas des mots vuides de sens †, ni des Textes

* Pag. 76.
† Ci-dessous pag. 149. dans la XIV. Lettre il ramène la même équivoque. *La Révélation écri-*

tes ambigus dont la vraie signification vous fuit. Ce sont des Propositions qui portent un sens précis & déterminé, mais qu'il vous est impossible de lier par une chaine de conséquences évidentes avec d'autres Vérités connues.

L'Ecriture nous dit que J. Christ est Fils de Dieu, qu'il est une Personne distincte du Père. Elle dit avec la même clarté, que J. Christ est Dieu, & que l'on doit l'adorer. De chacune de ces Propositions à part, le sens en est clair; mais leur liaison mutuelle échape à notre esprit, & par conséquent leur vérité demeure obscure. C'est même la clarté du sens, jointe à l'obscurité des choses, qui sert de prétexte à l'Infidèle pour attaquer le Livre qui les contient. Vous donc, qui admettez la Divinité de ce Livre, quel parti prenez-vous là-dessus ? Refuserez-vous d'y voir ces Propositions qu'il énonce si clairement ? Nierez-vous qu'il les énonce ? Il n'y auroit pas de bonne-foi.

écrite, dit-il, *contient plusieurs choses obscures, qui par cela même ne sont pas révélées.* A moins qu'il n'entende par-là des Textes obscurs, dont on ne peut pénétrer le vrai sens, il est certain qu'une Proposition, quelque inévidente qu'elle soit, est révélée, dès qu'il est clair que la Révélation écrite la contient.

foi. Ce n'est point à cet égard qu'il vous est permis d'alléguer votre ignorance. Vous recevrez donc ces Doctrines, mais vous vous excuserez de les éclaircir & d'en applanir les difficultés. Vous soutiendrez à l'Incrédule, au Juif, au Mahométan, que l'inévidence de ces Dogmes n'est point un légitime motif de les rejetter, & de rejetter avec eux la Révélation qui les renferme. Car ces deux choses sont inséparables. En recevant la Révélation pour divine, vous en recevez les Mystères, vous les croyez, vous soutenez qu'on peut & qu'on doit les croire sans en comprendre la vérité. Cela mène notre Auteur beaucoup plus loin qu'il ne voudroit. Le silence dans lequel il se retranche ; son respect vague pour les Mystères, qui les reçoit en gros à condition de n'en dire jamais mot, & qui ne porte sur aucun Dogme précis, n'est point un milieu tenable. *Je n'anéantis point les Mystères*, nous dit-il, *je les respecte comme tels, je n'ai garde de prononcer sur ce qui passe mon intelligence.* Mais que signifient de telles énonciations détachées de tout objet ? Si elles ont un sens, elles se rapportent à certains Dogmes de l'Ecriture, sujets à telles & telles difficultés, & qui par ces difficultés mêmes qu'on leur oppofé, forment un objet très déterminé. Refpecter de tels Dogmes, reconnoitre avec l'Infidèle leur impénétrable obfcurité, & cependant les admettre fur la foi de l'Ecriture qui les enfeigne, c'eft-là croire les Myftères; nous n'en demandons pas davantage.

Obfervez ici, Monfieur, avec moi, trois ou quatre chofes. 1°. Du propre aveu de notre Auteur, c'eft l'Incrédule qui demande l'éclairciffement des Myftères, & c'eft le partifan de l'Ecriture qui a de bonnes raifons pour le refufer. L'Incrédule, après avoir pofé pour conftant que l'Ecriture enfeigne telles & telles Doctrines, fait valoir les difficultés qui en réfultent, & fe fert de ce que ces Doctrines ont réellement d'incompréhenfible, pour combattre l'autorité du Livre qui les renferme. Le Croyant fait deux chofes à fon tour. 1°. Il reconnoit que ces Dogmes font de l'Ecriture : 2°. il foutient que leur obfcurité n'eft point un motif fuffifant pour les rejetter comme faux; & c'eft par-là qu'il les défend contre l'Incrédule, fans s'engager à d'autre éclairciffement qu'à faire voir que ces Dogmes non évidens, n'ont pourtant rien d'oppofé aux Vérités évidentes. C'eft auffi par-là qu'il juftifie fon
ref-

respect pour la Révélation ; respect que témoigneroit mal le profond silence, où notre Auteur voudroit qu'on s'envelopât.

2°. Il confond deux choses très différentes, *ce qui passe notre intelligence*, avec *ce qui est opposé aux notions simples & universelles*. Le prémier doit être respecté; l'autre mérite qu'on le rejette. L'un est objet de foi, l'autre non.

En 3e. lieu, que signifie d'un côté, *respecter les Mystères*; de l'autre, *s'arrêter uniquement aux Vérités évidentes* ? & comment cela s'accorde-t-il ? Les Dogmes obscurs n'ont-ils pas aussi leurs conséquences & leurs usages, qui méritent qu'on s'y arrête ?

4°. Celui qui se retranche à exiger la Foi des Mystères, sans demander qu'on les éclaircisse, n'est nullement responsable des inconvéniens dont on fait ici l'énumération ; comme sont les disputes aigres, les fausses subtilités, la division des Chrétiens ; puisque, de l'aveu de l'Auteur, le dessein d'éclaircir, d'approfondir, de pénétrer, en est la source. C'est ce même dessein qui mettroit la Religion hors de la portée des Idiots : au-lieu qu'on n'exige rien d'eux qui soit au-dessus de leur portée, quand on les exhorte à croire simplement ce que la Révélation enseigne là-dessus, sans s'embarrasser d'en comprendre clairement la vérité.

Venons, Monsieur, à la *Lettre* XV. *Le but de la Religion*, nous y dit-on, *est de rendre les hommes droits, équitables. Ce but est tout simple & tout proche : il dépend de la volonté, & non des opinions.* Voilà donc l'essentiel ; le reste n'est que l'accessoire, & nous engage dans d'inutiles circuits. Faux & captieux exposé ! Le grand but de la Religion est de mettre l'Homme en communion avec Dieu, pour le rendre saint & heureux. La Révélation enseigne aux Pécheurs les moyens de rentrer dans cette communion bienheureuse, ceux de plaire à Dieu par conséquent, & d'obtenir le bonheur. Elle suppose d'un bout à l'autre, que dans l'état présent, l'Homme étant incapable de trouver ces moyens en lui-même & par lui-même, il faut que Dieu les lui fournisse. Aussi renferme-t-elle des promesses de Grace, relatives à un dessein librement formé par rapport aux Pécheurs dans l'Alliance qu'il daigne traiter avec eux, & dont il leur explique les fondemens & les conditions. En un mot, l'Ecriture nous révèle en 1^r. lieu, la volonté de Dieu par rapport à notre Salut ; volonté qui ne peut se deviner ;

puis-

puisqu'elle comprend une Oeconomie de Grace qui est libre dans toutes ses parties, Dieu y faisant pour les Pécheurs, ce qu'il n'étoit nullement obligé de faire. 2°. Nos devoirs, fondés sur ce que Dieu fait pour nous, & rélatifs au dessein gratuït de sa miséricorde envers nous : Devoirs par conséquent dont les seules Lumières naturelles, ni les seules rélations immuables qui sont entre la Créature & le Créateur, ne pouvoient nous instruire.

Ce but, dites-vous, *est tout proche*. Oui, la vraie Vertu est tout proche de l'Homme innocent, dont les facultés ont conservé leur intégrité primitive : mais elle est loin de l'Homme aveuglé & corrompu par le péché. Il faut que Dieu l'éclaire, l'appelle, l'encourage à retourner au vrai Bien dont il s'étoit égaré. *Il dépend*, ce but, *de la volonté, non des opinions*. C'est-à-dire que, selon l'Auteur des *Lettres*, la Foi n'est point nécessaire pour convertir & sanctifier l'Homme ; qu'un Pécheur n'a besoin, ni d'un Libérateur qui l'affranchisse de sa misére, ni d'une assurance de pardon qui l'excite à retourner vers Dieu, ni que Dieu lui montre la route qu'il doit tenir, ni qu'il lui donne de nouveaux secours pour y marcher, ni qu'il lui promette un Bonheur qui doit être le prix de son obéissance. Ce Pécheur trouve en lui-même tout ce qu'il lui faut. Il n'a qu'à vouloir, le voilà saint, le voilà agréable à Dieu, le voilà sûr du Paradis. Sa Liberté, sans aucune aide étrangère, le met en état d'être heureux ; sa Raison, sans aucun autre garant, l'assure qu'il le sera. Quelles illusions ! La connoissance de la Vérité est le chemin qui conduit à la Vertu, & dans l'Ordre naturel, & dans le surnaturel. C'est pour cela que dans ce dernier Ordre, certains Dogmes nous sont révélés, & que Dieu les propose à notre Foi. L'Auteur ne suppose-t-il pas lui-même, pag. 155, *que ces Dogmes & ces Mystères aboutissent à nous rendre gens-de-bien ?* C'est donc là le chemin le plus court ; il ne sauroit écarter du but, puisque c'est Dieu qui nous le trace. Pourquoi prétendre après cela nous en tracer un beaucoup plus abrégé ? Pourquoi vouloir que dans la Religion on s'arrête uniquement aux Vérités évidentes ? Pourquoi comparer ceux qui soutiennent, que pour être Chrétien il faut puiser ses connoissances dans l'Ecriture, croire des Dogmes, embrasser des Mystères ; pourquoi comparer ces gens-là

DE LA RELIGION. *Lettre* IX. 201
la ,, à un Voyageur * à qui l'on mon-
,, tre à côté de lui la Maison qu'il cher-
,, che, mais qui passe outre, sans la
,, vouloir reconnoitre, & qui parcourant
,, des Pays immenses, ne la trouve nul-
,, le part"? Notre Auteur se moque de
ceux qui soutiennent que, rendre la Religion indépendante des Opinions ou des
Dogmes, pour la faire consister toute entière dans la Droiture & dans l'Equité,
c'est la réduire à trop peu de chose. Qu'il
se moque donc de *S. Paul*, qui nous prêche le Mystère de Christ, comme une
connoissance essentielle au Salut. Cet A-
pôtre croyoit amener la Religion à la portée des plus simples, en y rapportant tout
à la Doctrine de la Croix; en ne voulant connoitre autre chose que Christ
crucifié; en mettant toute la sagesse, toute
la consolation, toute la joie du Fidèle
dans l'intelligence de ce Mystère caché
durant plusieurs siècles, mais révélé sous
l'Evangile pour notre bonheur & pour
notre gloire. Au prix de cette Science,
toute celle des Philosophes lui paroissoit
très méprisable, parce qu'il la regardoit
comme inutile au bonheur de l'Homme.
Si nous en croyons l'Auteur des *Lettres*,
l'A-

* *Relig. essent.* pag. 154.

l'Apôtre des Gentils devoit être un très mauvais Guide : c'étoit un Aveugle, conducteur d'Aveugles : il ressembloit à ce Voyageur à qui on montre à côté de lui la Maison où il doit se rendre, *& qui soutient en passant outre, que ce n'est pas celle-là.* Reste à décider lequel a raison, de *S. Paul* ou de notre Ecrivain : car certainement la Religion essentielle des *Lettres*, n'est pas celle de *S. Paul*. Celui-ci croyoit la sienne fort simple ; il se trompoit : on en veut une aujourd'hui qui le soit bien davantage ; & il se trouve tout au moins, que ce qu'il crut l'essentiel, étoit l'accessoire.

De ce que la bonne-foi est un préalable nécessaire dans l'étude des Dogmes de la Religion, il ne s'ensuit nullement, ce me semble, qu'elle puisse suppléer la connoissance de ces Dogmes. Il faut bien que le desir de faire la volonté de Dieu soit dans une Ame, pour la mettre en état de recevoir la Doctrine de J. Christ : mais la connoissance & la persuasion de cette Doctrine, n'en est pas moins nécessaire pour faire réellement la volonté de Dieu.

L'essentiel, dit-on, *c'est le fond de droiture & de bonne-foi par lequel on acquiesce à toute Vérité sensible & évidente ; l'accessoire, sont les connoissances particulières que la Révé-*

vélation écrite présente. [Par exemple, *J. Christ*, & *J. Christ crucifié.* I. Ep. aux Cor. II. 2.] Mauvaise définition, si je ne me trompe. L'essentiel c'est d'acquiescer à toutes les Vérités dont Dieu juge la connoissance nécessaire à notre Salut, & que sa Parole nous donne formellement pour telles ; & d'y joindre une pratique conforme à la persuasion de ces Vérités. La droiture de cœur nous dispose sans doute à cette Foi salutaire ; c'est un préalable indispensable à cette Religion essentielle à l'Homme : mais ce n'est ni cette Foi, ni cette Religion. Car ce qui est nécessaire pour acquérir l'essentiel, n'est pas encore cet essentiel qu'il faut acquérir ; la chose parle d'elle-même. Dès-là, saute aux yeux le Sophisme du raisonnement suivant :
„ On doit prendre pour l'accessoire, ce
„ dont le retranchement ne détruit point
„ l'essence de la chose. Or si vous retran-
„ chez de l'idée de la Religion le fond de
„ droiture que l'on suppose, & que vous
„ laissiez subsister toutes les connoissan-
„ ces acquises que la Révélation écrite
„ peut offrir, qu'en sera-t-il ? Un Hom-
„ me qui seroit dans ce cas, auroit-il de
„ la Religion " ? Je réponds, qu'alors ces connoissances ne subsisteront que dans l'imagination & dans la mémoire, &

qu'un homme qui n'aura ni droiture ni bonne-foi, ne donnera point à ces Vérités l'acquiescement d'esprit & de cœur, qu'il ne les embrassera point avec cette Foi active qui fait l'essence du Christianisme.

Essayez au contraire, poursuit l'Auteur, *de retrancher ces connoissances particulières, & de laisser subsister un fond de droiture; l'Homme qui sera dans ce cas, sera-t-il sans Religion?* Je réponds 1°. que celui qui se trouve dans ce dernier cas, a les dispositions qui conduisent à cette Religion; mais qu'il ne l'a pas encore elle-même, puisqu'il ignore la Révélation qui la contient. Je dis en 2ᵈ. lieu, qu'avec ce fond de droiture qu'on lui suppose, il ne manquera pas d'acquiescer à ces Vérités particulières, dès qu'une Révélation divine les lui proposera clairement comme nécessaires à Salut. L'Auteur ne dit-il pas lui-même plus bas, que la Foi est fondée sur la bonne-foi? Prend-il donc le fondement pour l'édifice? & pour lui rendre ses propres paroles *, qui ont ici la plus juste application, *suffit-il de poser la première pierre d'un Bâtiment? Ou suffit-il de savoir le nom des lettres de l'Alphabet?*

L'Auteur fait immédiatement après une

---

* II. Partie, pag. 49.

une remarque sensée. C'est que ce qui n'est qu'accessoire pour l'un, peut devenir essentiel pour l'autre. Cela est sans difficulté. Un Théologien savant doit voir plus de choses dans l'Ecriture, que l'Artisan idiot n'est obligé d'y en voir : par conséquent sa Foi doit s'étendre à plus d'Articles, que celle de l'Artisan. Mais il demeure toujours vrai, que l'Ecriture révèle des points également essentiels au Salut de l'un & de l'autre ; & que l'Artisan même doit croire, sur le témoignage de l'Ecriture, de certaines Vérités. Ce sont celles que la Prédication des Apôtres proposoit à tous, comme l'essentiel de leur Doctrine ; celles dont Jésus-Christ rend graces au Père céleste de les avoir révélées aux petits Enfans, tandis qu'il les cache aux Sages du monde ; en un mot, celles que renferme le Mystère de la Rédemption. Voilà pourtant ce que notre Auteur traite d'Accessoires, d'Opinions, de Systèmes, sur quoi les Docteurs sont en différend. C'est qu'il prend le change, ou qu'il nous le donne. Rien de plus simple que les Vérités dont je parle, à qui les reçoit humblement comme des Faits révélés dont on ne conçoit pas la manière : mais rien de plus épineux pour qui veut les approfondir ;

rien de plus embarrassant pour qui tente de les expliquer. Vous, grand Esprit, qui le tentez inutilement, pourquoi vous plaignez-vous que l'on propose aux Simples ce qui n'est point de leur portée ? Vous vous méprenez, ou ne voulez pas nous entendre. Nous ne disons pas que les Simples puissent comprendre ces Vérités, nous disons qu'ils peuvent les croire. Vous, vous ne les voulez croire qu'à condition de les comprendre ; à la bonne heure : mais ne mettez point les Simples à votre place ; un trop grand abîme vous sépare d'eux. Gardez pour vous seul la pénible obligation de tout comprendre, laissez-leur la tâche facile de croire sur un Témoignage divin ce qu'ils ne comprennent pas. Ou plutôt, faites mieux ; abjurez votre présomption ; mettez-vous ici au niveau des Simples, par rapport au devoir que Dieu vous impose tout comme à eux, de croire dans la Religion ce que ni eux ni vous ne sauriez comprendre.

Je le redis, Monsieur, car on n'y sauroit trop revenir : acquiescer à ce que Dieu nous enseigne, avec autant de soumission que l'on obéit à ce qu'il commande ; embrasser avec foi ce qui nous paroît clairement révélé dans sa Parole, &

qui nous y est proposé comme nécessaire à Salut; c'est-là *commencer par ce que la Religion a de simple.* Voilà la *mesure d'un juste discernement* dans les matières de Religion. Avec un pareil principe, nous ne donnerons jamais *dans des hauts & des bas qui nous égarent*, ni ne confondrons le principal avec l'accessoire, ni ne courrons risque d'être éblouis par *la plus légère lueur de Vérité.* Partant de ce centre, *nous pourrons nous promener dans la circonférence, envisager les objets qui s'offrent à notre vue aussi loin qu'elle peut aller.* Cette circonférence ce sera, ou bien les conséquences approfondies des prémières Vérités du Christianisme, leurs liaisons, leurs rapports; ou bien des conjectures, qui, sans appartenir à la Foi, ne laisseront pas d'y répandre quelque jour. Par ce moyen, le Christianisme conservant toute son intégrité, demeurera toujours à la portée des plus foibles Intelligences, tandis qu'aux plus grands Esprits il ouvrira des sources inépuisables de recherches & de lumières.

,, On ne prétend point borner ou ré-
,, duire la Religion, on voudroit au
,, contraire ôter toutes les bornes que
,, les Hommes lui mettent." Est-il pardonnable à un Homme qui tout à l'heu-

te faisoit le procès aux équivoques, d'en amonceler un si grand nombre dans cette même Lettre qu'il a commencée par les proscrire ? Vous voyez bien, Monsieur, que ces dernières paroles en renferment une nouvelle, & ne sont qu'un vrai jeu de mots. On l'accuse de borner ou de réduire la Religion. Point du tout, replique-t-il, c'est précisément le contraire : je lui ôte toutes les bornes que les hommes lui mettent. Borner la Religion, dans l'idée de ceux qui l'en accusent, c'est retrancher de son essence des Vérités qui lui appartiennent : ôter les bornes que les hommes lui mettent, c'est, dans l'idée de l'Auteur, faire justement la même chose ; c'est réduire la Religion salutaire à des Vérités en si petit nombre, & si généralement reçues, qu'elle comprenne parmi ses vrais Disciples, ceux même à qui les Chrétiens refusent cette qualité, ceux même qui ne font point profession du Christianisme ; c'est enseigner clairement, qu'au-delà des Vérités également reçues dans toutes les Religions, il n'y en a point de nécessaires à Salut. C'est prêcher en fait de Religion, une indifférence sans bornes.

Après ce qu'il vient de nous dire sur les Mystères, on doit être curieux de voir la
dé-

définition qu'il donnera de la Foi. * *C'eſt, dit-il, une notion certaine, une perception évidente ſur la Divinité & ſur ſes Attributs eſſentiels.* La définition varie un peu à la page ſuivante, où la Foi † *eſt eſſentiellement une certitude fondée ſur la connoiſſance naturelle que nous pouvons avoir des Attributs du ſouverain Etre.* D'où il conclud que la Foi, dans ce qu'elle a de fixe & d'invariable, doit avoir la Divinité pure & ſimple pour objet. Ces idées aſſortiſſent à merveille le Syſtême de l'Auteur, mais elles n'en ſont pas plus juſtes. L'objet formel de la Foi, c'eſt le témoignage de Dieu, ce ſont les Vérités qu'il atteſte, & que nous recevons parce qu'il nous les atteſte. L'idée des Attributs de Dieu, en particulier de ſa Véracité, en eſt le fondement. La Foi eſt donc fondée ſur la Raiſon, mais elle a un objet diſtinct de celui de la Raiſon. *La Foi,* dit-il, *qui a l'Evangile pour objet, n'eſt que rélative & ſubordonnée à l'autre;* il veut dire à celle qui conſiſte dans l'idée naturelle de Dieu: pourquoi? *parce,* ajoute-t-il, *que cette idée naturelle eſt la règle & la meſure de l'Evangile, dont on ne prouve la Divinité qu'en*

---

* *Lettre* XVI. pag. 162.
† *Ibid.* pag. 163.
‡ *Pag.* 164.

qu'en la confrontant avec cette règle. Il y a du faux dans ce raisonnement-là. C'est bien un des caractères de l'Evangile, d'être une Doctrine digne de Dieu, conforme à l'idée naturelle que nous en avons; mais cela seul n'en prouve pas la Divinité. Il n'est pas moins faux que notre idée naturelle des Attributs divins, soit la mesure de cette Doctrine. Toute Doctrine révélée de Dieu, n'en peut avoir d'autre qu'elle-même. Car à moins de soutenir que nous avons de la Divinité une idée complette qui épuise son objet, & à laquelle Dieu lui-même ne sauroit rien ajouter, on doit convenir avec moi, qu'il a pu nous révéler dans l'Evangile touchant sa propre nature plusieurs choses qui ne sont point comprises dans l'idée naturelle que nous en avons, quoiqu'il n'y pût rien révéler qui répugnât à cette idée. C'est ici l'éternel Sophisme des *Lettres*. On y fait de notre Raison la mesure de notre Foi, on n'y admet aucune Révélation qui sorte des bornes de nos connoissances naturelles, pour nous en donner d'autre sur l'autorité du Témoignage divin.

Mais la définition que je combats, ne revient-elle pas au fond à celle de *S. Paul*, qui dit *qu'il faut que celui qui vient à Dieu,* croye que Dieu est, & qu'il est rémunérateur de ceux qui le cherchent? Ne voilà-t-il pas les plus pures notions de la Raison Naturelle? *Il s'agit là de croire ce que l'on voit.* Nullement, s'il vous plait. Lisez le XI. Chap. de l'Epitre aux Hébreux, vous y verrez que cette Foi au Dieu rémunérateur, suppose qu'il s'est révélé aux hommes, qu'il leur a fait des promesses. Il s'agit de croire sur son témoignage, d'espérer sur sa parole, des Biens qu'on ne voit point encore; comme il paroît par tous les illustres Croyans que l'Apôtre fait passer en revue dans ce Chapitre. Non, Monsieur, ce n'est point l'idée abstraite de l'Etre suffisant à soi, qui fonde la confiance d'un Enoch, d'un Noé, d'un Abraham, d'un Moïse, & qui relève leur courage parmi les plus rudes épreuves; ce n'est point là ce qui fait tant de fois redire à David: *Je me suis attendu à ta parole, je me suis retiré vers toi, que je ne sois jamais confus.* Quand on ne croit que ce que les yeux voyent, & que notre seule Raison nous montre, on ne s'exprime point ainsi. Si ces saints Hommes ont cru, espéré, obéi avec joie, s'ils ont livré des combats, s'ils ont fait de généreux sacrifices, c'est que Dieu leur avoit parlé, leur avoit fait de magnifiques

fiques promesses, leur avoit dit qu'il seroit leur bouclier & leur récompense. Cette grande nuée de Témoins s'élève contre l'Auteur des *Lettres* qui les appelle à son secours. Ils sont tous d'accord pour le démentir, puisque tous ils croyent, ils espèrent ce qu'ils ne voyent point, savoir un Libérateur, une Canaan, une Cité permanente, une Résurrection, une autre Vie.

Il revient pourtant sur ses pas dans la XVII. *Lettre*, pour avouer que la Foi est obscure à certains égards, quoique claire à d'autres. Pour cet effet il distingue le Principe de la Foi, d'avec son Exercice. Il valoit mieux distinguer entre son Principe & son Objet. Car c'est à l'Objet de la Foi, que convient ce qu'il dit de son Exercice, ou de l'aveugle soumission qu'elle demande. L'exemple d'Abraham, & celui du Père de famille, prouvent l'un & l'autre que la Foi proprement dite est obscure dans son objet; qu'elle nous persuade, sur le Témoignage divin, des choses que ni nos yeux ne voyent, ni notre esprit ne comprend, quoique le motif de croire soit évident, puisqu'il est pris de la Véracité de l'Etre suprême, & de l'expérience sensible de ses communications surnaturelles; expérience qu'avoient
ceux

DE LA RELIGION. *Lettre IX.* 213
ceux auxquels il se révéloit. Cette expérience, chez les Patriarches & les Prophètes, consistoit dans certaines impressions intérieures qui portoient sans doute leur certitude avec elles ; au-lieu que pour nous, nous n'avons que les preuves externes d'une Révélation divine, comme sont les Miracles & les Prophéties.

* *Le fondement de la Foi sera la certitude que nous aurons que les fins de la Divinité, par rapport aux hommes, sont invariablement établies sur sa Bonté.* C'est ce que je lui nie. Cette certitude n'est point le fondement de la Foi, elle en est l'effet. La Lumière naturelle nous dit bien que Dieu est bon, mais elle ne nous assure point qu'il fera grace au Pécheur † : il lui faut pour cela une Révélation surnaturelle, puisque Dieu est entièrement libre à cet égard. Dans la Foi d'Abraham, il y eut certitude sans évidence. S'il y eût eu évidence dans sa Foi, s'il eût vu ce qu'il croyoit, son obéissance n'eût point été aveugle, comme la qualifie l'Auteur lui-même. Et ce qui a lieu dans la Foi des

Pro-

---

* Page 169.
† La même fausse supposition revient plus bas, pag. 177.

Promesses, ne l'a pas moins dans celle des Mystères. A ce dernier égard, on a certitude, sans évidence d'objet; on croit une Vérité, sans la voir en elle-même: cependant on en est certain, non sur son évidence propre, mais sur un Témoignage divin qui nous l'atteste clairement. Et qui empêche, je vous prie, comme je l'ai déja observé ci-dessus, qu'on n'applique aux Vérités obscures, les judicieuses réflexions de notre Ecrivain sur les ordres qu'un Enfant reçoit de son Père, sans en connoitre les raisons, l'usage & le but? Il entre dans l'instruction qu'un sage Père donne à ses Enfans, mille choses qu'ils sont obligés de recevoir sur sa seule autorité; comme il y en a d'autres où ils sont obligés de lui obéir, quoiqu'ils n'en comprennent ni la nécessité, ni le but. Jamais Comparaison aussi heureuse que celle-là, fut-elle plus contraire aux vues de celui qui l'emploie? A demain, mon cher Ami. Je suis tout à vous.

X. LETTRE.

UNE des plus profondes questions qu'agite la Théologie, c'est, comme ne, vous savez, Monsieur, celle qui regarde la cause du Salut des Hommes. Notre Auteur, selon sa coutume, tâche d'en arracher toutes les épines, & pour mieux applanir la route, il renverse à droite & à gauche les divers Systèmes qu'on a proposés sur ce sujet dans toutes les Communions Chrétiennes. Tant le Système de la Justice imputée, que celui de la Justice propre; tant celui qui fonde notre Salut sur le seul mérite de J. Christ, que celui qui le fait dépendre en partie de nos œuvres, soit comme méritoires de leur nature, soit comme condition indispensable du Salut; tout tombe, tout s'évanouït comme une vapeur légère, devant l'idée lumineuse de l'Etre suffisant à soi. *La Félicité*, nous dit-on, *ne s'achète ni ne se vend.* Dès-lors ce que nous disions, après l'Ecriture, que J. Christ par sa mort nous acquiert le Salut, qu'il a payé notre rançon & satisfait la Justice divine en notre place, que la Vie éternelle est le prix de son sang, & le fruit de son sacrifice; ou bien encore, qu'elle est la récompense de nos bonnes œuvres, le prix de nos vertus & de notre obéissance; tout cela se réduit à des termes vuides de sens. Ce sont des figures d'où, si l'on les presse, sortent des notions indignes

dignes de la grandeur de Dieu. Comme Dieu donne sans rien perdre, qu'il n'a nul besoin de remplacer ce qu'il donne, & qu'il ne sauroit rien acquérir, il donne libéralement tout pour rien, il n'exige aucun payement. En effet, l'Etre suffisant à lui-même peut-il rien recevoir? l'Etre souverainement bon vendroit-il aux hommes la Félicité? Ainsi raisonne contre nous l'Auteur des *Lettres*, & jamais peut-être ne se crut-il plus assuré de la victoire. Mais comme les Doctrines qu'il combat ici sont celles de l'Ecriture, il trouvera bon, s'il lui plait, qu'on les défende contre les subtilités de sa fausse Métaphysique.

Il est très vrai, Monsieur, que l'Etre suffisant à lui-même ne peut ni rien recevoir, ni rien perdre. Parfaitement à l'abri de l'indigence, il n'a nul besoin de remplacer ce qu'il donne. Ses dons sont gratuïts, il ne les reproche point, il ne les vend point. Mais de-là s'ensuivra-t-il, qu'il ne doive attacher aucune condition à ses graces, qu'il ne puisse rien exiger de ses Créatures, que leurs rélations avec lui ne leur imposent point à son égard certaines obligations dont rien au monde ne les dispense? Il est aisé de s'appercevoir combien de pareilles conséquences

séquences seroient fausses. Pour rendre cette fausseté plus manifeste, remontons au principe. Dieu est infiniment bon, & infiniment heureux; mais il est aussi parfaitement saint. Il aime ses Créatures; mais il aime encore plus l'Ordre, qui est la Loi de toutes les Intelligences. Etant suffisant à lui-même, c'est par pure bonté qu'il a tiré du néant des Etres intelligens & libres. Il avoit en cela leur bonheur en vue, & non le sien propre, qui ne pouvant ni croitre ni diminuer, ne reçoit aucun accroissement de celui des Créatures. Dieu veut donc qu'elles soient heureuses; mais il veut aussi qu'elles se soumettent à l'Ordre, & que leur bonheur dépende de cet assujettissement. S'il vouloit la première de ces choses indépendamment de l'autre, il manqueroit de ce souverain amour pour l'Ordre, qui est de l'essence de l'Etre parfait; alors, bon sans être saint, il cesseroit d'être ce qu'il est.

1°. Il appartient à Dieu, en qualité de Chef & de souverain Directeur des Intelligences, de procurer le maintien de l'Ordre, & d'y faire tendre les Etres qui lui sont soumis. C'est ce qu'il fait en leur donnant des Loix, en punissant le Vice, en récompensant la Vertu, en employant tous les moyens que sa Sagesse lui fournit pour prévenir la violation de l'Ordre, & pour y ramener ceux qui s'en écartent. Que si 2°. l'on envisage Dieu comme prémier Principe, comme Créateur des autres Etres, comme source de leur existence & de leur bonheur, ce que les Loix de l'Ordre leur prescrivent doit se regarder comme autant de dettes, dont ils sont tenus envers ce prémier Etre de qui ils ont tout reçu, & duquel ils dépendent absolument. Ces Loix leur prescrivent de lui rendre Gloire, Hommage, Obéissance, Amour. Il n'est aucun acte imaginable de Vertu qui ne rentre dans cette obéissance, dans cet amour, dans cet hommage suprême qui rapporte à Dieu toutes nos actions; & au contraire il n'est point d'acte vicieux qui, par cela même qu'il s'oppose à l'Ordre, ne doive être envisagé comme un outrage fait à Dieu, comme un refus de ce qu'on lui doit, comme un acte de rebellion contre lui. Dieu donc, en qualité de prémier Etre, se trouvant engagé au maintien de l'Ordre, & étant en cette même qualité la fin dernière des Créatures & le centre des Devoirs que cet Ordre leur prescrit, ne les peut dispenser de l'hommage, de l'amour, de l'obéissance qui lui sont dûs de leur part. C'est

pour

pour elles une obligation ineffaçable, c'est une dette dont il ne les peut quitter, c'est une condition indispensable mise à leur bonheur. Car Dieu ne peut les aimer, ni les rendre heureuses, aux dépens de l'Ordre, qui ne souffre point que le Vice ait les récompenses de la Vertu, & qui ne se maintient qu'en attachant le Bonheur à la Vertu seule.

En ce sens, le Bonheur est à prix; la pratique de nos Devoirs est ce prix; & comme Dieu est le centre des Devoirs, & que leur pratique est une chose qu'on doit à Dieu, c'est à Dieu qu'on paye ce prix du Bonheur. L'Ordre le demande, & Dieu le protecteur de l'Ordre, Dieu qui veut toujours ce qui est juste, ne peut s'empêcher d'exiger ce prix du Bonheur qu'il promet à ses Créatures.

Cela n'empêche pas, Monsieur, comme vous voyez, qu'il ne soit infiniment bon, & pleinement desintéressé dans le bien qu'il leur fait. C'est par une Bonté purement gratuite qu'il les a créées pour les rendre heureuses par la Vertu, qu'il leur conserve ce Bonheur, étant maitre de le leur ôter, qu'il l'augmente & le prolonge sans bornes. Vous voyez aussi que la condition qu'il y met, ne suppose aucune proportion entre les actes vertueux,

K 2

tueux, & la récompense, qui peut être infinie, par un don de l'infinie Bonté; & qu'il peut y avoir une inégalité immense entre le prix du Bonheur, & le Bonheur même.

Remplir les Devoirs que l'Ordre impose, voilà donc la première dette de la Créature envers Dieu; dette qui subsiste éternellement, & que la Créature, même en la payant toujours, n'acquitte jamais. Mais au cas qu'elle s'écarte de l'Ordre en violant ces Devoirs, elle en contracte une nouvelle que Dieu est encore en droit d'exiger; c'est l'obligation à la Peine. Il est juste que les coupables soient punis. En cela, d'un côté, Dieu ne leur fait aucun tort, & ne leur fournit aucun légitime sujet de plainte; d'autre côté, cette punition est un moyen efficace de maintenir l'Ordre, dont le souverain Directeur est en droit de se servir. Cependant si ce moyen n'est pas l'unique, rien ne l'oblige à le mettre en œuvre. Il peut donc remettre * aux coupables les peines qu'ils ont méritées,

pour-

* On voit par-là comment la Justice ou l'Equité rigoureuse se distingue en Dieu d'avec la Bonté, puisqu'il peut relâcher aux Pécheurs par bonté, ce qu'il seroit en droit d'en exiger par justice. Ce n'est point qu'alors l'un de ces Attributs l'emporte sur l'autre, car ils ne sont

ja-

pourvu que d'ailleurs l'Ordre reçoive la réparation qui lui est due. Alors cette réparation devient un nouveau prix de la félicité du Pécheur, que Dieu tire d'ailleurs, sans l'exiger du Pécheur même, & au moyen duquel il concilie l'exercice de la Justice avec celui de la Miséricorde, & se montre aux coupables mêmes également bon & saint. Telle est la Satisfaction de J. Christ. Ce Rédempteur souffre à la place des Pécheurs, pour réparer leur Desordre, & en même tems pour leur mériter le Ciel. En expiant leurs crimes, en les rachetant des peines qu'ils devoient souffrir, il achète pour eux la Béatitude, & leur y donne un droit que l'Innocence même n'avoit pas.

Ce

jamais en contraste: mais c'est que Dieu est libre dans leur exercice, & que maitre de faire justice simplement, il peut aussi laisser agir sa bonté, sans que par l'une ou l'autre conduite l'Ordre soit blessé le moins du monde. Quand nous demandons à Dieu *qu'il ne nous juge pas selon sa justice*, nous entendons qu'il ne s'en tienne pas avec nous aux règles de l'équité rigoureuse, mais qu'il déploie sur nous sa bonté. Il n'y a rien que de très raisonnable dans cette prière, qui est de l'Ecriture; & par conséquent, ce que l'Auteur y oppose plus bas, (*Suite de la III. Partie*, pag. 41.) ne l'est guères.

Ce prix de la Félicité du Pécheur, que le Pécheur ne paye point ; ce prix d'une valeur inestimable, & qui est un don de la Miséricorde par rapport à lui, ne le dispense pourtant pas d'en payer lui-même un autre, ni ne l'affranchit nullement de la condition générale à laquelle le bonheur des Créatures est attaché, savoir de la soumission à l'Ordre. Par conséquent les droits que J. Christ acquiert aux Pécheurs, supposent toujours nécessairement leur Repentance & leur sincère retour à la Sainteté. Notez qu'entre ce second prix que l'Homme doit payer de son propre fonds, & le premier qui lui est fourni d'ailleurs, il y a cette grande différence, que celui-là, qui n'est qu'une condition *sine qua non*, un simple préalable, n'a aucune proportion avec la Félicité qu'on acquiert, mais seulement un rapport de congruité ; au-lieu que celui-ci, c'est-à-dire la Satisfaction du Médiateur, nous mérite cette Félicité, nous la procure *ex condigno*, comme parlent les Scholastiques, & lui est véritablement proportionné. Il est de l'Ordre, que les souffrances & l'obéissance parfaite de J. Christ, par où l'Ordre est satisfait, & ses Loix maintenues avec éclat, acquièrent un Bonheur éternel à ceux

dont

DE LA RELIGION. *Lettre X.* 223
dont ce Médiateur a bien voulu prendre la place, pour faire en leur nom une telle réparation. Ce qu'il fait ainsi librement, généreusement, non seulement les affranchit des peines méritées, en rendant à l'Ordre ce qu'il exigeoit; mais lui mérite une récompense, dont ceux auxquels il se substitue doivent être participans. Bien entendu, qu'afin d'y participer, il faut nécessairement qu'ils remplissent la condition indispensable de la soumission, qui, pour les Pécheurs, devient la même chose que celle du retour à l'Ordre.

Pour obtenir la Félicité, il ne suffit donc pas à ceux qui ont violé l'Ordre, de se repentir & de retourner à l'obéissance; puisqu'ils ne feroient par-là qu'acquérir de nouveau cette Sainteté, qui pour toutes les Créatures intelligentes est le prix, ou l'indispensable condition du Bonheur. Ils doivent de plus une juste réparation à l'Ordre qu'ils ont violé; réparation sans laquelle, quelque saints qu'ils devinssent à l'avenir, il ne conviendroit pas qu'ils fussent heureux, ne pouvant en ce cas le devenir qu'aux dépens de l'Ordre. Mais cet obstacle à leur bonheur est levé, dès que le Médiateur offre pour eux la réparation qu'ils

K 4 de-

devoient; & cette réparation de sa part à lui, qui ne la devoit point, est en même tems un mérite digne que Dieu le récompense d'une Gloire éternelle, dans sa personne & dans celle de ses rachetés.

Au reste, ce que les Théologiens nomment *obéissance active* de J. Christ, ne doit point être séparé de son obéissance *passive*. Ces deux choses sont inséparablement unies dans l'idée de Satisfaction & de Mérite, puisque par la pratique la plus parfaite des préceptes de la Loi, & par l'exercice des plus sublimes vertus, J. Christ rend un aussi éclatant hommage à l'Ordre, qu'il lui en rend par les peines endurées à la place des Pécheurs, & par le profond abaissement où il est entré pour l'amour d'eux.

Ces principes posés, il sera aisé d'éclaircir la grande question qui partage les Théologiens Orthodoxes, touchant la nécessité de la Satisfaction de J. Christ. On demande s'il étoit absolument nécessaire qu'il souffrît à la place des Pécheurs pour leur procurer le Salut, & si la Justice de Dieu l'engageoit tellement à punir le Péché, qu'il n'ait pu pardonner aux Pécheurs sans Satisfaction.

Je réponds, que Dieu aimant souverainement l'Ordre, & n'aiant pour ses
Créa-

Créatures qu'un amour qui se règle sur celui-là, & lui est subordonné, il ne veut jamais que par ce bonheur des Créatures, les Loix de l'Ordre perdent rien de leur force, de leur éclat, de leur majesté. Il faut donc que lorsque le Péché leur a fait brèche, ou leur a porté quelque atteinte, cette brèche, cette atteinte soit réparée de manière ou d'autre; ou par la punition du Coupable, ou par la substitution d'un Pleige, ou par quelque autre moyen propre au même but; car ce n'est point à nous de décider qu'il n'y ait aucun autre moyen possible outre ces deux-là. Il est certain que le second de ces moyens sauve les Pécheurs, & donne lieu à l'exercice de la Miséricorde : mais qui sait si la Sagesse divine n'avoit pas en main plusieurs autres voies d'accorder envers les Pécheurs la Bonté de Dieu avec sa Justice ? Il nous doit suffire qu'elle ait choisi celle des souffrances du Médiateur, & que c'est un moyen parfaitement digne d'elle, puisqu'il remplit son but, qu'il venge l'Ordre, & qu'il accorde avec le maintien des Loix, l'exercice d'une Miséricorde infinie envers les coupables.

Il paroît de-là, combien il y a d'équivoque dans cette question : *Dieu n'a* t-il pu pardonner aux Pécheurs sans une Satisfaction préalable ? Car si l'on entend par *Satisfaction*, celle-là précisément que Dieu a reçue par les souffrances de son Fils unique, on ne sauroit décider *à priori* qu'elle fût nécessaire, & que le plan de Rédemption qui nous est révélé dans l'Evangile, fût l'unique que la Sagesse infinie pût former pour le Salut des hommes. Que si, par le terme de *Satisfaction*, on entend un moyen quelconque pour remédier à l'atteinte que les Loix de l'Ordre ont reçue par le Péché, & qui fasse que ces Loix ne soient ni moins respectables ni moins respectées dans le Monde intellectuel depuis l'entrée du Péché, qu'elles ne l'étoient auparavant ; il est sûr que la Sainteté divine exigeoit un tel moyen comme le préalable nécessaire du Salut des Pécheurs, & que leur repentance ne renferme point ce moyen ; puisque, quoiqu'elle soit rélative au Péché, & qu'elle tende à rendre de nouveau soumises à l'Ordre les Créatures qui s'en écartoient, elle n'aboutit qu'à détruire le Péché dans l'Homme, en y remettant toutes choses dans leur prémier état, mais qu'elle ne répare point la brèche que les Loix de l'Ordre en ont reçue.

Dieu

Dieu dans tout cela, concluons-le contre l'Auteur des *Lettres*, agira d'une manière digne de l'Etre suffisant à soi-même, c'est-à-dire, d'une manière pleinement desintéressée. Il n'est pas plus intéressé dans l'amour du Juste, qu'il l'est dans l'amour du Bien pour autrui ; dans l'exercice de la Sainteté, que dans celui de la Bonté ; dans ce qu'il fait pour maintenir l'Ordre chez les Créatures, que dans ce qu'il fait pour les rendre heureuses. Dans l'un & dans l'autre, il n'a pour lui aucun intérêt, aucune vue d'acquérir un bien qu'il n'eût pas, ou d'augmenter sa Félicité. Dans l'un, c'est pure Bonté qui le fait agir pour l'intérêt d'autrui, & non pour le sien ; dans l'autre, c'est amour de l'Ordre, amour du Juste qu'il aime comme lui-même, étant le principe de l'Ordre & de la Justice, qu'en qualité de prémier Etre il doit maintenir dans l'Univers. En conséquence, il exige de ses Créatures l'Amour, la Crainte, l'Hommage, l'Obéissance qu'elles lui doivent, puisque c'est en vertu de l'Ordre qu'elles le lui doivent, & que les en dispenser, les quitter de cette dette, ce seroit se renier lui-même, & ne point agir selon ce qu'il est.

Je sai que l'Auteur des *Lettres* nie qu'il y ait

y ait un Juste indépendant de l'Utile. Il soutient que Dieu, dans tout ce qu'il fait & qu'il ordonne à notre égard, ne pouvant avoir en vue son propre intérêt, n'a que celui de ses Créatures : que tendre à l'Ordre, c'est tendre à notre propre bien ; & que comme c'est uniquement pour l'amour de nous qu'il nous prescrit des Devoirs auxquels notre bonheur est attaché, c'est pour nous-mêmes uniquement que nous travaillons, quand nous pratiquons la Vertu. En un mot, son Système réduit dans l'Homme l'idée de la Sainteté à l'Amour de nous-mêmes ; & en Dieu il la réduit à cette Bonté immense, qui tend uniquement à nous rendre heureux.

Sera-t-il donc permis de confondre ainsi les idées les plus distinctes ? On peut être dans l'Ordre, sans être actuellement heureux ; & réciproquement, on peut jouir d'un certain degré de bonheur, sans être dans l'Ordre. L'Auteur lui-même avoue dans sa IX. Lettre *, qu'en l'état où l'Homme est actuellement, le Bien-être peut se trouver avec l'Injuste, & le Juste avec la Douleur. Il remarque à la vérité dans la même Lettre, que le sentiment du Bien-être précède en nous

* Pag. 102.

nous l'idée du Juste; mais cela n'est vrai, qu'à cause que les Sens agissent en nous avant la Raison. Dès que la Raison parle, & que nous pouvons l'entendre, elle nous prescrit également les actions justes, & celles qui tendent à notre Bienêtre. Cependant, la différence est grande entre le Juste & l'Utile. L'Homme devient juste par la détermination de sa volonté, cela dépend de lui; mais il ne dépend point de lui de se rendre heureux, c'est Dieu qui le rend tel par un acte de la sienne. Il est vrai que par une admirable dispensation de ce divin Maitre, le Juste conduit à l'Utile, & que la pratique de la Vertu doit procurer tôt ou tard notre vrai Bonheur. Mais cette liaison ne résulte point de la nature même des choses, par une *inséparabilité* qui identifie le Bonheur avec la Vertu; elle se fonde sur ce que celui-là sert de récompense à celle-ci, & sur ce qu'il est juste que la Vertu soit heureuse. Cet *il est juste* exprime même la distinction dont je parle; il suppose la direction d'un Supérieur qui, aimant l'Harmonie morale, attache par une opération très libre le Bonheur à la Vertu, comme une récompense dont elle est digne, qu'il juge lui convenir, & s'assortir parfaitement avec elle. Ces

deux

deux choses, quoiqu'unies, sont toujours distinctes. L'une est Devoir, l'autre est Rétribution, & sert de motif au Devoir, chez ces Etres indigens, qui ont besoin d'un bien qu'ils ne sauroient tirer de leur propre fonds. Ces Etres, par une impression insurmontable de leur nature, tendent au Bonheur; & Dieu, qui les veut tenir soumis à l'Ordre, ne leur fait trouver le Bonheur que dans cette soumission, & leur fait sentir que le Désordre ne sauroit manquer de les plonger dans la Misère.

En admettant même, ce qui est vrai à divers égards, que par l'arrangement qu'il a mis dans les choses du Monde, & par la manière dont il nous a faits, la pratique de la Vertu nous procure de très grands avantages; & quand on supposeroit qu'un homme qui prend soin de tenir toutes ses affections dans l'Ordre, verroit naitre de cet Ordre même sa félicité, sans que Dieu s'en mêlât par des volontés particulières; il seroit toujours manifeste que dans un pareil établissement, le Maitre du Monde auroit eu en vue de faire pratiquer les Loix du Juste, en y attachant de si grandes récompenses, & qu'il n'y manifesteroit envers ses Créatures qu'une Bonté réglée par l'amour de l'Ordre. Dans

Dans la Création des Agens libres, la Bonté seule agit sans condition, sans limitation: car l'Ordre ne demandoit point que Dieu leur donnât l'existence. C'est donc par pure inclination bienfaisante qu'il la leur communique ; c'est pour l'amour d'eux-mêmes, & purement pour faire des heureux. Mais cette existence supposée, l'Ordre commence à faire valoir ses droits. Car il est juste que des Etres qui sont à l'égard de Dieu dans la relation de Créatures à Créateur & à Bienfaiteur, l'honorent, l'aiment, le servent, pratiquent la Vertu ; & ce n'est qu'à condition de remplir ces devoirs, que Dieu, qui par un pur effet de bonté les avoit déja rendus susceptibles de bonheur en les créant, & heureux à certain degré, veut qu'ils continuent de l'être. Sans cela, il seroit faux que la Religion fût essentiellement une relation entre Dieu & l'Homme, comme notre Auteur la définit lui-même. Si rien n'étoit dû à Dieu de la part de l'Homme, il n'auroit alors d'autre relation avec Dieu, que celle d'Effet avec la Cause qui l'a produit. Il n'y auroit nulle obligation fondée sur notre nature & sur celle de Dieu, qui nous engageât à l'honorer, à le craindre, à lui obéir, à rapporporter toutes nos actions à sa gloire. En ce cas, nos Devoirs n'auroient pour objet que nos Prochains & nous-mêmes; ou plutôt nous ferions l'objet, le centre unique où tendroit notre Religion.

Si Dieu n'exige pour lui-même aucun tribut, aucun devoir de ses Créatures; s'il n'envisage que leur seul intérêt dans les Loix qu'il leur impose; s'il ne veut précisément que leur bonheur; ce n'est point pour l'amour de l'Ordre même qu'il veut qu'elles soient dans l'Ordre, mais parce que le Desordre seroit incompatible avec leur Félicité, parce qu'il est impossible qu'elles soient heureuses autrement, parce que l'Utile se confond avec le Juste. Mais comme ce Juste a son siège dans la Volonté, comme il dépend du Libre-Arbitre, il en résultera, que Dieu étant infiniment bon, doit leur assurer un pareil Bonheur, en fixant leurs volontés par un attrait invincible qui les attache aux dispositions d'où ce Bonheur résulte. De-là renaissent avec une nouvelle force les Objections Manichéennes. Elles tombent à plomb sur le Système de l'Auteur, & sont insolubles dans ses principes. Car si Dieu est bon, selon sa définition de la Bonté desintéressée, s'il a uniquement en vue le bon-

bonheur des Hommes dans toute sa conduite à leur égard, que ne les amène-t-il tout d'un coup à ce terme de Félicité consommée ? Pourquoi souffrir qu'ils se déréglent, ou ne pas remédier sur le champ à ce Desordre ?

Je vois bien que l'Auteur * parle d'un Desordre primitif, qui met dans l'Homme entre la nature corporelle & la spirituelle une certaine dissonance ; ce qui fait qu'actuellement chez lui le Bien-être se trouve avec l'Injuste, & le Juste avec la Douleur. Mais là-dessus je lui adresse une double question. Je lui demande en premier lieu, d'où vient ce *desastre*, comme il l'appelle, ou cette imperfection dans l'Homme ? Ce ne sera pas de Dieu, sans doute ; c'est l'Homme lui-même qui en est l'auteur, par l'abus malheureux de sa Liberté. Mais comment Dieu, infiniment bon, a-t-il permis cet abus ? 2°. Je lui demande comment l'Homme en se déréglant a pu changer la nature des choses, & faire que la Douleur, du moins pour un tems, cessât d'être la compagne inséparable du Desordre ? 3°. Qu'est-il besoin de l'en ramener par degrés, & de le faire passer par une longue épreuve, par

* *Relig. essent.* Lettre IX.

par de rudes combats contre ses passions, par de pénibles efforts sur lui-même, &c.? Quelle nécessité y avoit-il de le guérir par ces remedes lents, qu'on appelle remords, souffrances &c.? Pourquoi lui infliger des peines? Du moins pourquoi le ramener à la Félicité par une route si longue & si épineuse? Niera-t-on que l'Auteur de notre existence soit maitre de nous imprimer telles sensations qu'il lui plait, soit agréables, soit affligeantes, & qu'il ne répande à son gré la Félicité dans nos Ames? Ce seroit nier l'évidence même. Il y a donc tout lieu de conclurre que ces peines, ces efforts que la Félicité nous coûte, que l'épreuve où Dieu nous met pour y parvenir, que ces souffrances destinées à purifier l'Ame, à la corriger de ses mauvaises pentes, pour la rendre susceptible du vrai Bien; que tout cela, dis-je, est fondé, non sur une nécessité de Nature, mais sur une nécessité de Justice & d'Ordre moral.

Supposé que l'Ordre exige de la Créature intelligente un état d'épreuve, comme préparatoire à celui de parfaite Félicité: supposé qu'il soit nécessaire qu'elle rende à Dieu une obéissance libre, & que par un bon usage de sa Liberté dans la pra-

pratique des Devoirs, elle se rende digne de récompense: supposé que, selon les Loix du Juste, le vrai Bien doive être le prix du libre choix qu'elle en aura fait; il s'ensuit que pour la pousser à ce choix sans l'y contraindre, Dieu aura dû se contenter d'employer à l'égard de la Créature, des moyens d'une efficace purement morale; qu'il aura dû la mettre en épreuve, la former à la Vertu, l'y confirmer par degrés, & lorsqu'elle s'en sera écartée, l'y ramener par l'instruction, par les promesses & les menaces. Dans cette sorte de Discipline entreront les remords, les châtimens, diverses impressions affligeantes qui, proportionnées à la nature d'un Etre libre, n'opéreront que lentement sa réformation, supposant toujours qu'il coopére de son côté à ce grand ouvrage; & le conduiront ainsi par des routes plus ou moins épineuses, à la Félicité que Dieu lui propose pour but.

Il ne m'en faut pas davantage. Car dès-lors voilà une Loi éternelle que Dieu suit, & sur laquelle il règle l'exercice de sa Bonté. Cette Bonté, toute gratuite qu'elle est, exige donc de nous un tribut d'hommage, d'amour, de dévouement au Créateur. Tout infinie qu'elle est,
elle

elle ne nous rend point pleinement heureux fans nous & malgré nous. Pour condition de fes dons, elle nous impofe une obéiffance, qui dépend de nous, puifqu'elle eft libre : obéiffance que nous devons à Dieu, & dont l'Ordre immuable ne lui permet pas de nous difpenfer. Lui rendre un fi jufte tribut, ce n'eft ni acheter les dons de Dieu, ni les mériter : c'eft fimplement fe qualifier pour les obtenir.

Ces fondemens établis, tous les Sophifmes de cette Lettre & de la fuivante tombent d'eux-mêmes.

* *La Divinité a-t-elle befoin de Laboureurs?* &c. Non, elle n'a nul befoin de nous ; mais elle a des droits fur nous, dont elle ne fauroit fe deffaifir fans fe renier elle-même. Nos hommages ne lui apportent *aucun profit* ; mais *il eft jufte* que nous les lui rendions.

„ †Se payer par des fouffrances, c'eft
„ ce qu'on a peine à concevoir..... Mo-
„ tif de vengeance à part, les hommes
„ n'infligent des peines, qu'en vue d'en
„ retirer quelque avantage, foit pour
„ eux-mêmes, foit pour le Public."

L'Au-

---

* *Relig. effent.* Lettre XIX. pag. 187.
† *Ibid.*

DE LA RELIGION. *Lettre* X. 237

L'Auteur reproche aux Théologiens de fonder leur Syſtême ſur des Comparaiſons imparfaites; il devoit donc prendre garde à ne pas tomber lui-même dans cette faute, en concluant des hommes à Dieu, comme il fait ici fort mal à propos. Un homme en punit un autre, ou comme Particulier, afin de pourvoir à ſa propre ſureté; ou comme Magiſtrat, pour maintenir la tranquillité publique, en empêchant que l'audace des méchans n'y porte atteinte; ou en qualité de Maître ou de Père, pour corriger les coupables par la ſévérité des châtimens. Motif de vengeance à part, on a donc toujours en vue, quand on punit, ſon intérêt propre, ou celui des perſonnes qu'on châtie, ou bien celui de la Société en général. Ces deux dernières vues conviennent aux peines que Dieu inflige. Il eſt certain, que comme les Loix de l'Ordre tendent au Bonheur public, les châtimens qui répriment le Deſordre, ces peines dont l'exemple affermit dans l'Ordre ceux qui ne s'en ſont point encore écartés, & dont le ſentiment douloureux tend à y ramener ceux qui s'en écartent en effet, Dieu les inflige par des vues de bonté. Mais comme l'Ordre univerſel dont il eſt le principe, le centre &

le

le protecteur, comprend des Devoirs d'une justice évidente, c'est-à-dire des convenances que notre Raison approuve indépendamment de l'avantage que nous en tirons; par exemple, le Devoir de restituer un dépôt, de reconnoître un bienfait, de secourir les misérables, (il faut mettre sur-tout en ce rang, ceux qui ont Dieu pour objet;) il paroît clair, que tout Etre intelligent qui viole librement ces Devoirs, se rend coupable; qu'étant coupable, il mérite par cela même d'être puni; & que sa peine est juste, autant qu'étoit juste le Devoir qu'il a violé, indépendamment de l'usage que peut avoir cette peine, ou pour celui qui la souffre, ou pour le bonheur de la Société dont il est membre.

La substitution ne peut avoir lieu à titre de réparation d'offense, par rapport au souverain Etre. Il est juste, sans doute, que celui qui a commis la faute, en porte la peine, vu que par ce moyen l'Ordre est maintenu. Mais si l'Ordre peut recevoir quelque réparation équivalente, cette punition du coupable cesse d'être nécessaire, & la substitution peut avoir lieu. Si, par exemple, un innocent offre de souffrir à la place du coupable, s'il consent à donner ce double exemple de bonté
hé-

héroïque & d'amour pour l'Ordre, si cet exemple sert à ramener les criminels à leur devoir, & que l'auteur d'un si généreux sacrifice soit glorieusement dédommagé de ce qu'il aura souffert; alors la Miséricorde divine peut sauver les coupables, sans que l'Ordre s'y oppose. En général, le but & la règle du Gouvernement divin dans la distribution des récompenses & des peines, est bien de procurer le bonheur de ses Sujets; mais aussi, en le procurant, de faire toujours ensorte qu'il ne leur paroisse jamais indifférent d'obéir aux Loix de la Justice, ou de les enfraindre.

Il est certain que la pratique de ces Loix tend au bonheur des Créatures, & que Dieu veut leur bonheur quand il les y assujettit. Cependant l'utilité qui découle des actions justes & vertueuses, n'est point le fondement de l'obligation qui nous y engage; il le faut chercher dans une convenance, dans une harmonie que tout esprit est capable de voir, & ne peut s'empêcher d'approuver en la voyant. Celui qui règle sa conduite sur de telles idées, est digne d'éloge & de récompense; celui qui s'en écarte, est digne de blâme, & par-là même de châtiment. Car l'une de ces deux choses est

la

la suite de l'autre, étant évident que quiconque loue ou blâme en vertu de certains principes de Raison & d'Ordre qui dirigent ses jugemens, récompenseroit ou châtieroit en vertu des mêmes principes, si à l'intelligence il joignoit le pouvoir & l'autorité. Tous nos Devoirs envers le Prochain, consistant à procurer son vrai bien de manière ou d'autre, tendent au bonheur de la Société humaine en général, & par contre-coup au nôtre propre. Le bien qui en rejaillit sur nous est sans doute un motif pour nous porter à leur pratique : mais ce qui les constitue proprement des Devoirs, c'est la convenance intrinsèque qu'on y découvre, c'est ce principe d'Ordre, Qu'il est beau, séant, convenable de procurer le bonheur d'autrui, & qu'il est juste de s'abstenir de lui nuire. Le même principe qui fait que Dieu est bienfaisant & équitable, nous oblige à l'être nous-mêmes. Comme Dieu est infiniment bon, il ne sauroit approuver ni aimer des Créatures à qui la Bonté manque : au contraire, il se plait à récompenser celles qui sont bienfaisantes. C'est par Justice, par amour pour l'Ordre, qu'il en use ainsi. Voilà donc une idée d'Ordre, antérieure à celle de l'utilité propre, dans celui à qui les Devoirs
sont

DE LA RELIGION. *Lettre* X. 241

sont imposés. Ce n'est point précisément l'idée d'un Etre qui, par amour pour soi-même, choisit ce qui lui est le meilleur; c'est celle d'un Etre intelligent, lequel, indépendamment de son propre avantage, fait les actions qui lui paroissent justes, c'est-à-dire, dans lesquelles il apperçoit de la convenance & de l'harmonie.

Par rapport à nos Devoirs envers Dieu, la chose est plus claire encore. Ces Devoirs résultent de l'harmonie générale, & sont fondés sur nos relations immuables avec Dieu. Quoique ces Devoirs soient tels, que Dieu qui en est l'objet n'en recueille aucun profit, ils ne lui en sont pas moins dûs pour cela; ils n'en ont pas moins la *raison formelle* du Devoir, qui est la convenance & l'harmonie; mis à part notre propre avantage, ou celui d'autrui. C'est donc tomber dans une illusion grossière, que de croire qu'à proprement parler, Dieu n'exige rien de nous & que nous ne lui devons rien, parce qu'il n'a besoin de rien. Le formel du Devoir consiste, non dans le bien qu'il procure à nous ou aux autres, mais dans ce qu'il a de juste & de convenable: cela se trouve vrai dans les Devoirs dont le Prochain est l'objet, tout comme dans ceux qui se rapportent directement à

Tome I.   L   Dieu.

Dieu. Exerçons-nous des œuvres de charité ? notre Prochain sans doute en recueille le profit : la matière du Devoir est alors le bien que nous lui procurons ; mais le formel de ce Devoir consiste en ce qu'il y a de beau & de convenable à procurer le bien des autres hommes.

„ * Les hommes ne pourront non plus
„ se croire les auteurs de la béatitude
„ dont ils jouïront, que de l'être qu'ils
„ ont reçu. Après cela, pourquoi se-
„ roient-ils dans le cas d'acheter le bien
„ pour lequel ils ont été faits ? " Je réponds, que quoiqu'ils aient reçu cet être & ces facultés, ils achètent ce bien, par le bon usage qu'ils font de leurs facultés. Ils *l'achètent*, servons-nous du mot, à la bonne heure : ce n'est pas à dire qu'ils le méritent, ni qu'il y ait la moindre proportion entre ce qu'ils font & ce qu'ils obtiennent ; à Dieu ne plaise ! Cela signifie seulement, que par leur acte propre, ils remplissent la condition que l'Ordre impose, & sans laquelle ce bien ne peut jamais être à eux.

„ † Si l'Infini ne peut rien perdre, s'il
„ ne lui coûte rien de donner, s'il ne
peut

* *Ubi supra*, pag. 196.
† *Ibid.* pag. 197.

„ peut rien acquérir, quel prix recevra-
„ t-il en échange de ce qu'il donne?"
Ce raisonnement ne se fonde que sur l'é-
quivoque du mot *recevoir*. Chez les hommes, *recevoir*, c'est acquérir un bien qu'on
n'avoit pas; mais Dieu, en recevant les
hommages qui lui sont dûs, n'acquiert
rien, ne reçoit aucun accroissement de
Félicité. Il reçoit pourtant cet hommage dont il est l'objet, que sa Créature lui
rend, & qu'il est très juste qu'elle lui
rende. Comme il ne l'exigeoit d'elle que
parce qu'il étoit juste, il l'approuve & le
récompense par la même raison. Chan-
gez simplement l'expression, & à cette
demande, *Quel prix Dieu recevra-t-il en é-
change de ce qu'il donne?* substituez celles-
ci, *Quelle condition Dieu mettra-t-il à ses
faveurs? Quelles qualités sont requises pour
en devenir l'objet?* l'argument perd tout
ce qu'il avoit d'imposant. Car de ce que
Dieu ne peut rien acquérir, de ce qu'il
ne lui coûte rien de donner, il ne s'ensuit pas qu'il doive répandre ses dons sur
des indignes.

„ * Tout ce que vous faites entrer
„ dans l'idée de ce qu'on appelle bonnes
„ œuvres, se rapporte uniquement à
„ l'Hom-

* *Ubi supra*, pag. 200.

,, l'Homme, à procurer son véritable
,, bien." Le bien qui résulte des bonnes
œuvres, regarde uniquement l'Homme;
mais ce n'est pas à l'Homme seul que se
rapportent les bonnes œuvres. Car étant
des Devoirs, des actes d'obéissance, elles
se rapportent principalement à Dieu, à
qui l'obéissance est dûe.

,, * La Félicité que Dieu réserve aux
,, Hommes, sera purement gratuite.
,, Les efforts qu'ils auront faits pour de-
,, venir vertueux, n'auront abouti qu'à
,, eux-mêmes, à les mettre en état de se
,, prévaloir de ce don." Voilà donc toujours des efforts devenus nécessaires pour
obtenir le don de la Félicité. Ils en sont
la condition, puisqu'ils nous mettent
dans l'état où il faut être pour cela. Mais
les dernières paroles sont obscures. En
quel sens peut-on dire que nos efforts
pour devenir vertueux, ou que nos Vertus, *nous mettent en état de nous prévaloir
des dons de Dieu?* Est-ce en nous rendant
dignes de les obtenir? ou est-ce seulement
en rendant notre Ame capable de goûter
ces dons déja tout obtenus; en la rendant
susceptible de leur impression béatifiante?
Est-ce une nécessité naturelle, qui de ces

ef-

* *Ibid.*

efforts fasse dépendre notre Félicité? ou bien, est-ce simplement une convenance d'Ordre? J'ai prouvé que c'est incontestablement le dernier: auquel cas, les actions vertueuses aboutissent bien à notre propre avantage; mais leur objet, leur dernière fin en qualité de Devoirs, c'est ce même Dieu qui nous les prescrit.

Enfin, Monsieur, pour ramasser en deux mots toutes mes réflexions précédentes: qu'on distingue soigneusement le Juste d'avec l'Utile, en se rendant attentif aux idées de l'un & de l'autre qui sont si distinctes dans notre esprit, & si clairement séparées: que l'on songe à la double dette que l'Ordre même des choses nous fait contracter envers Dieu; l'une, d'obéissance à l'Ordre, en qualité de Créatures intelligentes; l'autre, d'assujettissement à la peine, en qualité de Pécheurs: qu'on se mette bien dans l'esprit, que la prémière de ces dettes est pour nous l'immuable condition du Bonheur, & que la seconde met à notre Bonheur un obstacle que nous-mêmes ne saurions vaincre: on verra alors la Doctrine de l'Ecriture touchant la Satisfaction de J. Christ, & touchant la cause du Salut de l'Homme, pleinement justifiée; &, comme *S. Paul*, on n'aura que du mépris pour les vains prestiges que la fausse Sagesse humaine ose opposer à celle de Dieu. Je suis &c.

XI. LETTRE.

MONSIEUR,

Q UOIQUE je me fusse proposé de suivre pas à pas l'Ecrivain des *Lettres*, & de ne donner à mes réflexions d'autre ordre que celui de son Ouvrage, la liaison des matières m'oblige ici de passer brusquement de la fin de la *première Partie*, au commencement de la *troisième*, à ce qu'il lui plait d'appeller *Réponse à la première Objection*. Ce ne seroit pas assez d'avoir défendu la Doctrine de notre Rédemption contre ses Sophismes, si l'on ne repoussoit les nouveaux efforts qu'il fait en ce dernier endroit pour la renverser. Il nous y représente la Doctrine de l'Imputation des Mérites du Sauveur, comme le renversement de la Morale ; & voici de quelle manière il s'en explique.

,, * Je reconnois la Rédemption com-
,, me

* *Suite de la Relig. essent.* pp. 2, 3, 6, 8, 10, 12, 13, 14, 19, de la Rép. à la I. Objection.

„ me le plus grand des bienfaits; mais
„ je ne puis admettre la Satisfaction dans
„ le sens qu'on lui attribue, c'est-à-dire,
„ à titre d'Imputation, parce que je trou-
„ ve que dans ce sens elle s'oppose même
„ à l'idée de la Rédemption. *Rédemption*
„ signifie *délivrance* : cela suppose né-
„ cessairement que l'Homme est atteint
„ d'un mal, dont le Rédempteur veut le
„ délivrer. Or s'il se trouve que ce mal
„ soit dans l'Homme, comme on ne peut
„ le contester, il en résulte que le grand
„ but, l'objet de la Rédemption est la des-
„ truction de ce mal. Il en résultera en-
„ core, que cet ouvrage doit se faire
„ dans l'Homme même, & non hors de
„ lui... Où seroit l'inconvénient de pren-
„ dre les obstacles au Salut du côté de
„ l'Homme, dans l'Homme seul; de sup-
„ poser que du côté de Dieu, il ne peut
„ y avoir qu'une volonté constante de
„ ramener l'Homme au Bonheur pour
„ lequel il avoit été créé ?... Dès-là on ne
„ sera plus obligé d'être continuellement
„ en garde contre les conséquences re-
„ lâchées, * qui naissent très naturelle-
„ ment

* C'eût été un bon avis à donner à *S. Paul*, qui ne cesse de combattre ces conséquences relâchées, & qui emploie perpétuellement ce correctif, si insuffisant selon notre Auteur.

„ ment du Système de l'Imputation; „ conséquences que le Cœur admet pra- „ tiquement, lors même que l'Esprit ar- „ gumente pour les repousser. Et en ce- „ la il faut convenir que le Cœur est meil- „ leur Logicien que l'Esprit, qu'il sait „ mieux tirer ses conclusions. Les plus „ sensés d'entre les Théologiens moder- „ nes * sentent assez le dommage que la „ Doctrine de l'Imputation cause aux „ mœurs. Il est vrai qu'ils ne se per- „ mettent pas de l'attaquer directement, „ mais ils s'appliquent à y mettre tant „ de correctifs, à combattre si forte- „ ment les *conséquences naturelles* qui en „ résultent, que cela peut très bien s'ap- „ peller combattre le Principe même." L'Auteur ajoute, † que „ par de pareils „ ménagemens, ils se sont donné infini- „ ment plus de besogne, étant obligés „ de multiplier les raisonnemens à l'infi- „ ni, & toujours à titre de correctif „ d'un Principe, qu'il ne tenoit qu'à eux „ de détruire. Que leurs conséquences „ pratiques en ont été beaucoup moins „ lu-

* Il cite, entre autres, les *Sermons* de Mr. *Werenfels*. Ce Théologien, dont l'autorité est si respectable, a dû être un peu surpris de l'usage qu'on en fait ici.

† Pag. 14.

,, lumineuses , & leur Système moins
,, harmonizant. Qu'en voulant laisser
,, quelque chose à l'Imputation, on lui a
,, cédé pour une partie, ce qu'on n'a
,, pas voulu lui accorder pour le tout;
,, c'est-à-dire le soin de finir, à l'arti-
,, cle de la mort, l'ouvrage qui aura été
,, commencé dès cette vie."
Cette espèce d'accommodement n'est
point du goût de notre Auteur. ,, N'est-
,, il pas vrai, *dit-il*, que si une Jus-
,, tice qui est hors de l'Homme pou-
,, voit lui être imputée pour suppléer à
,, celle qui lui manque, la Justice de J.
,, Christ, dont le mérite est infini, se-
,, roit suffisante pour le plus comme pour
,, le moins ? que la distance qu'il y a d'un
,, Pécheur à un Homme converti n'é-
,, tant pas infinie, un Mérite infini doit
,, tout absorber ? Cela posé, voilà les
,, hommes exempts de toutes peines a-
,, près la mort, & le Paradis ouvert à
,, tous. Le correctif, que l'on apporte
,, à ce Principe, savoir, que ce Mérite
,, n'est appliqué qu'à ceux qui font tous
,, leurs efforts pour se sanctifier, ou du
,, moins qui se repentent bien sincère-
,, ment, ce correctif n'empêche pas que la
,, conséquence ne subsiste, que les Hom-
,, mes ne la sentent, & qu'ils n'agissent en
,, con-

„ conformité. *D'où l'Auteur conclud*, que
„ le Dogme d'une Justice imputée é-
„ nerve la Morale Evangélique; & que
„ par conséquent, loin de servir de base
„ à la Religion & de lui être essentiel,
„ il la combat, il s'oppose au but de la
„ Rédemption, ou du moins aboutit à
„ en-retarder l'effet.

Il est bien aisé d'attaquer un Dogme, quand on le déguise, & que l'on brouille ensemble divers sentimens & divers Systèmes. Tout les coups de notre nouveau Réformateur portent uniquement sur les fausses idées que quelques Théologiens se forment du Dogme de la Satisfaction : ainsi la vraie Doctrine, celle de l'Ecriture sur ce sujet, en est à l'abri; & les Théologiens sensés qu'allègue notre Auteur, qui laissant la Doctrine en question dans tout son entier, pressent si fortement la pratique de la Morale Evangélique, n'auront nulle peine à se défendre. Le grand but de la Rédemption étant également de sanctifier les hommes, & de les sauver; la mort de J. Christ, en nous méritant le Salut, ne dispense pas les hommes de travailler à leur Salut par la Sanctification. L'Ecriture nous enseigne tout cela; mais il faut l'entendre. Les

Souf-

* Pag. 19.

Souffrances du Sauveur sont les causes méritoires de notre Rédemption, notre Bonheur éternel en est la fin; la Foi, la Repentance & la Sanctification, sont les conditions & les moyens requis de notre part pour atteindre cette fin. Toutes les parties de cette Doctrine harmonizent entre elles ; il n'est besoin que de la développer, que de l'exposer clairement, pour combattre ou prévenir des abus qui ne l'intéressent point, ni ne la peuvent rendre suspecte, dès qu'on montre que ce sont des abus, de fausses idées dont on la masque, ou de fausses conséquences qu'on en titre. En voici la preuve.

On ne peut entendre par la *Justice de J. Christ*, que l'une de ces deux choses; le mérite de ses Souffrances, ou celui de ses Vertus. J'entends par le mérite des Vertus de J. Christ, son obéissance parfaite à tous les Devoirs de la Loi morale, à tout ce que l'Ordre exige de nous, en qualité de Créatures humaines : obéissance dont J. Christ, considéré comme Homme, nous fournit dans le cours entier de sa vie le modèle le plus achevé. Par ses Souffrances, j'entends tout ce qu'il a fait & souffert en vertu de l'emploi de Médiateur, dont il s'étoit volontairement chargé pour procurer aux hommes le Sa-

L 6 *lut.*

lut. Car quoique ces Souffrances si salutaires pour nous, soient en même tems des actes de la plus éclatante Vertu, puisqu'elles sont l'effet d'une générosité inouïe, & la preuve du plus grand amour pour Dieu & pour les hommes que l'on puisse jamais imaginer ; elles n'étoient point un Devoir que la Loi éternelle imposât à J. Christ; rien ne l'obligeoit à les subir, & c'est de son pur gré qu'il s'y est soumis, étant parfaitement libre de ne s'y pas soumettre, s'il n'eût voulu.

Il est vrai qu'en J. Christ les Vertus & les Souffrances, l'Obéissance indispensable de l'Homme, & l'Obéissance volontaire & non dûe du Médiateur, que tout cela, dis-je, se trouve réuni dans une vie toute consacrée au Salut des hommes; vie que J. Christ n'a prise & voulu mener sur la Terre, qu'afin de leur procurer ce Salut. Il est encore vrai, que comme d'une part, ses actes de Charité en qualité de Médiateur, sont un bel exemple qu'il nous propose & qui nous excite puissamment à l'imiter ; de même, d'autre part, les Vertus qu'il a exercées en qualité d'Homme, étoient chez lui une condition requise pour soutenir convenablement la Charge de Médiateur ou de Pontife, qui s'offre lui-même pour expier

les

les péchés d'autrui. *Il nous falloit*, dit S. Paul*, *un tel Souverain-Sacrificateur, saint, innocent, sans tache, séparé des Pécheurs, qui n'eût pas besoin d'offrir pour ses propres péchés, &c.* Mais quoi qu'il en soit, la distinction essentielle subsiste, & ce ne sont point en J. Christ les Vertus de l'Homme, ni l'accomplissement parfait de la Loi, ce sont les actes & les souffrances du Médiateur, ce que l'Apôtre appelle, *s'être anéanti, avoir été obéissant jusques à la mort de la Croix,* c'est précisément cela qui constitue la Justice que Dieu nous impute à Salut. C'est cette Justice qui satisfait & qui mérite tout ensemble, en nous procurant & la rémission des péchés, & la Vie éternelle; en nous délivrant des peines de l'Enfer, & nous ouvrant l'accès des Félicités du Ciel. Il est clair, ce me semble, que par son obéissance aux Loix morales, J. Christ n'a pu rien mériter pour les autres, puisqu'il la devoit pour lui-même; & que d'ailleurs, en fait d'une telle obéissance, la substitution ni l'imputation ne peut avoir lieu; l'Homme ne pouvant acquitter en la personne d'autrui, des devoirs auxquels il se trouve lui-même personnellement & indispensablement

* *Ep. aux Hébr.* Ch. VII. v. 26.

sablement obligé, ensorte qu'il soit censé avoir obéi aux Loix divines, parce qu'un autre y aura obéi pour lui. En ce sens, l'on ne peut non plus devenir juste de la Justice d'un autre, que l'on peut devenir criminel ou vicieux par le Vice & par le crime d'autrui. De tout ce que J. Christ a fait pour nous comme notre Répondant, en se substituant à notre place, nous en sommes par cela même pleinement déchargés & dispensés. Or de prétendre qu'en accomplissant la Loi, il nous dispense de l'accomplir, & nous décharge de l'obligation d'être personnellement justes & saints, ce seroit anéantir la Loi ; ce que *S. Paul* déteste, comme un attentat horrible & impie : ce seroit renverser l'Evangile, & réduire à rien toute la Morale Chrétienne.

Quel est donc le Mérite qui nous est imputé, & dont nous profitons comme s'il étoit nôtre ? C'est celui des Souffrances de J. Christ. Par ces Souffrances endurées pour nous & en notre place, ce divin Rédempteur fait deux choses. 1°. Il satisfait pour nos péchés, c'est-à-dire, il procure à l'Ordre violé, une réparation proportionnée à l'injure que cet Ordre avoit reçue par le Péché ; ce qui fait que la Justice n'exige plus des Pécheurs eux-

eux-mêmes cette réparation, qu'elle consent à leur remettre les peines de leurs crimes, & à ne les point punir. 2°. En souffrant pour les hommes, en rendant aux Loix de l'Ordre un hommage si glorieux, par cet acte de zèle & de charité ineffable, par ce sacrifice libre & volontaire où ce divin Rédempteur s'immole pour nous sauver, 1°. il mérite infiniment ; 2°. il mérite pour nous comme pour lui, & nous donne droit à la Vie éternelle. Il n'a point satisfait pour lui, n'aiant lui-même aucun péché, & par conséquent aucun démérite, qui le pût soumettre à la peine ; mais ses souffrances volontaires qu'il endure en notre place, ont pour lui un mérite dont la vertu se communique à nous, par cela même que c'est en notre place & à notre profit qu'il les endure.

On voit dès-là, à quoi sert le Mérite de J. Christ, & ce qu'il opére en notre faveur. Il fait pour les Pécheurs, ce que leur repentance & leur retour à la Sainteté n'eût pu faire; puisque cette repentance & ce retour, quelque sincères qu'on les suppose, ne pouvoient, ni nous acquérir un droit à la Vie éternelle, ni servir de réparation satisfaisante aux Loix de l'Ordre violées par le Péché.

Ce-

Cependant, & la Repentance & la Sanctification demeurent toujours chez le Pécheur des qualifications nécessaires pour pouvoir participer à ce droit. Le Mérite du Sauveur supplée bien à la Sainteté parfaite, ou pour mieux dire, il nous procure ce que la Sainteté la plus parfaite n'auroit pu nous mériter: mais il ne supplée point à la Vertu sincère, au sincère Amour de l'Ordre; & il ne le doit pas. La raison en est manifeste. C'est que les Souffrances du Sauveur ont eu pour but, & le Bonheur des Hommes, & tout ensemble le maintien de l'Ordre. Or ce but ne sauroit être rempli, à moins que la Repentance & la Vertu sincère ne demeurent toujours pour les Pécheurs la condition du Bonheur, & que ce Bonheur éternel, quoiqu'infiniment au-dessus du mérite de ceux qui l'obtiennent, ne soit toujours la récompense ou le fruit d'une obéissance librement rendue aux Loix divines dans un état d'épreuve. Si le Mérite du Rédempteur suppléoit à la Repentance pour nous procurer le Salut, si la Justice étoit imputée à des Pécheurs actuellement rebelles à Dieu, & qu'elle les sauvât sans rien exiger de leur part; alors, loin de servir à maintenir l'Ordre, la mort du Sauveur encourageroit à le vio-

violer, en rendant heureux ceux qui le méprisent. Elle renverseroit le grand but pour lequel J. Christ l'a soufferte. L'application ou l'imputation de son Mérite ne sauroit donc exclurre, & suppose même nécessairement la Repentance avec sous ses fruits.

Que si la condition d'une Sainteté parfaite n'est point exigée, c'est que l'état de l'Homme pécheur ici-bas ne permet jamais qu'il atteigne à une perfection, que ne comporte ni l'épreuve de cette vie, ni les Loix selon lesquelles Dieu nous y gouverne. Au-lieu que la Repentance & la Vertu sincère, devenues possibles par les secours surnaturels que le Rédempteur nous obtient, ont avec le Pardon & le droit à la Vie éternelle, que ce même Sauveur nous a mérités, cette harmonie que l'Ordre demande. Qu'un Pécheur qui se repent de tout son cœur de ses désordres, qui déteste sincèrement le Péché, qui le combat en soi de toutes ses forces, & qui aime assez la Vertu pour s'y attacher persévéramment, & y faire des progrès chaque jour ; qui, lorsqu'il lui arrive de faire de nouvelles chutes, s'en repent, s'en relève avec courage, & travaille incessamment à les réparer ; qu'un tel homme, en considération des Souffrances de J. Christ, obtienne de Dieu le pardon de

ses

ses péchés, un support miséricordieux pour ses infirmités présentes & à venir, & enfin la Félicité éternelle ; tout cela n'a rien qui ne tende au maintien des Loix de l'Ordre, & qui ne contribue à les rendre respectables.

La nécessité dont est pour le Salut du Pécheur cette Sanctification commencée, cette Justice inhérente, quoiqu'imparfaite, ne met donc point de bornes au Mérite des souffrances de J. Christ, comme l'Auteur des *Lettres* s'imagine faussement qu'elle en doit mettre. Ce Mérite infini en lui-même, a une vertu infinie dans ses effets, qui sont, la délivrance de l'Enfer, & l'acquisition du Paradis. Mais, tout infini qu'il est, il ne sauroit agir d'une manière contradictoire à son but, ni porter atteinte à ce même Ordre qu'il est venu maintenir & réparer. Il ne sauroit faire ensorte que la Félicité éternelle devienne le partage des Impénitens : ce que ne sauroit faire non plus la Bonté divine elle-même, quoiqu'elle soit infinie comme ce Mérite.

N'allons donc pas imaginer que la Justice imparfaite du Fidèle, forme avec la parfaite Justice du Rédempteur, un Mérite total, où celle-ci supplée par voie d'imputation ce qui manquoit à celle-là

pour

pour produire aux yeux de Dieu une Justice complette. Dans cette ridicule chimère, contre laquelle se bat vainement l'Ecrivain des *Lettres*, nous ne reconnoissons point notre Doctrine. Ainsi tous les coups de cet Auteur portent à faux. Il confond deux choses entièrement disparates & de genre tout différent, savoir, la Condition essentielle du Salut, avec sa Cause méritoire. Il n'y aura qu'à démêler ces deux choses, & l'on verra d'abord toutes ses Objections s'évanouir en fumée.

Oui, le Mérite de J. Christ n'est appliqué qu'à ceux qui font tous leurs efforts pour se sanctifier. Ce n'est point-là un *correctif* ajouté au Principe pour en prévenir les fâcheuses conséquences, & sauver la Morale Evangélique de son venin; c'est une partie essentielle du Principe même bien entendu, & qui dans sa véritable idée, loin d'obscurcir la nécessité des Devoirs de la Morale, en devient la base la plus ferme & la source la plus féconde. Mais, dit-on, *la distance qu'il y a d'un Pécheur à un homme converti n'étant pas infinie, un Mérite infini doit tout absorber. Il est suffisant pour le plus, comme pour le moins*; car qui ne sait que l'Infini fait disparoître toutes les distances?

Que signifient ces termes, *la distance d'un*

d'un Pécheur à un homme converti n'est pas infinie? Je ne fai pourquoi l'Auteur les emploie, car ils me paroiffent obfcurs, équivoques, & captieux. L'état d'un Fidèle, & celui d'un Homme irrégénéré, font deux états oppofés, deux états de nature toute différente, & qui n'ont aucune proportion l'un avec l'autre. Entre la Vertu d'un Chrétien novice, & celle d'un Saint, la diftance eft grande : elle n'a pourtant garde d'être infinie, puifqu'il n'y en a pas même une infinie entre la Vertu des Fidèles fur la Terre, & celle des Saints dans le Ciel. Mais peut-on férieufement demander lequel eft le plus vertueux, d'un homme plongé dans le Vice, c'eft-à-dire d'un homme fans Vertu, ou d'un homme d'une Vertu médiocre? Sans doute, qu'il n'y a pas une diftance infinie de l'un de ces états à l'autre, puifqu'au bout d'un certain tems, le prémier de ces hommes, en changeant de conduite, peut atteindre le degré de Vertu qu'a le fecond, qu'il a moins de chemin à faire pour cela, que pour atteindre à la Vertu d'un Héros & d'un Saint du prémier ordre. Cela n'empêche pas que l'état du Vice, & celui de la vraie Vertu, celui du Profane, & celui du véritable Régéneré, ne foient deux é-

tats

tats totalement disproportionnés, & qui ne souffrent aucune comparaison du plus & du moins, non plus que le oui & le non, le blanc & le noir, la lumière & les ténèbres. On peut comparer ensemble diverses classes de Régénérés, par rapport à leurs divers degrés de Régénération. L'un a plus de Vertu, l'autre moins: le premier n'est qu'à l'entrée de la carrière, le second se trouve au milieu: un troisième devance les deux autres, & approche déja de bien près le but. Mais enfin ils ont tous ceci de commun, qu'ils marchent dans la même carrière, & qu'il y a dans leur Ame un principe de Régénération ou de véritable Sainteté. Mais d'un Incrédule à un Fidèle, d'un homme qui persévère dans ses péchés, à un homme qui s'en repent & les abandonne, d'une Ame qui n'aime point Dieu, à celle qui aime Dieu, la différence est totale & essentielle; & c'est cette différence qui, conformément aux Loix de l'Ordre, règle envers les Pécheurs l'exercice de la Justice de Dieu, ou celui de sa Miséricorde; c'est elle qui décide s'ils doivent avoir part, ou non, au Mérite du Sauveur.

Dès-lors, replique-t-on, la règle des proportions n'est plus observée: dès-lors,
plus

plus de rétribution qui rende après la mort à chacun selon ses œuvres. Il suffit d'avoir fait les prémiers pas dans la carrière Chrétienne, & les plus foibles commencemens de Vertu, tout comme la Vertu la plus éminente, trouvent le Paradis ouvert. Si cela est, on ne voit plus à quel but l'Evangile sollicite si vivement les Pécheurs de hâter l'ouvrage de leur conversion, ni ce que signifient tant d'exhortations adressées aux Fidèles pour les animer aux progrès d'une Sanctification déja commencée, pour les faire tendre à la perfection, & les obliger d'achever cette grande œuvre. Notre Auteur en conclud, que le Dogme d'une Justice imputée s'oppose au but de la Rédemption, & n'est bon qu'à en retarder l'effet, qu'à bercer les hommes d'une prétendue métamorphose qui servira de supplément à l'ouvrage qu'ils n'auront pas fait, qu'à leur procurer un faux repos qui leur coûtera cher un jour. *Ils apprendront alors par expérience, que l'ouvrage de la Rédemption doit s'accomplir dans l'Homme même.*

L'Objection est spécieuse; mais il y a trois ou quatre choses à répondre, qui suffiront, si je ne me trompe, pour la lever entièrement. Je dis donc en prémier lieu,

lieu, que par rapport à la Repentance, comme c'est un changement intérieur de l'Ame qui influe sur la conduite, cette Repentance à qui les promesses du Salut sont attachées, est elle-même un ouvrage considérable qui a ses degrés, & demande qu'on se hâte d'y travailler. Ainsi, à l'égard des Temporiseurs qui renvoyent leur conversion, toutes les raisons par où l'on combat la folie de ce délai, raisons prises de l'incertitude du moment de la mort; prises de l'étendue d'un pareil ouvrage, & des nouvelles difficultés dont on le charge en le différant; prises de ce qu'a toujours d'équivoque, & de suspect une Repentance tardive; prises enfin de la nécessité de l'amendement, considéré comme caractère distinctif & accompagnement essentiel de cette Pénitence à laquelle les promesses de grace sont réservées; que toutes ces raisons, dis-je, justifient suffisamment dans notre Système les exhortations des Auteurs Sacrés.

Je réponds en second lieu, qu'on ne peut être sincèrement vertueux, sans desirer de croitre en Vertu, sans tendre à la perfection. Quiconque ne se la propose point pour but, quiconque ne fait aucun progrès, ni ne se soucie d'en faire, n'a point au fond du cœur ce principe d'a-
mour

mour pour Dieu & de vraie obéissance, qui caractérise les Régénérés.

J'observe en 3e. lieu, que quoiqu'une Sainteté commencée suffise pour avoir part aux fruits des Souffrances de J. Christ; vu le mélange confus de bien & de mal qui se trouve en nous, vu les restes de corruption qui y subsistent, nous ne saurions trop nous presser d'avancer l'ouvrage de notre Sanctification, par l'extrême intérêt que nous avons de nous assurer que notre Conversion est quelque chose de réel, & non une simple apparence; nos progrès dans la Vertu étant le meilleur garant que nous puissions avoir de cette réalité.

4°. Le Chrétien trouve un motif bien puissant d'avancer sans cesse l'ouvrage de sa Réformation, dans la crainte bien fondée que cet ouvrage ne recule & ne se détruise, s'il n'avance chaque jour. Il faut de nouvelles acquisitions, pour lui assurer la possession de ce qui est déja acquis. Si la Vertu ne gagne pas du terrein, le Vice ne manque point d'en gagner. La vie du Chrétien s'emploie donc bien toute entière à marcher dans la route du Ciel, à s'avancer vers le Ciel; car dans la Sanctification, on croît, on persévère, on ne cesse point d'aller

&

& d'agir. Mais de ce que chaque Chrétien, pour pouvoir arriver au Ciel, doit avancer dans le chemin de la Perfection, il ne s'enfuit pas qu'il faille avoir atteint la Perfection pour obtenir le Salut. C'est pourtant ce que notre Auteur s'imagine. Il croit voir entre nous & la Béatitude célefte, la même diftance qu'entre nous & la Perfection : d'où il infère, que fi la mort nous furprend à moitié chemin de la Perfection, elle nous laiffe auffi à moitié chemin de la Béatitude ; & que cette dernière moitié du chemin nous refte à parcourir dans l'autre Vie, avec beaucoup de douleur & de travail. Mais ce beau raifonnement s'égare dans le Principe. Car il eft bien vrai que pour arriver à un terme, il faut néceffairement traverfer les diftances qui nous en féparent; que par conféquent il faut fournir jufqu'au bout la carrière qui y conduit ; à moins que quelque Char volant ne vienne nous prendre à l'entrée du chemin pour nous épargner cette fatigue, & nous transporter au gîte dans un clin d'œil. Mais c'eft la vraie Converfion qui fe trouve être par rapport à un Irrégénéré, ce terme où l'on n'arrive que par des efforts fucceffifs & graduels, & où il ne doit point s'attendre que la Grace l'amène

Tome I. M

ne en un moment par un transport involontaire de sa part, & par une métamorphose subite. A cet égard, la Grace l'aide dans son travail; mais elle ne supplée point ce travail, ni ne le dispense de marcher. On n'en peut point dire autant de la Béatitude du Ciel, par rapport à la Vertu sincère, quoiqu'imparfaite, du Chrétien sur la Terre. Comme cette Vertu n'est que condition, & non cause méritoire du Salut, c'est la réalité de cette Vertu, c'est la sincérité de l'Obéissance Chrétienne, non sa perfection, qui est nécessaire à Salut. Une telle disposition, si la mort nous y rencontre, ne laisse donc nulle distance entre nous & le Salut, quoiqu'elle en puisse laisser beaucoup entre nous & la Perfection. Le Mérite du Sauveur supplée également alors, & dans celui qui n'a que des commencemens de Sanctification, & dans celui qui a déja beaucoup avancé la sienne, ce qui peut manquer à ce grand ouvrage; mais il ne supplée point le principe de Sanctification, ou l'Obéissance sincère, sans quoi l'on est exclus du Salut.

L'emblème du Voyageur (*pag. 16.*) est très juste dans les principes de l'Auteur, mais ne quadre point avec les nôtres. Il n'en sauroit par conséquent tirer aucun avantage

vantage contre nous. Chez lui, le Salut n'est pas un don attaché à certaines conditions, ou une récompense promise à la Vertu; c'est une suite nécessaire de la Vertu même, & le résultat infaillible de la Sainteté parfaite. Les progrès y sont cause efficiente du Bonheur, & nous en approchent, comme le chemin que font les Voyageurs, les approche du lieu où ils tendent. Alors ceux qui les pressent de hâter leur marche tant que le jour dure, supposent évidemment qu'on ne leur a point promis qu'à l'entrée de la nuit, un Chariot ailé les viendroit prendre pour leur épargner tout le reste du chemin; un tel Chariot rendroit les exhortations ridicules. Mais le Salut annoncé dans l'Evangile est tout autre chose. Ce Salut est un don que Jésus-Christ nous obtient de la Miséricorde de Dieu, c'est une Félicité qu'il acquiert aux Pécheurs pour récompense de son Mérite. Mais comme ils ne doivent point être heureux aux dépens de l'Ordre, ce don ne leur est octroyé que sous l'expresse condition d'un sincère retour à l'Ordre: ce qui suppose de leur part une certaine tâche à remplir dans un tems d'épreuve limité, & qui n'est pas le même pour tous: ce qui suppose encore un travail qu'on avance plus ou moins, mais

qu'iciqu'ici-bas personne n'achève. Si ce retour sincère n'est point encore ici-bas une pleine & entière conformité à l'Ordre, du moins il renferme un amour de l'Ordre, qui nous fait tendre à cette parfaite conformité par des progrès continuels: progrès d'ailleurs toujours nécessaires pour démontrer la réalité de notre Vertu, & pour en assurer la persévérance. Vous voyez donc, que quoiqu'il y ait toujours dans la Sanctification du Fidèle des défauts que la Miséricorde couvre, & dans son travail quelque chose d'imparfait que la Grace divine se charge elle-même d'achever; le soin d'avancer en Vertu n'en est pas moins indispensable pour lui, ni les exhortations qui lui sont faites à cet égard moins fondées.

Mais quoi? celui qui n'a fait qu'un prémier pas dans la route, tout comme celui qui l'aura presque achevée; moi qui me serai reposé la meilleure partie du jour, tout aussi bien que vous qui aurez marché sans relâche, nous arriverons également au gîte! Cela paroît-il juste? A ce compte-là, que devient la règle de proportion? où est l'équité des rétributions? Je réponds, & c'est ma dernière réflexion, que quoique la Vie éternelle soit un don de la Miséricorde & le fruit

des

des Mérites du Rédempteur, on ne laisse pas d'y voir ces équitables proportions exactement observées. La Félicité du Ciel, qui sera sans bornes pour la durée, peut se distribuer en une infinie variété de degrés, proportionnément à la diversité des progrès de notre Sanctification sur la Terre. Rien n'empêche d'admettre dans le Paradis divers étages de Félicité, pour ainsi dire, & même des progrès successifs; ensorte que les plus gens de bien obtiendront un plus haut degré de bonheur que les autres, ou parviendront beaucoup plus tôt à un certain degré de Bonheur. Celui qui, entré de bonne heure dans la carrière du Salut, s'y est avancé à grands pas en y persévérant toute sa vie; celui dont la Vertu exercée par de rudes épreuves, & purifiée par les afflictions, a remporté de grandes victoires & s'est considérablement affermie; celui qui a plus travaillé, plus souffert, plus fructifié en bonnes œuvres, occupera sans doute un poste plus brillant dans le Ciel, que les Pénitens tardifs, que les Chrétiens du bas ordre, que ceux dont la Vertu chancelante se sera souvent démentie, ou dont la Piété languissante & tiède se sera foiblement exercée pour produire de loin à loin un petit nombre

de

de bonnes actions. Ne doutons pas que le gens-de-bien, exposés quelquefois ici-bas aux plus cruelles traverses, ne gagnent beaucoup à ce malheur apparent. Ils recueilleront un jour le fruit d'une Vertu, que ce feu de l'affliction aura purifiée pour la faire briller d'un nouvel éclat. Ces épreuves extraordinaires que subissent les Enfans de Dieu, sont un trait de son amour paternel à leur égard, comme sa Parole nous en assure; & ce trait d'amour nous explique la différence des degrés de Gloire, sans que cela porte la moindre atteinte au Mérite des souffrances de J. Christ. Je suis &c.

XII. LETTRE.

VOus avez vu ci-dessus, Monsieur, combien notre Ecrivain fait peu de cas de ces *Mots*, que trop souvent dans la Religion on a le malheur de prendre pour les Choses mêmes, & que sur ce pied là l'on respecte & l'on défend avec chaleur. Vous savez aussi quelle étoit ma crainte là-dessus. J'appréhendois que sous prétexte de bannir cette vénération mal entendue pour de simples mots, on ne
vînt

vint adroitement à proscrire des Vérités importantes renfermées sous ces mots-là. Mon soupçon ne s'est déja que trop vérifié; & ce qui le confirme encore, c'est le nouveau tour que prend l'Auteur des *Lettres* dans sa Réponse à la II. Objection. Voici ce que porte cette Objection. „ * *Il ne sera donc plus vrai de dire,*
„ *que J. Christ nous a réconciliés avec*
„ *Dieu, qu'il nous a obtenu le pardon*
„ *de nos péchés, & donné le droit à la*
„ *Vie éternelle. Comment se départir d'u-*
„ *ne Doctrine si universellement reçue, mê-*
„ *me dans les Sociétés Chrétiennes qui diffè-*
„ *rent le plus sur d'autres points?*"

„ Rien n'oblige à s'en départir, *répli-*
„ *que-t-on*; & l'on peut se servir sans
„ risque des mêmes expressions, pourvu
„ qu'on abandonne le sens faux qu'on y
„ attache d'ordinaire. Ce sens est celui
„ qui fonde la nécessité de la réconcilia-
„ tion, sur un principe de *colère* ou *d'ir-*
„ *ritation*, que l'on suppose exister en
„ Dieu."

Vous voyez, Monsieur, que notre Ecrivain ménage autant qu'il peut la foiblesse de ses Lecteurs, & qu'il ne croit pas toujours devoir heurter le crédit des
Mots.

* *Suite de la Relig. essent.* pag. 21.

Mots. A la vérité, selon lui, lorsqu'on parle de la *Religion Révélée comme diſtincte* de la *Religion Naturelle, & ſupérieure* à celle-ci, on ne s'entend pas ſoi-même, & le plus court eſt de proſcrire des expreſſions ſi louches. Cependant il nous permet de dire, que J. Chriſt *nous a réconciliés* avec Dieu, qu'il eſt notre *Médiateur* auprès de lui, qu'il nous a *obtenu le pardon* de nos péchés, & donné *le droit* à la Vie éternelle: à ſon avis, de pareilles expreſſions peuvent s'employer ſans riſque, pourvu qu'on abandonne la fauſſe idée qu'on avoit coutume d'y attacher. D'où vient cette différence? C'eſt qu'au prémier cas, les mots énonçant clairement une Vérité qu'il rejette, le plus court pour la proſcrire étoit de rejetter les mots mêmes, en les faiſant paſſer pour de ſimples ſons, peu ſuſceptibles d'un ſens raiſonnable: au-lieu que dans le ſecond cas, il a trouvé que les expreſſions conſacrées chez les Chrétiens pouvoient s'ajuſter à ſa Doctrine, quoique dans un nouveau ſens. Afin de la mieux accréditer, il profite donc, en homme habile, de la vénération qu'on a pour les mots; & s'il en proſcrit quelques-uns ſans miſéricorde, tandis qu'il fait grace à d'autres, c'eſt que les prémiers

miers font moins fusceptibles d'équivoque, & que les autres le font davantage. Si l'Orthodoxie confifte dans des mots, le nouveau Système ne doit donc point nous effrayer, car il admet la Doctrine de notre *réconciliation avec Dieu* par l'entremife d'un *Médiateur*; feulement il explique cette Doctrine. Ecoutons le tour qu'il va lui donner.

„ *Qu'eft-ce qui fait féparation entre
„ Dieu & l'Homme ? C'eft le Mal qui
„ eft dans l'Homme même. Ou, pour
„ le dire en d'autres termes, emprun-
„ tons-les ici de l'Ecriture : *Ce font vos*
„ *péchés*, dit un Prophète, *qui ont mis*
„ *féparation entre vous & votre Dieu*. Ce-
„ la fuppofé, que faut-il pour réconci-
„ lier l'Homme avec Dieu ? Il faut tra-
„ vailler à la deftruction du Mal : car en-
„ fin, fi la caufe de cette féparation eft
„ dans l'Homme, comme l'Ecriture &
„ le bon-fens nous le dictent, détruifez
„ cette caufe, la féparation ceffe; & fi
„ la féparation eft levée, voilà l'Homme
„ *réconcilié avec Dieu*.

Quand on attaque le Dogme de la Satisfaction du Sauveur pour nos péchés, il ne fe peut qu'on ne détruife du même coup

* *Ibid.* pag. 22.

coup la vraie idée de sa Médiation: ces deux Doctrines sont inséparables, & le défaut de l'Auteur que je réfute, n'est pas ordinairement l'inconséquence. Mais aussi, son nouvel Argument contre la Médiation proprement dite, tombe à terre, dès que ceux qui attaquoient la Satisfaction sont ruïnés. La cause de la séparation d'avec Dieu est bien dans l'Homme par son Péché; mais le remède n'est pas dans l'Homme seul par la Pénitence, parce que la Pénitence ne satisfait pas à ce que demande l'Ordre violé. Avec elle, l'intervention d'un Tiers se trouve donc nécessaire pour réunir l'Homme à Dieu. Il est faux que Dieu ne haïsse ou ne condamne le Péché, que parce qu'il rend l'Homme misérable. Il est faux que le Péché, entant que c'est une disposition actuelle de l'Homme, fasse seul obstacle à son bonheur. Le Péché une fois commis, rend l'Homme coupable & digne de peine; il l'exclud de la communion de Dieu. Il faut que quelque chose intervienne hors de l'Homme, pour lui r'ouvrir l'accès à cette communion bienheureuse, & pour rendre sa repentance acceptable. C'est ce que nous enseigne toute l'Ecriture. C'est en particulier sur ce principe que roule l'Epitre aux Hébreux.

Il

Il est donc encore faux que la réconciliation avec Dieu, & ce qu'on nomme ici *Rédemption*, ne fassent qu'une seule & même chose, comme l'Auteur le conclud, pag. 23. Ce qu'il ajoute dans sa Note au bas de la même page, *qu'il ne faut pas presser l'expression de* Médiateur, *prise de la comparaison de ce qui se passe dans les différends d'homme à homme*, est tout aussi peu juste. Il ne s'agit point ici, sans doute, de quelqu'un qui soit desintéressé & impartial, pour ramener chacun à la Raison; en l'obligeant à se départir de ses prétentions outrées. L'indécence & le ridicule de cette idée, dans la matière dont il s'agit, n'ont nul besoin d'être relevés; chacun les sent assez de soi-même. Mais quel de nos Théologiens a jamais admis une idée pareille ? & comment la bonne-foi dont se pique notre Écrivain lui a-t-elle pu permettre de la leur prêter?

„ * Faudra-t-il que Dieu se rapproche?
„ Il faudroit pour cela qu'il se fût éloi-
„ gné. Ou s'il est vrai que cet éloigne-
„ ment vienne de l'Homme seul, que ce
„ soit lui qui ait changé par rapport à
„ Dieu, & que Dieu n'ait point changé
„ envers l'Homme; je demande si ce ne
„ sera

* *Ibid.* pag. 24.

,, fera pas à l'Homme à faire le chemin ,, entier?" Que de mots inutiles! que de vains phantômes! C'eſt ſans doute l'Homme qui change & qui s'éloigne; mais de cet éloignement volontaire, de ce changement de la Créature muable, il en réſulte que la Sainteté de l'Etre immuable & qui règle ſa conduite ſur ſes éternelles Perfections, ne lui permet pas de rendre au Pécheur les marques paternelles de ſon amour, que l'Ordre ne ſoit ſatisfait par ces deux choſes enſemble, l'expiation des Péchés, & le retour du Pécheur à la Vertu. J. Chriſt procure l'exécution de ces deux choſes. Il expie le Péché par ſon Sang, & par ſa Grace il convertit le Pécheur. Il agit envers l'Homme de la part de Dieu, & envers Dieu de la part de l'Homme. D'un côté, il nous apporte des promeſſes de grace, & ſe rend garant de ces promeſſes; d'autre côté, il préſente à Dieu notre obéiſſance & la lui fait agréer, tout imparfaite qu'elle eſt. J. Chriſt eſt donc un vrai *Médiateur*, il tient le milieu entre l'Homme & Dieu, il les réconcilie, il les réunit, il eſt le lien de cette paix qu'il a conclue, & le centre de l'Alliance où Dieu par ſon entremiſe daigne entrer avec les Pécheurs. Ce n'eſt donc point
dans

dans un sens impropre qu'il est Médiateur. Cela seroit, si son office se bornoit, comme on le prétend, à conduire vers leur Père, des Enfans qui s'en étoient égarés, & à marcher à leur tête. Il feroit alors les fonctions d'un simple Guide. Mais *Médiateur* dit plus. Il désigne un Tiers qui s'entremet pour appaiser le Père irrité, en même tems qu'il lui ramène ses Enfans rebelles; & qui trouve moyen de les remettre en grace avec leur Père, en levant lui-même certains obstacles qui s'opposoient à cette réconciliation, sans qu'il fût au pouvoir des coupables de les vaincre. Un simple *Guide* ne seroit pas *Médiateur*; quoique dans la fonction de *Médiateur*, entre essentiellement celle de *Guide*.

L'Auteur ajoute dans une Note, *que ,, quand il seroit vrai que le sens qu'il at-,, tache au mot de *Satisfaction* seroit in-,, complet, *qui dit incomplet, ne dit pas* ,, *erroné*." Si fait, il le dit, lorsque celui qui maintient ce sens, exclud les idées essentielles qui y doivent être ajoutées pour former le Dogme fondamental que la Révélation propose à notre Foi. Dire que la Mort de J. Christ est un grand

* *Ibid.* pag. 28.

grand exemple, & nier en même tems qu'elle ait la moindre vertu pour l'expiation de nos péchés, c'est errer, & errer essentiellement. Car en fait de Créance, ajouter ou retrancher à ce que Dieu nous révèle, sont deux attentats entre lesquels il n'y a point à choisir; & mettant les choses en parité du côté de l'évidence & de l'importance des Dogmes, le risque est égal entre nier ce que Dieu révèle, & affirmer ce qu'il ne révèle point *.

† *Il y a sans comparaison moins de risque à ne pas affirmer tout ce qui pourroit être, qu'à affirmer ce qui n'est pas.* Observez, Monsieur, l'artifice de cet adoucissement, & n'en soyez pas la dupe. *Ne pas affirmer tout ce qui pourroit être*, ce seroit suspendre son jugement sur de certains Dogmes qu'on n'apperçoit pas encore bien clairement dans l'Ecriture. Notre Ecrivain se borne-t-il à cela, par rapport au Dogme de la Satisfaction & de l'imputation du Mérite de J. Christ? Ne l'avons-nous pas entendu dire en propres termes, qu'une telle Satisfaction s'oppose au but de la Ré-

---

* *Vous n'ajouterez rien à la parole que je vous commande, & vous n'en diminuerez rien.* Deut. Ch. IV. v. 2.
† *Suite de la Relig. essent.* pag. 28.

Rédemption; qu'elle est le renversement de la Morale Chrétienne; & que pour sauver cette Morale du dommage que lui cause un tel Dogme, on a besoin du *contrepoison* qu'y joignent les Théologiens les plus sensés?*

Cependant, tenons-lui compte des efforts qu'il fait pour attacher un bon sens au terme de *Satisfaction*, si universellement reçu, si révéré dans toutes les Sociétés Chrétiennes. S'il faut absolument retenir cette expression † *en faveur du respect qu'on lui porte*, & y donner un sens, il s'y résoudra volontiers: il dira ,, que J. Christ
,, *a satisfait* à tout ce qu'il falloit accom-
,, plir pour le Salut de l'Homme; qu'il
,, ne s'est épargné en rien de tout ce qui
,, pouvoit servir à l'y acheminer; qu'il
,, a *payé* de sa personne en toute manière, tant par ses discours que par ses
,, exemples; que n'aiant *nul besoin* pour
,, lui-même de tout ce qu'il a *fait* & *souffert*, on peut affirmer avec vérité,
,, qu'il a *tout fait* & *tout souffert* pour les
,, Hommes; & dans ce sens, il sera encore vrai de dire, qu'il *s'est sacrifié*
,, *pour eux*.

On

* Pag. 8.
† *Ibid.* pag. 26.

On auroit en vérité mauvaise grace, d'exiger de notre Auteur plus de complaisance! Un Homme aussi ennemi qu'il l'est des équivoques, & qui fait autant profession que lui de ne point respecter les *mots*, ne pouvoit témoigner plus d'égards, & pour les Chrétiens qui s'accordent tous à vénérer ceux-ci, & pour l'Ecriture qui les a consacrés, quoique ce soit dans un tout autre sens qu'elle les emploie. Mais rentrons dans le sérieux, & reconnoissons que dans sa Réponse à la IV. Objection, en parlant du but & de l'usage de la Mort de J. Christ & de ses Souffrances, considérées comme une leçon, comme un exemple proposé aux Hommes, il dit d'excellentes choses *. Je les adopte avec grand plaisir, parce qu'elles sont vraies, & mises dans un beau jour. Je n'en veux qu'à l'exclusion qu'il donne à un vrai ultérieur, qui est essentiel à notre Foi. Voici pourtant, dans ce beau morceau, un trait qui me fait quelque peine. *La Religion reçue généralement non seulement chez les Païens, mais chez les Juifs, n'alloit point au fait. Chez les uns & les autres, elle n'attaquoit point le fond déréglé; les passions y trouvoient*

* Voyez en particulier, pag. 38.

voient leur compte. Il y a là-dedans du vrai, & du faux. Il falloit s'exprimer avec les précautions & les correctifs nécessaires pour l'honneur d'une Loi émanée de Dieu; ne la point confondre avec la Religion Paienne; faire sentir que sous l'Ancien Testament le fond de la vraie Religion existoit, mais enveloppé sous une écorce, par des vues d'une très grande sagesse. Les promesses temporelles n'étoient point faites pour nourrir les passions du Peuple Juif, mais pour se proportionner à sa foiblesse, pour s'accommoder à sa grossièreté. Si elles servoient chez lui de prétexte à l'Avarice, à l'Ambition, cela n'arrivoit que par l'abus criminel qu'en firent ceux qui les avoient reçues.

Le Dogme de la Satisfaction conduit notre Auteur, par une enchainure naturelle, à ceux de l'Incarnation & de la Trinité; & après tout ce que vous venez de voir, il vous est aisé de deviner de quelle façon il traite ceux-ci. Il reproduit contre ces Mystères toutes les Objections des Libertins & des Hérétiques, & n'y fait d'autre réponse, que d'abandonner ce qui sert de fondement à ces Objections, je veux dire, les Mystères mêmes. *Si*, dit-il parlant de la Tri-

Trinité *, *si les difficultés prises de la simplicité & de l'unité du prémier Etre, portoient sur l'Ecriture ; ce que je ne veux pas supposer, son autorité seroit recusable, il n'y auroit qu'à nier.* Cela signifie, qu'il n'y auroit qu'à nier l'Ecriture. L'Auteur, comme on voit, sait se tirer à merveille des pas difficiles ; il n'y est nullement embarrassé. Si par malheur on lui prouvoit que la Doctrine que les Objections attaquent, se trouve enseignée dans l'Ecriture, son parti est tout pris, il niera l'Ecriture : car pour les Objections, comme elles portent avec elles l'évidence des prémiers Principes, il n'a garde de s'en défier, ni de balancer un seul moment entre elles & le Dogme qu'elles combattent ; il ne voudroit pour rien qu'il lui pût être reproché d'avoir eu cette foiblesse.

Cependant, comme tous les Esprits ne se ressemblent pas, il s'en pourroit trouver qui s'aviseroient d'une autre méthode, & qui se doutant un peu que la Doctrine est de l'Ecriture, commenceroient par examiner si les Difficultés qu'on lui oppose sont en effet autant de Démonstrations. Ces Difficultés, au reste, ne sont pas nouvelles. Elles roulent sur ce que

* *Rép. à la VI. Object.* pag. 60.

que la Simplicité & l'Unité du prémier Etre ne sauroit compatir avec la distinction des Personnes, & sur ce que la Génération & la Procession détruisent son Indépendance. Les six Vérités immuables mises en parallèle dans les deux colomnes des pages 46 & 47, avec autant de Dogmes des Théologiens sur ce sujet, se réduisent à ces deux idées, qui n'y sont que répétées en différens termes.

Mon dessein n'est pas de m'engager fort avant dans une Controverse si rebattue. Je me contente d'observer, que les Orthodoxes n'ont aucune peine à défendre ici leur Créance contre la batterie des Vérités immuables que l'Auteur a, pour ainsi dire, pointées contre ce Dogme. Ils admettent toutes ces Vérités qu'on lui oppose, & nient l'opposition prétendue. Dieu est un Etre simple, indivisible, qui n'admet ni multiplication ni composition. Si la Raison nous le montre clairement, l'Ecriture l'affirme avec la même clarté. Cependant elle n'enseigne pas avec moins d'évidence, *qu'il y en a trois*, le *Père*, le *Fils*, & le *S. Esprit* : que chacun de ceux qu'elle qualifie de ces noms, *est Dieu, & le même Dieu*: que *le Père n'est pas le Fils*, que *le Fils n'est pas le S. Esprit*. Elle met entre

tre ces Trois, différentes relations, & établit entre eux une subordination. Voilà ce que nous trouvons dans l'Ecriture, sans *ajouter à la lettre* *, sans *l'étendre, la particulariser & y spécifier, tant ce qui n'est pas, que ce qui est*. Le terme de *Trinité* n'est employé que pour désigner en un seul mot ces Trois dont l'Ecriture nous parle, & dont, en les distinguant, elle ne fait qu'un seul Dieu. Le nom commun de *Personnes*, & de *Personnes Divines*, que nous leur donnons, n'est pas plus impropre, ni plus sujet à imprimer de fausses idées, que celui de *Père* & de *Fils*, qui sont de l'Écriture; & j'ose bien défier qu'on m'articule quelque inconvénient dans l'usage du mot de *Personne*, employé pour désigner en commun le Père, le Fils & le S. Esprit, qui ne se trouve dans chacun de ces trois noms que l'Ecriture a consacrés. D'un côté, ceux de *Père* & de *Fils* désignent ce que nous appellons des *Personnes distinctes* : d'autre côté, par ce que nous appellons en Dieu des *Personnes*, nous ne prétendons exprimer autre chose, que ce que l'Ecriture exprime par les noms de *Père* & de *Fils*. Si le prémier terme réveille

de

---

* *Ibid.* pag. 48.

de fausses idées qu'il faille écarter, les derniers ne les réveillent pas moins ; & ce que ces derniers nous font véritablement entendre, le prémier est propre à nous le faire entendre aussi. Toute la différence qui s'y trouve, c'est que le mot *Personne* étant commode en ce qu'il est également applicable à tous les trois, répond en commun aux *Trois* dont nous parle l'Ecriture ; au-lieu que les divers noms qu'elle leur approprie à chacun, expriment de plus leurs rélations mutuelles.

Au reste, le conseil que notre Auteur donne aux Théologiens *, *de laisser dans l'Ecriture ces expressions telles quelles, sans en déterminer le sens, & sans les rédiger en Propositions positives*, suppose qu'elles n'en ont en effet aucun. C'est-là faire un bel honneur à l'Ecriture ! Elle nous dit quelque chose, sans doute, dans tous les endroits où elle nous parle des Personnes Divines ; & veut que nous entendions ce qu'elle nous dit, car elle y offre à notre Foi certaines Vérités positives. Mais autre chose est de croire ces Vérités qu'elle enseigne, autre chose de les comprendre clairement. Nous di-
fons

* *Ibid.* pag. 49.

sons donc qu'elles sont claires, ces expressions, ou qu'elles ont évidemment le sens que nous leur donnons; & nous avouons en même tems, que la Vérité qu'elles renferment est pour nous quelque chose d'obscur. L'Auteur dément bientôt ce qu'il avoit dit de cette prétendue impénétrable obscurité d'expressions; & le conseil qu'il venoit de donner aux Théologiens a dû lui paroître bien mauvais, puisque loin de le prendre pour lui-même, il se met immédiatement après en devoir d'expliquer ces expressions scripturaires, en soutenant qu'elles n'énoncent rien qui se contredise, & en réduisant les Personnes Divines à de simples Qualités ou Attributs d'une seule & même Personne.

Il demande * quelle différence nous mettons entre ce que nous appellons *Personne*, & ce que nous appellons *Etre*? Je lui réponds, que nous n'en mettons aucune, à prendre le mot d'*Etre* dans sa généralité abstraite; & que nous ne craignons point de dire, que les trois Personnes Divines sont *trois Etres divins*. Pour parler juste, il falloit demander quelle différence il y a entre *Personne* & Sub-

* Pag. 51.

Substance ? puisqu'en soutenant avec l'Ecriture l'Unité de Dieu, nous soutenons celle de la Substance ou de l'Essence Divine. A cette question nous répondons, que l'Ecriture qui nous enseigne l'Unité de la Substance Divine, y mettant en même tems des distinctions aussi marquées que celles qu'elle met entre le Père, le Fils, & le S. Esprit, nous sommes obligés de les admettre sur sa parole. Ces distinctions, qui ne sont pas de Substance à Substance, puisqu'elles s'accordent en Dieu avec l'unité de Substance, fondent légitimement la différence que nous faisons de *Substance* à *Personne*. Voilà donc cette différence établie par l'autorité de l'Ecriture; à moins que pour en renverser l'autorité, on ne prouvât qu'il ne peut y avoir de distinctions réelles que celles de Substance à Substance, & que cela implique une manifeste contradiction. C'est pourtant ce que l'on entreprendroit en-vain, puisque ce qui s'appelle *contradiction*, résulte de l'opposition claire entre des idées que nous avons, mais ne résulte jamais du défaut d'une idée que nous n'avons pas. Nous savons qu'il n'y a point trois Dieux : en ce sens, il est clair que Dieu ne sauroit être trois. Mais sur le témoignage de l'Ecriture, nous

croyons

croyons que Dieu est trois dans un autre sens. Cette autre manière d'être trois, est bien obscure, elle est bien incompréhensible pour nous, faute d'idées qui nous la fassent concevoir : mais ce défaut d'idées ne nous démontre point qu'il n'y ait en Dieu aucune manière d'être trois, qui ne soit impossible & contradictoire. Il n'en faudroit pas moins pour faire rejetter le Dogme, & avec lui l'Ecriture qui nous l'enseigne.

* *Qui ne voit que par la suppression de ce seul mot, on fait disparoître les contradictions inévitables qu'il avoit fait naitre ?* Reconnoissez ici l'ordinaire artifice de l'Auteur, de vouloir faire prendre le mot pour la chose ; comme si notre Foi tenoit à un simple mot, & s'y réduisoit. *Ce parti,* ajoute-t-il, *est d'autant plus raisonnable à prendre, qu'il suffit seul pour applanir des montagnes de difficultés.* Il se trompe. En supprimant le mot de *Personalité,* on ne supprime point l'idée que les Orthodoxes y attachent, cette idée de *distinction réelle,* que l'Ecriture fournit. Il est clair qu'elle distingue le Père d'avec le Fils, le Fils d'avec le Père, & le S. Esprit d'avec l'un & l'autre ; & qu'el-

---

* Pag. 52.

qu'elle le fait d'une manière qui ne sauroit convenir à de pures Qualités, ou à de simples Attributs. Il est clair qu'elle met entre ce que l'on nomme *Personnes Divines*, une vraie distinction; non une de ces distinctions imaginaires, ou de ces précisions abstraites, qui ne subsistent point ailleurs que dans notre pensée, & qui ne sont que l'effet des bornes de l'intelligence humaine; telle qu'est, de l'aveu de notre Auteur *, la distinction que l'on est obligé de faire des Attributs de l'Etre simple. Il n'y a donc dans notre Foi sur ce sujet, ni † *manie*, ni *prodige*; à moins qu'on ne traite de manie, le respect que nous croyons légitimement dû à la Parole de Dieu; ou qu'on ne regarde comme un prodige, la disposition d'un esprit qui croit, sur le témoignage divin, certaines Vérités sans les comprendre.

Mais l'illusion fondamentale de notre Ecrivain, & de tous ceux dont il suit les traces, c'est de * confondre éternellement

* Pag. 55. dans la Note.
† *Ibid.* pag. 53.
‡ Il reconnoît pourtant lui-même ailleurs, qu'*il y a une grande différence à faire entre ce qui est obscur simplement, & ce qui est contra-*

ment *l'incompréhensible* avec le *contradictoire.* ,, Il eût été à souhaiter (nous dit-
,, il pag. 75,) que les Théologiens Pro-
,, testans ne fussent pas tombés en con-
,, tradiction avec eux-mêmes en établis-
,, sant des Dogmes. Car enfin, si nous
,, examinons ce que c'est qu'un Dogme,
,, nous trouverons que ce n'est pas une
,, Vérité exprimée dans l'Ecriture clai-
,, rement & positivement. Ce sont les
,, conséquences qu'on a tirées de plu-
,, sieurs expressions de l'Ecriture, con-
,, séquences par lesquelles on a prétendu
,, déterminer, fixer le sens des expres-
,, sions obscures, ou susceptibles d'équi-
,, voque. Ce n'est donc point l'Ecritu-
,, re qui parle dans les Dogmes; ce sont
,, les hommes qui l'expliquent, qui dé-
,, terminent le sens qu'on doit lui don-
,, ner. Voilà qui prouve que les Dog-
,, mes font, à parler bien exactement,
,, non des Vérités divines, mais l'ou-
,, vrage des hommes, (disons des Doc-
,, teurs) le fruit de leurs opinions parti-
,, culières, & peut-être de leur présomp-
,, tion." Et comment notre nouveau
Docteur prouve-t-il une assertion si hardie?

---

tradictoire. Suite de la III. Part. XII. Lettre, pag. 115.

die? ,, Il n'y a, *dit-il*, qu'à rétrograder
,, de quelques feuillets, & jetter la vue
,, sur les deux colomnes, qui mettent en
,, opposition les *Dogmes* aux *Vérités im-*
,, *muables :* cela suffira pour décider la
,, chose à fond. On ne doutera pas que
,, les Vérités immuables ne soient des
,, Vérités divines ; l'ouvrage de Dieu
,, même. Or comme c'est une chose dé-
,, cidée, que Dieu ne sauroit se contre-
,, dire, il demeurera décidé de même,
,, que tout Dogme ou Point de Doctri-
,, ne, évidemment contraire à des Véri-
,, tés divines, ne sauroit être l'ouvrage
,, de Dieu ; & s'il n'est point l'ouvrage
,, de Dieu, de qui le sera-t-il, que des
,, hommes *?"

Sa réflexion est excellente ; on ne lui
conteste que l'application qu'il en fait.
Rien n'ébranle ni n'obscurcit les premières Vérités ; rien de ce qui les combat ne
peut être l'ouvrage de Dieu. Mais on
peut mal voir ces premiers Principes, ou
y substituer des illusions. Le Soleil demeure toujours lumineux ; mais nos yeux
peuvent être malades, & l'on a quelquefois la berlue. Quand on nous exhorte à
nous défier de notre Raison, cela signifie,

* *Ubi sup.* pp. 77, 78.

fie, non qu'il faille entrer en défiance de ses Principes & de ses Idées; mais qu'il faut se défier de nos yeux qui peuvent voir de travers, & de notre esprit qui est très capable de mal raisonner. Si notre Auteur eût pu gagner sur lui d'entrer dans cette judicieuse & modeste défiance, il se seroit moins hâté de décider que le Mystère de la Trinité est évidemment contraire aux Vérités immuables; il auroit craint de confondre avec les opinions humaines une Vérité divine; & peut-être même eût-il senti que l'on montre plus de présomption à rejetter celle dont il s'agit, qu'on n'en montre à la défendre.

Au reste, il a très bien remarqué l'étroite liaison que le Dogme de la Divinité du Sauveur a nécessairement avec celui des trois Personnes Divines. En proscrivant ce dernier, il lui étoit indispensable d'établir un Système sur la Personne de J. Christ. Le sien donc, qui n'est pas nouveau, consiste à établir une union de la Divinité pure & simple, sans distinction de Père & de Fils, avec l'Humanité de J. Christ; & je dois avouer que jamais le Sabellianisme & le Socinianisme ne furent présentés sous un plus beau jour. On a lieu de féliciter notre Auteur, de ce qu'au moins dans cet endroit, il se distingue,

gue, d'une façon très marquée, d'avec les Déistes. Par exemple, il reconnoît * le Fait de la Naissance miraculeuse de J. Christ, & dit qu'on n'est pas fondé à nier tout ce qui tient du miraculeux. Il fait voir combien il est raisonnable que Dieu ait donné aux Hommes un Guide qui soit Homme lui-même, afin de faire règle pour les Hommes : un Homme propre à devenir l'organe de la Divinité, afin qu'en cette qualité il pût leur communiquer sans altération ce qu'il auroit lui-même reçu : *semblable à un Crystal pur & transparent, qui réfléchit la lumière dont il est pénétré.* L'image est tout-à-fait belle, & tout cet endroit mérite fort d'être lu, sans oublier ce qu'il remarque dans sa Note, p. 90, que l'Intelligence humaine ne pouvant fournir que des ressources bornées pour le plan du Salut des Hommes, l'union de la Divinité avec une telle Intelligence a été nécessaire. Dans la Note précédente, il convient que la corruption passe des Pères aux Enfans, & que c'est un Fait qu'on ne peut guères contester. *Pour le comment,* ajoute-t-il, *le développe qui pourra.* Ce sont-là autant de traits de Christianisme, que je relève
avec

* *Suite de la Relig. essent.* pag. 88.

avec joie dans notre Ecrivain, & dont j'aime à lui faire honneur. Je ne dois pas oublier de vous faire remarquer aussi, que la belle Comparaison de l'Ame pure avec le Cryſtal, s'appuye ſur la qualité que l'Auteur de l'Epitre aux Hébreux donne à J. Chriſt, en l'appellant * *la ſplendeur de la gloire du Père, & l'empreinte de ſa perſonne* ; & dans ſon Epitre aux Coloſſiens, † *l'image de Dieu inviſible.* Conſultez, Monſieur, l'excellente Note de *Bèze* ſur le prémier de ces paſſages: il y montre comment le Verbe incarné eſt un Miroir de la Divinité, qui nous réfléchit ſon image & les rayons de ſa gloire.

En faveur d'une ſi belle idée, je pardonne à notre Ecrivain de qualifier dans notre Doctrine la ſeconde Perſonne, § *une partie* de la Divinité, comme ſi nous la partagions en Trois; au-lieu que nous diſons ſeulement après l'Ecriture, que ces Trois, qu'elle diſtingue, poſſèdent une ſeule & même Divinité. Mais ce que je n'excuſe point, ce ſont les chicanes qu'il nous fait ‡ ſur cette expreſſion toute naturelle, ‖ *le Fils de Dieu a voulu naitre* ┼,

&

---

* *Hébr.* I. 3.   † *Coloſſ.* I. 15.
§ *Lettres,* p. 97.   ‡ *Ibid.* p. 104.
┼ Cette chicane eſt ſi mauvaiſe, qu'il la réfute lui-même plus bas, page 160.

& sur d'autres semblables, qu'on voit assez être fondées sur l'union personelle des deux Natures en J. Christ. Je ne puis souffrir qu'il nomme cela, (p. 103.) *un personnage bigarré; un double rôle qu'à la faveur de l'équivoque on fait jouer* &c. Ce sont-là, Monsieur, pour ne rien dire de pis, des expressions indécentes, qu'en pareille matière sur-tout, aucun prétexte ne justifie, & qui ne devroient jamais couler de la plume d'un Controversiste.

Encore un mot sur un endroit de la page 110. Il prétend que nos Théologiens prêtent à Dieu un trait d'injustice, lorsqu'ils attribuent au poids de sa colère, la différence qui a paru entre J. Christ & les Martyrs. *Cette colère de Dieu*, dit-il, *qui retombe sur J. Christ à cause qu'il est chargé des péchés des hommes, sur quoi porte-t-elle?* On sait que nous n'entendons par-là que la colère de Dieu contre le Péché; colère dont J. Christ soutenoit le poids, s'étant mis à la place des Pécheurs pour souffrir la peine de leurs crimes. Cette expression se prend donc manifestement au figuré, & n'attribue à Dieu aucune injustice. S'écrier ensuite: *Quoi? J. Christ portoit cette peine par soumission à la volonté de Dieu, & à cause de cela la colère de Dieu fondoit sur lui?* c'est déclamer en l'air, l'air, & déguiser à plaisir nos sentimens.

La différence entre la manière dont J. Christ souffre, & celle dont les Martyrs ont souffert, consiste, selon lui, * en ce que J. Christ souffroit librement, sans s'y voir obligé par une alternative de maux infinis d'un côté, & d'une gloire infinie de l'autre. La Béatitude lui étoit toute acquise. Le Fils bien-aimé ne pouvoit être exclus de la maison de son Père. L'augmentation de Félicité & de Gloire dûe à son Sacrifice volontaire, ne devoit point balancer la pente naturelle qui va à fuir la douleur. Ainsi, dénué de deux puissans motifs qui ont soutenu les Martyrs, & qui, indépendamment d'une influence miraculeuse, dont l'Auteur admet la possibilité, ont pu leur inspirer un courage extraordinaire, J. Christ n'étoit soutenu dans son généreux Sacrifice que par son amour pour le Genre-humain. Or la générosité pure donne peu de ressort à la Nature humaine, pour vaincre l'horreur d'un supplice affreux; elle laisse les Sens à toute leur foiblesse. Au-lieu que dans les Martyrs, le ressort du propre intérêt émouvoit la sensibilité, mettoit les passions en jeu, remuoit toute la ma-

* *Ibid.* pag. 115.

machine. De-là l'agonie de J. Chrift, comparée à la férénité des Martyrs.

J'adopte fans fcrupule la fuppofition que J. Chrift étoit libre d'éviter les fouffrances & la mort. Seulement, dans les motifs de ce généreux Sacrifice, joignons à fa charité pour les Hommes, fon amour pour l'Ordre; ce qui d'un côté relève le caractère du Sauveur, & de l'autre juftifie à plein la conduite du Père célefte envers fon Fils. Car fi l'Ordre n'étoit point intéreffé à la réparation du Péché, ce même Ordre n'eût jamais permis qu'en faveur de la fimple utilité de l'exemple, un Etre faint, & le plus excellent des Etres créés, eût fubi de telles peines. Notre Ecrivain devoit voir que ce nouveau motif confpire admirablement avec l'autre, pour l'œuvre du Salut des Hommes; & l'on feroit furpris qu'il lui ait été *inconnu*, fans l'erreur où il eft & que j'ai réfutée plus haut, de croire que Dieu n'exige rien de fa Créature, & qu'elle ne lui doit rien. Après cela, pourvu qu'on admette dans J. Chrift cette pleine liberté d'éviter la mort, & que l'on y reconnoiffe toute la fenfibilité de la Nature humaine innocente; pour être Homme-Dieu, fon exemple n'en devient ni difproportionné, ni inutile aux hommes.

La Divinité unie avec l'Homme, communique à ses souffrances une infinie valeur, sans leur dérober leur mérite humain, ni l'efficace d'un exemple que nous recevons de notre semblable.

L'Auteur s'objecte (*pag.* 121.) que J. Christ n'avoit point de penchans vicieux à surmonter; ce qui diminue par rapport à nous l'efficace de son exemple, en le rendant disproportionné. Mais il répond fort bien, que la grandeur des souffrances, & le desintéressement des motifs, compense ce desavantage. On peut souscrire aux réflexions qu'il fait là-dessus. Il dit bien; son seul défaut est qu'il ne dit pas tout ce qu'il faudroit dire. Il regarde * J. Christ comme Rédempteur en second, comme simple Organe des volontés divines, & simple Exécuteur de notre Rédemption. Il prétend qu'il n'est Rédempteur, qu'au même sens qu'un Général est nommé le Libérateur d'un Peuple qu'il auroit tiré d'esclavage en conséquence des ordres de son Maitre. Ce ne sont nullement là les idées de l'Ecriture.

A la page 134, notre Auteur continue à raisonner sur un fondement illusoiré;

* *Ibid.* pag. 127.

re; & supposant faussement que les Dogmes de la Trinité & de l'Incarnation renversent les Principes naturels de l'Unité & de la Simplicité Divine, il ne fait nul cas des témoignages de l'Ecriture en faveur de la Divinité du Fils de Dieu, & se croit suffisamment dispensé d'y répondre. Mais, comme je l'ai fait voir, l'opposition entre ces Dogmes & ces Attributs de Dieu n'étant point réelle, les témoignages en question conservent toute leur force, & fondent dans notre esprit la créance d'un Dogme que les Principes naturels ne combattent point. Ainsi, quand il nous assure que tout ce que l'on peut inférer de ces témoignages, c'est que l'Ecriture se contredit; on lui répond, qu'une telle conséquence seroit juste, en cas qu'il ne pût y avoir en Dieu des distinctions à nous inconnues; & que tant que l'on ne prouvera point cette impossibilité, on ne prouvera point non plus que l'Ecriture se contredise. Il faut donc admettre de part & d'autre tout ce qu'elle avance. Un esprit humble & sage prend aisément ce parti. Il se résigne à ne pas tout comprendre; & dès-lors il ne porte atteinte ni à la Raison, ni à la Foi. Il ne sacrifie ni le Dogme obscur au Principe naturel, ni le Principe naturel au Dogme obscur. Il se moque d'une contradiction chimérique qu'on ne sauroit mettre en évidence ; & renonce sans peine à des éclaircissemens qui lui manquent, mais dont il peut se passer.

Notre Ecrivain, suivant toujours sa méthode sophistique, élude tous les Textes où les Noms divins, ou les Attributs, les Oeuvres, le Culte de la Divinité sont appropriés au Sauveur ; & cela sous prétexte de certaines autres attributions que ces mêmes Textes lui font, & qui impliquant de la dépendance, ne conviennent qu'à la Créature. Sous ce prétexte, on donne un sens forcé à celles du prémier ordre, les entendant d'une Divinité subalterne, d'un Culte subalterne, d'un Empire, d'un Jugement, d'une Gloire subalterne. Il auroit pu voir cependant, que dès qu'on admet en J. Christ la Divinité personellement unie à l'Humanité, tout s'accorde parfaitement, que les termes de part & d'autre conservent leur signification naturelle, & que l'Ecriture cesse de paroître opposée à elle-même. En suivant, pour interpréter ces Textes, une méthode si simple & si raisonnable, la Nature Divine de J. Christ, sa Distinction d'avec le Père, son Incarnation, s'y trouvent également prouvées.

Sup-

Supposé l'union personelle, les raisonnemens de notre Auteur sur la Personne du Fils, déclarée adorable, tombent en poussière. On ne doit adorer que Dieu. On adore la Personne de J. Christ, parce qu'elle est Dieu. Sa Nature Divine est le fondement de cette Adoration : mais cette Personne qui, étant divine, est humaine aussi, on l'adore à la présence de son Humanité; c'est-à dire, que sous cette Nature humaine, on adore la Divinité qui y habite, & qui lui est personellement unie.

L'ordre intimé aux Anges d'adorer J. Christ, *suppose* (dit-on p. 145.) *que c'est ici quelque chose de nouveau pour les Anges, que sans un ordre exprès ils n'auroient pas adoré le Fils.* Cet ordre suppose pour eux quelque chose de nouveau, sans doute; car l'Incarnation, la Médiation, la manifestation du Fils de Dieu en chair pour opérer l'œuvre de notre Salut, sont choses nouvelles. Les Anges adoroient auparavant J. Christ, parce qu'ils adoroient Dieu, & que J. Christ est Dieu, selon l'Ecriture. Mais quand le Mystère de la Rédemption se manifeste à eux comme à nous, ils adorent comme nous J. Christ en qualité de Fils, de Personne distincte du Père, de Verbe incarné Rédempteur des hommes. C'est l'ancien Culte, & tout à la fois un Culte nouveau, selon les divers degrés de révélation qui manifestent différemment le même objet; comme le Culte de Dieu, Père, Fils & S. Esprit sous l'Evangile, est le même qu'Adam rendoit au vrai Dieu, & est cependant un Culte nouveau.

On fait de vains efforts, à la page 144, pour rendre l'idée d'Adoration équivoque, & susceptible de partage. L'Adoration, quoi que notre Auteur en dise, est un acte qui a Dieu seul pour objet, & qui ne se peut rapporter à ce qui n'est pas Dieu. *Il est évident* (dit-il p. 145.) *que celui qui est en droit de donner le nom de Dieu à son Fils, est en droit d'ordonner aux Anges de l'adorer.* Le droit est égal pour tous les deux, le second même est la conséquence du prémier. Mais Dieu peut-il donner son nom à qui n'est pas Dieu? peut-il ordonner qu'on adore une simple Créature? Il le peut, comme il peut défendre aux Créatures de l'adorer lui-même: la nature des choses répugne à un pareil ordre. *Demander pourquoi il l'ordonne, c'est s'en prendre à Dieu même.* Nous ne demandons point à Dieu la raison de cet ordre, car nous la voyons clairement, étant aisé de comprendre

que

que c'est lui-même qu'il veut qu'on adore en la personne de J. Chrift, & que par conséquent J. Chrift eft Dieu. Mais nous demandons à l'Auteur, pourquoi, fi J. Chrift eft une Créature, Dieu qui a formellement défendu dans la Loi d'adorer d'autre objet que lui, & qui fait de cette défense un Principe fondamental de la Religion; pourquoi, dis-je, il ordonne dans l'Evangile d'adorer J. Chrift? Pourquoi lui, qui déclare fi folennellement dans les Prophètes, qu'*il ne donnera point fa gloire à un autre*, en difant, *Je fuis l'Eternel, c'eft-là mon nom*; lui qui réprouve les Idolâtres fur ce fondement, qu'il eft le feul Etre adorable, & fur cette Loi éternelle, qu'aucune portion de Culte religieux ne doit s'attribuer à ce qui n'eft pas Dieu; pourquoi il attribue avec ce Nom & cette Gloire, un Culte religieux à J. Chrift? Culte d'ailleurs univerfel & fans bornes, puifque toutes les Créatures le lui doivent rendre.

Que deviennent ici ces *Notions immuables*, ces *Principes primitifs*, ces *Idées naturelles*, qui nous difent fi clairement *qu'il ne faut adorer que Dieu*? Pourquoi renverfer ce Dogme fondamental de la Religion? Pourquoi mettre en oppofition la *lettre* de l'Ecriture avec elle-même? Car si nous consultons les Notions naturelles, en nous gardant bien, selon le propre avis de l'Auteur, de les sacrifier à la *lettre* de l'Ecriture, nous verrons que le plus haut degré d'élévation où une Créature puisse atteindre, ne la rend point digne de l'Adoration des Hommes & des Anges. Nous verrons que cela déroge à la souveraine Majesté de Dieu : au-lieu que les honneurs que l'on rend à un Ministre, ne dérogent point à l'honneur que l'on doit à son Souverain ; parce qu'il y a de la proportion entre le Souverain & son Ministre, & qu'un intervalle borné sépare ces deux Dignités ; au-lieu qu'il n'y a nulle proportion entre Dieu & ce qui n'est pas Dieu, & que la distance est immense de la Créature au Créateur. On sait avec quelle force victorieuse l'illustre *Abbadie* * a poussé les *Sociniens* & les *Ariens* par ce seul raisonnement, ce qui fait que je n'y insiste pas davantage.

Mais notre Auteur se sentant pressé par les Textes qui établissent la préexistence de J. Christ, en particulier par ces paroles de J. Christ même, *Avant qu'Abraham fût, je suis*, a recours à supposer que

* Dans son *Traité de la Divinité de J. Christ.*

que l'Ame de ce Sauveur, avant que de revêtir un Corps humain dans le sein de la Bienheureuse Vierge, étoit essentiellement un Esprit Angélique, & même le prémier des Etres intelligens à qui Dieu ait donné l'existence ; expliquant en ce sens le titre de *Prémier-né de toute Créature*, que lui donne *S. Paul*. Mais comment ne s'est-il pas apperçu que rien n'est plus aisé que de retorquer contre cette explication, ce qu'il objecte à la nôtre, savoir, qu'en la supposant, Jésus-Christ auroit usé d'une restriction mentale ? En effet, les Juifs entendant un Homme qui leur parloit, pouvoient-ils mieux deviner cette préexistence de l'Ame de J. Christ, laquelle seroit en ce cas le fondement de son assertion, qu'ils ne devinoient sa préexistence éternelle en qualité de Fils de Dieu ?

Rendons pourtant justice à notre Ecrivain : il a la bonne-foi de reconnoitre qu'il s'agit dans ces paroles, d'une existence réelle & personelle de J. Christ avant Abraham ; car c'est-là en effet, à les regarder seules, tout ce qu'elles prouvent. Il n'a pu digérer les interprétations forcées qu'on leur donne pour les détourner à un autre sens. Ni l'allusion à l'étymologie du mot *Abraham*, quoique *So-*

cin

cin se soit tant félicité de cette prétendue découverte ; ni une préexistence en type, en promesse, en decret, n'étoient des dénouemens assez plausibles pour satisfaire un esprit aussi judicieux. Mais à propos de ce passage, contre lequel viennent échouer toutes les subtilités de l'Hérésie, vous serez peut-être bien aise, Monsieur, de voir le tour adroit que prend * un Socinien moderne pour en éluder la force.

Il pose d'abord en fait, que ce que le Sauveur avoit dessein de prouver aux Juifs, quand il leur dit ces paroles, étoit seulement ce qu'il avoit avancé au verset 56 : *Abraham votre Père a desiré avec ardeur de voir cette mienne journée, & il l'a vue* ; entendant par cette *journée de J. Christ*, celle de son Incarnation, ou le tems de sa manifestation en chair, qu'Abraham n'a pu voir que par la Foi, ou tout au plus à la manière des Prophètes, par une révélation plus claire & plus distincte que n'étoit la lumière des simples Fidèles ; au même sens que Balaäm dit dans le XXIV. Chap. des Nombres, en parlant du même objet, sous l'emblême
d'une

* Papin, *Tolérance des Protestans*, pp. 75, & suiv.

d'une Etoile: *Je le vois, mais non pas maintenant; je le regarde, mais non pas de près;* & l'Auteur de l'Ep. aux Hébreux touchant les Patriarches, qu'ils *ont vu de loin les promesses, & les ont saluées.* Or, ajoute notre Commentateur, ,, il y a une ,, extrême différence entre vouloir dire, ,, *Abraham a vu de cette manière ce tems-* ,, *ci de ma manifestation en chair;* & vou- ,, loir dire, *J'ai vu Abraham.* C'est donc ,, la première de ces Propositions qui ex- ,, prime le dessein de J. Christ, & non ,, pas la seconde." Si on lui objecte, qu'au contraire ce doit être la seconde, puisqu'il paroît clairement que c'est pour répondre aux Juifs, sur ce qu'ils se récrient, *Tu n'as pas encore cinquante ans, & tu as vu Abraham?* qu'il ajoute, *En vérité je vous dis, avant qu'Abraham fût, je suis;* voici la réponse qu'il fait de la part des Sociniens aux Calvinistes. ,, J. Christ ne ,, répondoit pas toujours précisément ,, aux objections qu'on lui proposoit. ,, Quand il ne jugeoit pas à propos de ,, s'expliquer davantage, il ne faisoit que ,, poursuivre sa pensée, & confirmer ce ,, qu'il avoit dit. Par exémple, dans le ,, sixième Chapitre de ce même Evangi- ,, le, sur ce qu'il avoit dit, *Le pain que* ,, *je donnerai c'est ma chair;* les Juifs di- ,, soient:

„ soient : *Comment nous peut-il donner sa*
„ *chair à manger ?* Pour répondre claire-
„ ment à cette difficulté selon votre pen-
„ sée, il auroit fallu s'expliquer comme
„ *Calvin*, ou plutôt comme *Zuingle*, &
„ dire aussi-tôt : *Je ne donnerai pas ma*
„ *chair à manger réellement, je ne la don-*
„ *nerai qu'en figure.* Cependant, au-lieu
„ de cette réponse, les Catholiques vous
„ objectent qu'il insiste plus fortement
„ qu'auparavant sur la nécessité de man-
„ ger sa chair. *En vérité je vous dis, que si*
„ *vous ne mangez la chair du Fils de l'homme*
„ &c. Il ne veut pas donner à cette dif-
„ ficulté d'autre dénouement, que de ré-
„ péter la même chose six fois de suite
„ jusqu'au verset 60. Les Catholiques
„ vous pressent là-dessus ; ils vous de-
„ mandent, si J. Christ pouvoit parler
„ plus clairement & plus fortement pour
„ établir leur croyance ? Vous répondez,
„ que J. Christ ne jugeoit pas à propos
„ de lever les difficultés des Juifs ; que
„ nonobstant leur question, il a voulu
„ continuer la même figure de discours,
„ sans avoir égard à l'embarras où elle
„ les jettoit ; & que les Juifs n'en de-
„ voient pourtant pas conclurre que son
„ dessein fût de leur donner sa chair à
„ manger. A plus forte raison, puisque
„ dans

„ dans l'endroit dont nous disputons a-
„ vec vous, J. Christ n'a pas dit aux
„ Juifs *qu'il a vu Abraham*, mais seule-
„ ment, qu'*Abraham avoit desiré de voir
„ le jour du Messie, & qu'il l'avoit vu*; (sa-
„ voir des yeux de la Foi, & à la ma-
„ nière des Prophètes); lorsqu'après ce-
„ la les Juifs prennent mal son discours,
„ & qu'ils lui font dire ce qu'il n'avoit
„ pas dit, il n'est pas obligé de les tirer
„ de l'erreur où ils se jettent eux-mêmes.
„ Il y est bien moins obligé sans contre-
„ dit, qu'il ne l'étoit à expliquer com-
„ ment il entendoit qu'on mangeroit sa
„ chair. Et s'il leur dit pour toute ré-
„ ponse, *Avant qu'Abraham fût, je suis*,
„ ce n'est pas pour confirmer ce qu'il
„ n'avoit pas dit; c'est uniquement pour
„ affirmer de nouveau ce qu'il avoit dit.
„ Ainsi il suffit que l'existence qu'il s'at-
„ tribue avant Abraham, soit de même
„ nature que la vue qu'Abraham en a
„ eue. Il suffit que *cette sienne journée*
„ dont il parle, qui est le jour de l'Evan-
„ gile, ait existé dès le tems d'Abraham,
„ de la même manière qu'elle a été vue
„ par Abraham: c'est-à-dire, qu'il suffit
„ qu'elle ait existé dans la Foi des Fidè-
„ les, & dans les promesses, les révéla-
„ „ tions

„ tions & les figures qui nourrissoient
„ cette Foi."

Il faut avouer que le parallèle que l'on vient de voir, est éblouïssant; & je ne doute presque pas, que s'il étoit venu à l'esprit de l'Auteur des *Lettres*, lui qui n'est guères partisan du sens littéral, n'eût adopté, par rapport à l'endroit en question, le sens de figure. Cependant, tout ce long discours que j'ai transcrit, n'est qu'un misérable tissu de Sophismes, qui s'évanouïssent à les examiner de près.

1°. L'on y suppose gratuïtement, que le vs. 56. doit s'entendre d'une vue simplement idéale qu'Abraham ait eu de l'Incarnation de J. Christ, ou par la Foi, ou par esprit de Prophétie. Cela ne se peut. Car si Abraham a vu ce jour qu'il avoit ardemment desiré de voir, cette vue qui succède au desir ardent qu'il en avoit, ne sauroit s'expliquer d'une simple vue de Foi; puisque la Foi a dû précéder le desir, pour lui servir de fondement; & que ce ne peut être que parce que ce Patriarche croyoit au Messie, parce qu'il en attendoit la venue, & que l'Esprit prophétique la lui avoit annoncée avec une lumière plus distincte que celle des simples Fidèles, qu'il desiroit si fortement de voir

voir son jour. Semblable en ce point à *Siméon*, quoique moins privilégié que ce bon Vieillard. Il s'agit donc dans ce passage, d'une manifestation sensible du Messie à Abraham; & c'est celle qui est rapportée au XVIII. de la Genèse, lorsque trois Anges lui apparurent sous une figure humaine, l'un desquels est nommé *Jéhovah*, est reconnu pour tel, & adoré comme tel par le Patriarche. Apparition qui fut elle-même un prélude & une image de l'Incarnation. Au reste, que *le jour de quelqu'un* signifie en stile de l'Ecriture, sa venue, accompagnée de quelque action remarquable qui la manifeste, c'est ce qu'il me seroit facile d'appuyer de diverses preuves, si c'en étoit ici le lieu. Aussi les Juifs comprennent-ils si bien la pensée de J. Christ, qu'ils lui répondent avec une exclamation ironique: *Tu n'as pas encore cinquante ans, & tu as vu Abraham?* Il est évident que, par *avoir vu cette sienne journée*, ils entendent *l'avoir vu lui-même*; non d'une vue objective, en figure, prophétiquement, ou par foi, mais d'une vue littérale &, pour ainsi dire, de présence réelle; vue en vertu de laquelle c'est tout un de dire, *Abraham a vu J. Christ*, ou *J. Christ a vu Abraham*. Quand donc le Sauveur répond là-dessus,

En

En vérité je vous dis, qu'avant qu'Abraham fût, je suis, il confirme sa première assertion, & résout en même tems l'objection des Juifs, par une réponse qui, également proportionnée à l'une & à l'autre, justifie assez qu'ils avoient bien pris sa pensée. Vous nous assurez qu'Abraham vous a vu : Hé ! comment se peut-il que vous vous soyez trouvé contemporain de ce Patriarche mort depuis tant de siècles, puisqu'il n'y a pas encore cinquante ans que vous êtes né ? Vous l'allez comprendre, dit J. Christ ; c'est que j'existois avant que de naitre, avant même la naissance d'Abraham : *Avant qu'Abraham fût, je suis*. Ces dernières paroles du Sauveur, aussi manifestement liées avec l'objection des Juifs, que l'objection des Juifs l'est avec ce qu'il venoit de dire, non seulement confirment, mais expliquent les prémières ; & n'ont pu confirmer celles-ci, sans contenir une réponse directe à cette objection. Ce n'est donc nullement ici le cas de la remarque, très véritable d'ailleurs, que J. Christ, au-lieu de répondre précisément aux difficultés qu'on lui propose, ne fait quelquefois, sans s'expliquer davantage, que poursuivre sa pensée, & confirmer ce qu'il avoit dit.

Mais

DE LA RELIGION. *Lettre* XII. 313

Mais en second lieu, quand nous accorderions que ces paroles, *Abraham a vu mon jour*, ne doivent s'entendre que d'une vue prophétique de l'avénement futur du Messie, celles du vf. 58 ne sauroient s'expliquer d'une existence *objective* de J. Christ dans l'Ame de ce Patriarche, sur-tout venant immédiatement après la question des Juifs. Prises en ce sens, elles seroient illusoires, & plus dignes d'un Sophiste, que de celui qui est la Sagesse même. Rien n'est moins juste que le parallèle qu'on en fait avec la réponse du Sauveur aux Capernaïtes. Il leur venoit de dire: *Qui croit en moi, a la Vie éternelle. Je suis le Pain vivifiant, qui suis descendu du Ciel... Le Pain que je donnerai, c'est ma chair, laquelle je donnerai pour la vie du Monde.* Là-dessus qu'arrive-t-il? Ces esprits grossiers s'avisent de prendre à la lettre cette métaphore; & lui, sans s'arrêter à une si lourde erreur, poursuit ce discours figuré, en leur répétant ce qu'il leur avoit déja dit sur la nécessité de manger sa chair, pour avoir la Vie éternelle. Il ne juge pas à propos de s'expliquer plus clairement devant eux; mais ensuite il le fait avec ses Disciples, en ôtant à sa pensée ce voile léger dont il l'avoit couverte: il leur dit, comme l'Evangéliste le rapporte à la fin du même Chapitre : *La Chair ne profite de rien, c'est l'Esprit qui vivifie : les paroles que je vous dis sont esprit & vie.* Ce qui, dans la Langue qu'il parloit, signifie en autant de termes : *C'est spirituellement, c'est au figuré, & non à la lettre, que mon discours doit s'entendre.* Qu'y a-t-il de pareil, je vous prie, dans le cas dont il s'agit ?

1°. Les Juifs y prennent le discours du Sauveur dans un sens où il étoit tout naturel de le prendre. De ce qu'il leur assure qu'Abraham l'a vu, ils en concluent qu'il prétend donc avoir vu Abraham, & avoir été contemporain de ce Patriarche. Ils demandent comment cela peut être ? En effet, le moyen de le comprendre, s'il ne le leur explique ? Au-lieu qu'il étoit très aisé de voir que le discours aux Capernaïtes ne signifioit autre chose si ce n'est, qu'il se donneroit en sacrifice pour le salut du Monde.

2°. Autant qu'il est manifeste que le Sauveur ne veut point répondre à la difficulté des Capernaïtes, autant l'est-il, qu'il répond ici à celle des Juifs. Il se contente de répéter à ceux-là dans les mêmes termes, ce qu'il leur avoit déja dit, & de poursuivre la même figure : ce n'est point là leur répondre. Mais à l'égard de ceux ci, il se sert d'un tour différent, qui fixe par des termes simples & sans la moindre équivoque, l'idée que ses prémières paroles avoient fait naitre dans leur esprit, qui enchérit sur elle, & qui résout par cela même leur difficulté. *Abraham a vu cette mienne journée. Quoi! tu n'as pas encore cinquante ans, & tu as vu Abraham? Avant qu'Abraham fût, je suis.*

3°. Le Sauveur explique à ses Disciples ce qu'il entend par *manger sa chair*, en les avertissant qu'il parloit figurément. Nul avertissement pareil, d'attacher un sens de figure à ce qu'il dit, qu'*Abraham l'a vu*, & qu'*il existoit avant ce Patriarche*. D'où je conclus, que si les Juifs s'étoient mépris dans cette occasion, la réponse de J. Christ seroit une réponse illusoire, qui tendroit à nous jetter avec eux dans une erreur capitale sur ce qui regarde sa Personne.

Excusez, Monsieur, cette digression un peu longue. J'ai été bien aise de saisir l'occasion de faire voir que les parallèles qu'on fait entre les faux Mystères & les véritables, ne sont pas plus justes à les prendre du côté des Textes de l'Ecriture dont on les appuye, que du côté des difficultés qu'on leur objecte de la part de la Raison. Revenons à notre Auteur.

Il prétend prouver que le *Moi* de Jésus-Christ n'est point celui de Dieu ; & les passages allégués prouvent seulement qu'en Jésus-Christ le *Moi* qui reçoit, le *Moi* qui obéit & qui dépend, n'est pas celui de Dieu ; tandis qu'il est clair par d'autres passages, qu'il y a en J. Christ un *Moi divin*. * *La Parole étoit Dieu. Je suis l'Alpha & l'Oméga ; le commencement & la fin ; celui qui est, qui étoit, & qui est à venir, le Tout-puissant.*

De la Personne du Fils, il passe à celle du S. Esprit, dont il attaque la Personalité distincte, par les mêmes raisons générales que j'ai déja réfutées, en faisant voir qu'il abuse du principe de l'Unité Divine, pour nier la possibilité des Distinctions que l'Ecriture admet en Dieu. *D'ailleurs*, dit-il, *l'idée du S. Esprit est une idée plus simple, plus aisée à dégager de toute Personalité, que l'idée du Fils*. Il est bien certain que le Fils est une Personne ; & voilà ce qui ruïne sans ressource les subterfuges de l'Hérésie. Car c'est en même tems une Personne adorable, que l'Ecriture, en la distinguant du

* *Evang. de S. Jean*, Chap. 1. v. 1. *Apocal*. Ch. 1. v. 8. *Coloss*. Ch. 1.

du Père, & dans les endroits même où cette distinction est le plus nettement marquée, nous propose pour objet des mêmes hommages, & revêt de tous les Attributs de la Divinité. Il s'ensuit que le Fils est donc une Personne Divine distincte du Père : or ne pouvant être une Personne Divine par ce qu'il y a en lui d'humain, reste qu'il soit tel par quelque chose de divin qui le distingue du Père ; ce qui constitue déja deux Personnes Divines dans un même Dieu.

Cela posé, rien ne nous peut empêcher de reconnoitre le S. Esprit pour une troisième Personne Divine, puisque les Textes sacrés le joignent aux deux autres, comme Principe d'opérations distinctes, comme objet distinct d'hommage & de foi, en l'associant aux mêmes Perfections, au même Culte, à la même Gloire. Cette distinction doit être réelle & littérale, le Fils n'étant pas plus clairement distingué du Père, que le S. Esprit est distingué de l'un & de l'autre. Ainsi, quand J. Christ promet à ses Disciples un *Consolateur* autre que lui, & qu'il le leur promet de la part du Père, on ne peut simplement entendre par-là Dieu lui-même, en qualité d'*Esprit incréé*. On ne peut raisonnablement chercher

cher de figure ni d'allégorie dans des expressions si précises, qui sont toutes semblables à celles qui établissent la distinction très réelle qu'on admet déja entre le Père & le Fils. D'un côté, toutes les Langues ont des termes propres pour énoncer la distinction d'une chose d'avec une autre; & ce sont ceux que l'Ecriture emploie à l'égard du S. Esprit. D'autre côté, notre Raison ne nous fournit aucune preuve qu'il n'y ait point en Dieu des distinctions à nous inconnues. Il n'y a donc ici nul prétexte de recourir à la figure.

Pour ce qui est de ce que le Sauveur ajoute touchant cet Esprit: *Il procède du Père, il prendra du mien*; & de ce que l'Ecriture dit de son envoi, de sa descente, de sa manière d'opérer, en un mot, des diverses relations que son Oeconomie lui donne avec les autres Personnes Divines; comme tout cela tient à la nature de cette Distinction ineffable, qui est au-dessus de nos idées, & de nos expressions par conséquent, aussi nous est-il proposé d'une manière emblématique, sous des images grossières, auxquelles on auroit tort de *se cramponner*, comme dit notre Auteur, par un attachement servile au sens littéral. Ce qu'il y a de corporel, d'humain,

main, de sensible dans ces images sous lesquelles les Personnes Divines nous sont représentées afin de nous frapper d'une manière plus vive, ne sauroit convenir à Dieu. Il faut donc avoir recours aux correctifs que la Raison & l'Ecriture elle-même nous fournit à cet égard ; non pour nous déveloper nettement ce qui est caché sous l'emblème, puisque cet emblème n'est employé à nous dépeindre l'objet, que faute d'une perception distincte que notre esprit soit capable d'en recevoir; mais pour nous faire sentir que c'est un emblème, & non une chose qui puisse proprement & littéralement s'attribuer à la Divinité, vu que les idées claires que nous avons de la Divinité y répugnent.

L'Auteur observe fort bien *, que toute figure sous laquelle on nous offre une idée spirituelle, ne peut que la déguiser à plusieurs égards ; que c'est un voile qui l'envelope, & au travers duquel on ne fait que l'entrevoir. Ajoutez, qu'il y a toujours un fond de Vérité, simple & précise, qui sert de base à ces traits figurés, soit que nous comprenions clairement ce que ces traits nous désignent

* *Rép. à la IX. Objection,* pag. 179.

gnent par voie d'allufion, d'emblème & de reſſemblance, ſoit que nous ne le comprenions pas. Dieu n'a point, à la lettre, *les Cieux pour ſon Trône & la Terre pour ſon marche-pied*; il n'a, à la lettre, ni *yeux* qui voyent tout, ni *oreilles* qui entendent tout. Ce ſont-là des figures & des images ſenſibles, pour exprimer ſon Immenſité & ſon Intelligence infinie. Mais ces emblèmes ont pour baſe l'exiſtence d'un ſeul Eſprit infini, à qui tout cela eſt attribué. A la lettre, le S. Eſprit ne ſe tranſporte point d'un lieu dans un autre; il n'eſt point *répandu* ni *envoyé* dans nos cœurs; il ne *prie* point, ne *s'attriſte* point, ne *s'approche* ni ne ſe *retire* de nous. Mais il eſt aiſé de voir que ces traits emblématiques, qui repréſentent & voilent tout enſemble certaines réalités ſpirituelles, ont toujours pour fondement l'exiſtence d'un Principe en Dieu, lequel eſt diſtinct du Père & du Fils, & produit des opérations diſtinctes de celles de ces deux autres Principes.

A cette remarque joignons-en une ſeconde. Il y a deux ſortes d'Emblèmes. Les uns ne ſervent qu'à frapper l'imagination; ils réveillent l'eſprit, en l'excitant à pénétrer la Vérité cachée ſous ce voile, & la lui impriment plus fortement.

ment. Ils servent, pour ainsi dire, de véhicule à l'intelligence claire du sujet. Tels sont tous ces Emblèmes moraux, dont J. Christ dans l'Evangile entremêle ses discours avec une sagesse admirable. L'autre sorte d'Emblème n'est destinée qu'à donner des notions vives & frappantes, mais très obscures & très imparfaites, d'une Vérité qui surpasse la capacité de notre esprit. De ce genre sont les portraits que l'Ecriture nous fait de la troisième Personne Divine. Dans les Emblèmes du prémier ordre on discerne ce qui est figuré, par l'idée claire de la chose dépeinte sous cette figure. Dans ceux du second, on le discerne, non par le moyen de cette idée claire, qu'on n'a pas, & qu'on ne sauroit avoir; mais par l'incompatibilité de ces traits pris à la lettre, avec ce que l'on sait d'ailleurs du sujet. J'ignore quelle est la nature du S. Esprit, entant que distinct du Père & du Fils; j'ignore ses propriétés, ses opérations, ses rélations: mais je sai que c'est par figure qu'on lui attribue un mouvement local, ou des affections humaines; parce que, sans comprendre ce qui, dans la réalité, doit répondre à ces figures, je sai que ce mouvement local & ces passions répugnent

aux

aux idées claires que j'ai de la Perfection de Dieu.

Quant à la subsistance du S. Esprit, en qualité de Principe réellement distinct du Père & du Fils, il est clair qu'on ne doit point prendre cela pour une figure, & que c'est la Vérité précise qui sert de fond aux traits emblématiques dont j'ai parlé. C'est une idée simple & abstraite, qui n'a rien d'humain ni de matériel; qui d'ailleurs ne répugne point évidemment aux idées que j'ai de la souveraine Perfection de Dieu, quoiqu'elle ne résulte point clairement de ces idées. Il n'est point clair que l'Unité de la Nature Divine répugne à toute Distinction réelle; mais il est clair par les loix inviolables du Langage, qu'il faut prendre à la lettre ce que l'Ecriture nous dit d'une telle Distinction; & que par conséquent le S. Esprit est une Personne Divine, distincte du Père & du Fils. Rien de plus simple, que de reconnoitre ce Mystère sur de telles preuves. Ce n'est point en chercher un où il n'y en a pas, c'est au contraire en reconnoitre un que Dieu nous révèle; & s'il y a eu de l'invention humaine sur ce Dogme, elle est toute entière du côté des Sophismes qui le combattent.

Voi-

Voilà, Monsieur, tout ce qu'offroit de plus important à mes réflexions, la partie dogmatique du Livre que j'examine. Renvoyons pour la fin, si vous m'en voulez croire, ce que notre Auteur dit dans le reste de ce Volume, sur la Providence, sur la Grace, & sur l'Oeconomie du Siècle à venir. Vous devez avoir quelque impatience que nous passions à la *seconde Partie* de la *Religion essentielle*, qui renferme la Morale. Je suis, &c.

Fin du Tome Premier.

www.ingramcontent.com/pod-product-compliance
Lightning Source LLC
Chambersburg PA
CBHW050310170426
43202CB00011B/1842